DIE ZEIT

Herausgegeben von
Petra Pinzler und Andreas Sentker

WIE GEHT ES DER ERDE?

DIE ZEIT

Herausgegeben von
Petra Pinzler und Andreas Sentker

WIE GEHT ES DER ERDE?

Eine Bestandsaufnahme

KOMPLETTMEDIA

Originalausgabe
1. Auflage
© Verlag Komplett-Media GmbH
2019, München/Grünwald
www.komplett-media.de
© Zeitverlag Gerd Bucerius GmbH & Co. KG
ISBN Print: 978-3-8312-0543-1
Auch als E-Book erhältlich

Bildnachweis:
© Adobe Stock: Tunatura: 153
© Stock Photo: 13; 18/19; 76/77; 174/175; 210/211
© shutterstock: Intertourist: 41; Dabarti CGI: 130/131; Bruce Rolff: 262/263;
2630ben: 67
Titelbild: GettyImages: © leonello
Lektorat: Redaktionsbüro Diana Napolitano, Augsburg
Korrektorat: Redaktionsbüro Julia Feldbaum, Augsburg
Umschlaggestaltung: guter Punkt, München
Satz: Daniel Förster, Belgern
Druck & Bindung: COULEURS Print & More, Köln
Printed in the EU

Hinweis:
Alle in der ZEIT erschienene Artikel wurden für diese Buchausgabe aktualisiert und von den Autorinnen und Autoren überarbeitet.

INHALT

VORWORT: »VON KOHLE UND KÜHEN«

Den Menschen geht es gut, der Erde schlecht.
Wir müssen sie retten. Wir können sie retten

VON ANDREAS SENTKER

Schwarz. So könnte man den Zustand der Erde symbolisch beschreiben. Schwarz glänzend wie jenes letzte geförderte Stück deutscher Steinkohle, das der Reviersteiger Jürgen Jakubeit am 21. Dezember 2018 auf der Zeche Prosper-Haniel in Bottrop dem Bundespräsidenten in die Hände legte. Der Sieben-Kilo-Brocken sei »ein Stück Geschichte«, sagte Frank-Walter Steinmeier.

Geschichte mit Folgen. Wenige Tage später wurde das britische Patent Nummer 913 auf James Watts entscheidend verbesserte Dampfmaschine 250 Jahre alt. Zunächst in Europa, dann in den USA, später weltweit hat Steinkohle die Industrialisierung befeuert. In Deutschland hat sie das Wirtschaftswunder angetrieben. Sie hat einige Menschen schwerreich gemacht, sehr viel mehr Menschen hat sie zu Wohlstand verholfen – und die Welt hat sie an den Rand einer Katastrophe gebracht. Denn es sind die Rückstände der fossilen Verbrennung, die das Klima gefährlich aufheizen.

Weiß. So könnte man den Zustand der Erde symbolisch beschreiben. Mattweiß wie das Fell von Alba. Der einzige Albino-Orang-Utan der Welt war im April 2017 in einem Dorf auf Borneo eingesperrt und völlig vernachlässigt in einem winzigen Holzverschlag gefunden worden. Kurz vor Weihnachten 2018 wurde die weiße Affendame im Nationalpark Bukit Baka-Bukit Raya wieder ausgewildert. Jetzt wird das seltene Tier wegen seines auffallenden Äußeren von Wildhütern beschützt.

Zwischen 70.000 und 100.000 Orang-Utans gibt es noch auf der Erde. Und nicht nur die Gier der Wilderer wird ihnen zum Verhängnis. Ihr Lebensraum schwindet so rasend, dass die Existenz ihrer Art bedroht ist. Quadratkilometer für Quadratkilometer Urwald wird für den Anbau von Ölpalmen vernichtet. Das Öl wandert in Seifen und Pizzen, es steckt in jedem zweiten Fertigprodukt, das wir im Supermarkt kaufen. Kohle und Palmöl schaffen Wohlstand – und massenhaft Probleme.

Das gilt für viele Rohstoffe unseres Fortschritts. Für die Produktion von Eiweiß im Futter für die 27 Millionen deutschen Schweine muss der südamerikanische Regenwald dem Sojaanbau weichen. Das Lithium für die Batterien unserer Elektroautos zerstört in Chile wertvolle Biotope und macht aus Feldern wüstenartige Landschaften, weil für den Abbau extrem viel Wasser nötig ist. Alles hängt mit allem zusammen.

Verbote allein sind keine Lösung.
Im Gegenteil: Sie provozieren nur Gegenwehr

Nicht nur in den Industriestaaten, auch in Schwellen- und Entwicklungsländern wächst der Wohlstand – und mit ihm der Konsum. 2016 nutzten schon fast 300 Millionen Afrikaner Smartphones, 2021 sollen es mehr als 900 Millionen sein. In China hat der Verzehr von Fleisch rasant zugenommen und auch der Durst auf Milch. Der größte Milchviehbetrieb der Welt entsteht mit russischer Unterstützung im Nordosten des Landes. 100.000 Kühe sollen in Mudanjiang gemolken werden.

Die gute Nachricht lautet: Der Spezies Homo sapiens geht es besser denn je. Nie zuvor hatten so viele Menschen gleichberechtigten

Zugang zu sauberem Wasser, ausreichender Nahrung, medizinischer Versorgung und grundlegender Bildung. Die schlechte Nachricht: All das hat seinen Preis. Und den zahlt oft die Umwelt. Mehr Fleisch- und Milchkonsum bedeuten: intensivere Land- und Wassernutzung. Der Materialverbrauch für technische Produkte bedeutet: höhere Umweltbelastung beim Abbau von Rohstoffen. Wachsender Komfort im Alltag bedeutet: höheren Energiebedarf für Licht und Heizung, fürs Kochen und Kühlen. Lebten alle Erdenbewohner etwa auf dem Niveau der US-Bürger – die Menschheit bräuchte fünfmal so viele Nahrungs-, Rohstoff- und Energieressourcen, wie die Erde zur Verfügung stellen kann. Für den deutschen Lebensstil bräuchten wir immerhin noch drei Planeten.

Wo ist der Ausweg? Er kann nicht darin bestehen, Chinesen das Fleisch zu verbieten, Afrikanern das Handy und Indern den Kühlschrank. Mag der Ressourcenhunger in diesen Gebieten auch derzeit überproportional wachsen, in Anbetracht der historischen Umweltschuld der Industrienationen haben ihre Bewohner noch jede Menge Kredit.

Außerdem lässt sich mit Restriktionen allein die Welt nicht retten. Angesichts der globalen Wachstumssehnsucht läuft politische Verzichtsrhetorik allzu oft ins Leere. Schon die Andeutung eines gesetzlichen Fleisch-, Flug- oder Fahrverbots kann Gegenwehr provozieren. Wer einmal Wohlstand erlangt hat, will sich seinen Konsumstandard nicht wieder nehmen lassen.

Deshalb ist ein grundlegender Perspektivwechsel nötig: Nicht um Verzicht soll es gehen, sondern um Gewinn – den Gewinn an Lebensqualität, den Luxus klarer Luft und sauberen Wassers, den Genuss vielfältiger und lebendiger Natur. Am Ende geht es auch um den Erhalt unserer vom Klimawandel bedrohten Kultur.

Ein anderer Teil der Lösung klingt zunächst genauso kontraintuitiv. Gerade jene Staaten, die sich schon für Vorbilder halten, müssen ihre privilegierte Lage auch künftig nutzen, um den anderen vorzuleben, was möglich ist. Das heißt: Obwohl die Kunststofftrinkhalme Europas nicht entscheidend zur Belastung der Weltmeere durch Mikroplastik beitragen, ist ihr Verbot doch sinnvoll.

Dass neben den sozialen auch technische Innovationen nötig sind und dass auch hier die Industrienationen vorangehen, investieren und ärmere Staaten subventionieren müssen, ist keine Frage mehr.

Wie groß ist das Problem? Wie sehen Lösungen aus? Diesen Fragen widmet sich dieses Buch. Wir fragen: Wie geht es der Natur? Was wissen wir über das Artensterben? Wie können wir dem Untergang der Vielfalt entgegentreten? Wir haben jeweils zwei ausgewiesene Experten gebeten, darüber zu diskutieren.

In den folgenden Kapiteln widmen wir uns dem Zustand von Klima und Wasser, Boden und Luft. Wir versuchen eine knappe, doch detailreiche Bestandsaufnahme – so objektiv wie möglich. Und wir suchen den konstruktiven Streit um die Zukunft. Denn selten gibt es nur die eine gute Lösung, auf die alle sehnsüchtig hoffen.

Es gibt Hoffnung: Der Egoismus des Menschen ist kein Naturgesetz

Blau. Man könnte die Erde als blau beschreiben. So sah sie der deutsche Astronaut Alexander Gerst von der Internationalen Raumstation aus. »Ich schaue auf euren wunderschönen Planeten«, beginnt er seine Botschaft an die ungeborenen Enkel. »Im Moment sieht es so aus, als ob wir, meine Generation, euch den Planeten nicht gerade im besten Zustand hinterlassen werden.« Nicht erst für Gerst scheint die Erde, aus dem Weltall betrachtet, zerbrechlich zu sein und sehr zart die schützende Hülle der Atmosphäre. 50 Jahre ist es her, dass der Astronaut William Anders den Blauen Planeten hinter dem Mond aufgehend fotografiert hat. Seine Bilder trugen zur Entstehung der Umweltbewegung bei. Aufgenommen aus der Apollo 8. Seither sind Bedrohung des Planeten, Ressourcenverbrauch, Umweltzerstörung um ein Vielfaches fortgeschritten.

Doch mit dem Wohlstand muss nicht auch der Egoismus wachsen. Selbstsucht ist kein Naturgesetz. Im Gegenteil: Wohlstand versetzt uns in die Lage zu handeln. Wir haben die Mittel, durch unseren materiellen Reichtum den natürlichen Reichtum zu bewahren. Was sagte Alexander Gerst an die Enkel gerichtet? »Ich hoffe für euch, dass wir die Kurve noch kriegen.«

UND WIE GEHT ES DER ERDE?

*Wenn unser Planet ein Patient wäre,
wie würden die zentralen Diagnosen für
ihn lauten? Höchste Zeit für eine globale
ökologische Bestandsaufnahme*

VON STEFAN SCHMITT

Ob das noch normal ist? Wenn ein Jahr mit Rekordhitze aufs nächste folgt? Wenn im Sand entlegenster Strände Plastikkörnchen zu finden sind? Wenn ein Hurrikan selbst hartgesottene Meteorologen staunen lässt? Wenn der Mensch mehr Boden umverteilt als alle Flüsse und der Wind? Wenn so viele Arten aussterben wie seit dem Ende der Dinosaurier nicht mehr? Wenn die Hausrinder mehr Lebendgewicht haben als alle wilden Wirbeltiere zusammen? Natürlich ist das nicht normal.

Die Liste der Unnatürlichkeiten ließe sich mit vielen Beispielen fortsetzen, globalen, wie der Ozeanversauerung, oder örtlichen, wie dem Nitrat im Grundwasser. Spielt das eine Rolle, wenn die Deutschen bei der Bundestagswahl kollektiv über ihre Zukunft abstimmen? Kaum. Ökologie kommt im Wahlkampf nur am Rande vor – in Form von Details wie Dieselgate, Glyphosat oder Windstromvergütung. Natürlich gehört das dazu. Aber realisiert man als Verursacher auch, welches Gesamtbild die kleinen und großen Umweltprobleme ergeben? Oder kann das nicht überblicken, wer mittendrin steckt?

Um zu begreifen, wie es der Erde als Ökosphäre geht, hilft es, einen großen Schritt zurückzutreten. Als würde ein Betrachter aus dem Weltall auf das irdische Blau und Grün blicken.

Wildnisverlust – Von der »Natur« zu sprechen ist wohl das falsche Wort, schon weil das Gehirn unwillkürlich ein »unberührt« ergänzt. Die Landoberfläche des Planeten, auf die ein Astronaut hinabblickt, wird zu zwei Fünfteln landwirtschaftlich genutzt (Eisflächen ausgenommen, Holzproduktion noch nicht mitgezählt). Und die globale Waldfläche schrumpft, 2014 und 2015 waren die Jahre mit der größten Abholzung seit der Jahrtausendwende. Aktuelle Daten zeigen, dass der Planet innerhalb eines Jahres eine Fläche Wald verlor, die fast der Großbritanniens entsprach.

Neben den erwähnten zwei Fünfteln für Felder, Äcker und Weiden bedeckt die Menschheit weitere 15 Prozent der eisfreien Landfläche mit Häusern, Straßen, Industrie- und Gewerbegebieten, mit Holzplantagen, Tagebaustätten, Stauseen. Ferner schlagen die Menschen großflächig kahl, lassen den Boden erodieren. Stetig geht fruchtbare Ackerfläche verloren. Insgesamt verändern die Menschen auf diese Weise mehr als die Hälfte der Landfläche des Planeten.

Indem sie etwa Baugruben ausheben, Äcker umpflügen und Riesenfelder bewässern, bewegen Menschen heute mehr Sediment als Flüsse und Wind zusammen. Und es gelangt massenweise Künstliches in die Landschaft: 300 Millionen Tonnen an Kunststoffen werden jährlich hergestellt. Das liegt in derselben Größenordnung wie das Gesamtkörpergewicht aller lebenden Menschen.

Als Plastikmüll und Mikroplastik mischt sich ein Teil dieser Synthetik in Flüsse, Böden, Meere, Strände. Und Beton haben die Menschen bis heute in der unvorstellbaren Menge von einer halben Billion Tonnen hergestellt. Das entspräche bei gleichmäßiger Verteilung einem Kilogramm auf jedem Quadratmeter der Erdoberfläche. All diese Ausmaße sind schwer vorstellbar.

1/3
mehr Menschen als heute werden 2050 auf
der Erde leben

50 %
der eisfreien Landfläche nutzt
die Menschheit bereits

10:1
ist das Verhältnis der Masse
aller Menschen zur Masse
aller wilden Säugetiere

16 von 17
der global heißesten Jahre seit
1880 lagen im 21. Jahrhundert

3/5
betrug die Abnahme der Wildtierbestände zwischen 1970 und 2012

Menschenzeit – Gewiss ist inzwischen: Der Mensch formt die Erde und hinterlässt Spuren für Äonen. In den Gletscherbohrkernen und Gesteinsschichten der Zukunft wird die Jetztzeit deutlich erkennbar sein, als schwarze Linie vom Ruß der Fabriken, von Waldbränden und Auspuffen. Aluminiumablagerungen sind heute ein ebenso weltweites Phänomen wie die lange strahlenden Plutoniumisotope aus oberirdischen Kernwaffentests. Langlebige chemische Verbindungen aus der Landwirtschaft (zum Beispiel Insektizide) und der Industrie (zum Beispiel Dioxine) könnten ebenfalls über geologische Zeiträume erhalten bleiben. Und Versteinerungen dürften künftigen Ausgräbern von den Dünger-Exzessen der Gegenwart künden. Zu finden dort, wo heute Nährstoffe aus Überdüngung in die Meere gelangen und großflächige Algenblüten auslösen, in deren Folge mangels Sauerstoff bundesland-große Todeszonen entstehen. Jene erstickten Tiere, die dort massenweise in den Sand des Meeresgrundes sinken, könnten als Fossilien davon künden, wie der Mensch mit Stickstoff- und Phosphat-Düngern den Nährstoffkreislauf aus der Balance gebracht hat.

Im kontinentalen Maßstab sieht man schon heute die Folgen etwa des Anbaus von Soja in Südamerika, das als Futter für jene Schweine nach Europa gelangt, deren Gülle die Nitratbelastung im niedersächsischen Grundwasser hochschnellen lässt.

Vom »Anthropozän«, der Menschenzeit, sprechen Wissenschaftler. In der Vokabel steckt der Gedanke: Wenn der Mensch das Angesicht der Erde so fundamental umformt, markiert das eine neue geologische Epoche? Sie wäre erst einen Wimpernschlag alt und könnte die Ökosphäre doch ähnlich umkrempeln wie jener Meteoriteneinschlag, der am Ende der Kreidezeit das Aus für die Dinosaurier markierte.

Wenn der Mensch sich als ähnlich prägend begreift wie die Äonen währenden Kräfte der Geologie, dann enthält das auch ein fundamentales Eingeständnis: Die Natur ist *nicht* übermächtig, jeder ihrer Lebensräume ist endlich, und Menschen können sie an diese Grenzen bringen. Das ist also die Postnormalität der Erde. Von einer einzigen ihrer unzähligen Tierarten wird sie dominiert – und demoliert.

Artensterben – Darum der Blick auf die belebte Umwelt: Was verändert sich? In welche Richtung zeigt der Trend? Und wie viel Lebensraum bleibt für welche Lebewesen?

Etwa ein Viertel der Produktion der irdischen Biosphäre beanspruchen die Menschen für sich. Indem sie ernten, fällen, verarbeiten und verheizen, indem sie schlachten und fischen. Galt in den Ozeanen Anfang der siebziger Jahre schon jeder zehnte Bestand als überfischt, ist es heute fast jeder dritte, im Mittelmeer sind es gar 90 Prozent der Bestände. An Land schrumpfen derweil die Lebensräume. Aktuellen Schätzungen zufolge verschwinden auf der Erde jeden Tag Dutzende Arten (41 Prozent aller Amphibienarten, 33 Prozent aller Steinkorallen, 25 Prozent aller Säugetierarten und 13 Prozent aller Vogelarten stehen auf der Roten Liste, weil sie vom Aussterben bedroht sind). Und das ist keine Momentaufnahme: Fast 50 Jahre lang haben Zoologen enorme Rückgänge in vielen Populationen dokumentiert. Längst sprechen sie vom »sechsten Massensterben« der Erdgeschichte.

Es ist ein Verdrängungswettbewerb, denn wenige Arten existieren in grotesker Zahl. So ist die Lebendmasse aller Nutztiere inzwischen mehr als zwanzigmal so groß wie die aller wilden Wirbeltiere. Rinder haben daran den größten Anteil. Und während zu Beginn des 20. Jahrhunderts das Körpergewicht aller Menschen noch in etwa dem aller wilden Säugetiere entsprach, betrug das Verhältnis zu Beginn des 21. Jahrhunderts schon zehn zu eins – und das Missverhältnis wächst weiter.

Für die große Zahl der Wesen wird der Platz eng. Weil jede Tierart, jede Pflanze eine ökologische Funktion erfüllt, schwächt jede Ausrottung das Netzwerk des Lebens.

Erwärmung – Dieses Symptom ist aus der Astronautenperspektive besonders frappierend, wenn man im Zeitraffer vergangener Jahrzehnte denkt: Viele Gebirgsgletscher sind erkennbar zusammengeschmolzen, auch die Westantarktis und Grönland verloren Eis. Der Meeresspiegel stieg im Durchschnitt seit dem Jahr 1900 um 20 Zentimeter, der Ozean wurde saurer. Schon heute macht die Wärme des Wassers vielen Meeresbewohnern das Leben schwer. Vor Australien hat das Great Barrier Reef seit den achtziger Jahren die Hälfte der Korallen verloren. 2016 und 2017 traten zum ersten Mal in zwei aufeinanderfolgenden Jahren Korallenbleichen auf.

Die Meere haben bisher den Großteil der globalen Erwärmung geschluckt, trotzdem stieg die Lufttemperatur um durchschnittlich ein Grad Celsius im Vergleich zum Beginn der Industrialisierung. Von den 17 global heißesten Jahren seit 1880 (dem Beginn der Aufzeichnungen) lagen 16 Jahre im 21. Jahrhundert. Die drei vergangenen bilden das Top-Trio, mit 2016 an der Spitze.

Wenn nun gewaltige Wirbelstürme unerhörte Regenmassen bringen (wie Hurrikan Harvey), ihre physikalischen Parameter selbst Meteorologen staunen lassen (wie Irma auf ihrem Weg nach Florida), dann steckt auch in den an sich natürlichen Ereignissen ein Beitrag des Treibhauseffekts: mehr Wärme im Wasser, mehr Wasserdampf in der Luft. Das nährt Wirbelstürme zusätzlich.

Luftmischung – Alle Klimawandel-Folgen, die sich heute beobachten lassen, gehen indes auf den Treibhausgas-Ausstoß der Vergangenheit zurück. Und die Emissionen von heute sind höher denn je. Die

Menschheit deponiert Treibhausgase in der Atmosphäre, die lange in die Zukunft hineinwirken werden. Aktuell ist der Anteil von Kohlendioxid in der Luft so hoch wie wahrscheinlich zuletzt Mitte des Pliozäns, das war vor etwa 3,5 Millionen Jahren. Natürlich spross auch damals das Leben. Bloß erscheinen die damaligen Bedingungen aus Menschensicht wenig erstrebenswert, schon weil der Meeresspiegel bis zu 25 Meter höher lag. Damals wandelte sich das Klima langsam, der aktuelle Anstieg von 280 auf 400 Teile Kohlendioxid pro Million Teile Luftgemisch hingegen wurde in kaum mehr als 150 Jahren erreicht.

Tatsächlich steigen die globalen Emissionen immer noch. Dass parallel auch die Energieeffizienz zunimmt, ist das Positivste, was sich über den bisherigen Klimaschutz sagen lässt. Doch schon 2020 sollte es mit den Emissionen abwärts gehen, damit das viel beschworene Ziel von höchstens zwei Grad plus zum Jahrhundertende erreichbar bleibt. Indes wird Deutschland seine Klimaschutz-Zusagen für 2020 verfehlen.

Beim Blick von oben auf die Erde erscheint ein Muster: Die grundlegenden Entwicklungen, welche die Ökosphäre bedrohen, laufen aus dem Ruder. Nicht einmal eine Trendwende ist geschafft, während die Zeit zum Gegensteuern verrinnt. Stellt man sich den Blauen Planeten als Patienten vor, dann als einen, der schwächer wird – bei gleichzeitiger Verschlimmerung der Krankheitssymptome.

Was die belebte Umwelt auf Dauer vertragen könnte und was ihr tatsächlich zugemutet wird, das kann man sich als Kurven denken, die immer weiter auseinanderklaffen.

Bevölkerungswachstum – Als die Menschen sesshaft wurden, gab es schätzungsweise eine Million von ihnen auf der Erde. Um 1800, also grob 15.000 Jahre später, lebten eine Milliarde Erdenbürger. 1960 waren es drei Milliarden, im Jahr 2000 gab es sechs Milliarden, heute sind es siebeneinhalb. Das Bevölkerungswachstum ist die Leitkurve, aus der alle anderen Symptome der globalen ökologischen Krise folgen. Prognosen darüber, wie viele Bewohner die Erde höchstens ernähren könne, haben sich bislang wiederholt als falsch erwiesen. Eine Entwarnung ist das nicht, eilt doch die Fähigkeit des Menschen zur Zerstörung seiner Einsicht voraus, was er da anstellt.

Und auch wenn auf die Einsicht die Absicht folgt, die Lebensgrundlagen zu retten, bleibt da die Trägheit der Leitkurve: Bis 2050 dürfte die Menschheit um ein Drittel wachsen, gleichzeitig muss sich die Nahrungsproduktion verdoppeln. Denn die Zusätzlichen müssen satt werden, und immer mehr wollen besser essen.

Wie das zu den Befunden passt, dass die Menschheit längst zu viel Acker- und Weidefläche beansprucht? Dass weltweit fruchtbarer Boden verloren geht? Dass schon heute ein gigantisches Artensterben die Konsequenz ist? Genau, es passt gar nicht. Und das globale Fieber des fossilen Zeitalters wird den Widerspruch zwischen Essenmüssen und Erhaltenwollen noch zuspitzen.

Immerhin, die Geburtenzahl wirkt im globalen Schnitt fast schon postindustriell mickrig, sodass die Vorhersage einer »Bevölkerungsexplosion« inzwischen überholt ist. Irgendwann gegen 2100 könnte der Zenit erreicht werden, die Kopfzahl dann vielleicht sinken.

Zwischen dann und heute liegt für die Menschen ein Jahrhundert, in dem ihr natürliches Lebenserhaltungssystem lebensbedrohlich erkrankt ist. Wenn das keine globale ökologische Krise ist – in der sich jeder Streit lohnt, über Wandel, Technik und Verteilung. Über die Zukunft.

WIE GEHT ES DEN ARTEN?

WAS WIR WISSEN

Es gibt Wörter, die man sparsam einsetzen sollte. Katastrophe ist so eines. Trotzdem taucht es im Zusammenhang mit dem Artensterben und der Zerstörung von Wildnis immer wieder auf. Zu Recht?

VON FRITZ HABEKUSS

Afrikanische Elefanten gehören zu den majestätischsten Geschöpfen, die den Lebensraum Erde mit den Menschen teilen. Als die Europäer Ende des 15. Jahrhunderts begannen, den Kontinent auszubeuten, gab es wohl über 25 Millionen der Tiere. Durch Jagd und Vertreibung war ihre Zahl im Jahr 1800 auf geschätzte drei bis fünf Millionen geschrumpft. Heute wissen wir recht genau, wie viele der Riesen noch auf dem Kontinent umherziehen: Es sind weniger als 350.000. Alle 15 Minuten stirbt ein weiterer durch die Kugel eines Wilderers.

Vor allem bei den großen Arten ist der Niedergang der Fauna so nachvollziehbar dokumentiert. Vom Spitzmaulnashorn gibt es nur noch 4800 Exemplare. 1960 waren es noch 100.000, vor der Ankunft der Europäer sogar 850.000. Tiger haben in bloß einem Jahrhundert 93 Prozent ihres einstigen Verbreitungsgebietes verloren. Bis 1986, als der kommerzielle Walfang endete, hatten Walfänger drei Millionen der gewaltigen Meeressäuger getötet – es waren nur noch so wenige übrig, dass sich das Betreiben von Flotten nicht mehr lohnte. Der kommerzielle Walfang war das größte je da gewesene Schlachten von Wildtieren. Obwohl er seit mehr als dreißig Jahren beendet ist, haben sich viele Populationen bis heute nicht erholt.

Elefanten, Tiger, Wale – es sind die großen, emblematischen Spezies, mit denen Naturschutzorganisationen um Spenden werben. Die Sympathieträger sind gut erforscht, es fließt viel Geld in ihren Schutz, und dennoch zeigt sich überall auf der Erde dasselbe: Die meisten Populationen schrumpfen. Der *Living Planet Index,* eine Studie des WWF und der Zoologischen Gesellschaft London, zeigt: Allein zwischen 1970 und 2012 sind die globalen Wildtierbestände um 60 Prozent gesunken.

Von den knapp 100.000 Arten, die auf der Roten Liste der Internationalen Naturschutzunion stehen, ist rund ein Viertel akut vom Aussterben bedroht. In Deutschland sieht der Trend sogar noch schlimmer aus. Etwa 30 Prozent aller heimischen Wildpflanzen, Meeresorganismen und Wirbeltiere könnten bald für immer verschwunden sein.

Die Listen zeigen aber auch, dass Arten sich erholen können, wenn Naturschutz durchgesetzt wird. Wenn wertvolle Habitate in Ruhe gelassen werden, Straßen so gebaut, dass sie Ökosysteme nicht zerschneiden, Naturschutzgebiete über Korridore miteinander verbunden werden. Seit man ihre Wälder schützt, geht es den Berggorillas besser. In Deutschland setzen Wolf, Kranich und Biber zu einem Comeback an. Es sind Ausnahmen, aber sie zeigen: Artenschutz funktioniert, wenn er politisch ernst genommen wird. Global gesehen verlieren vor allem Spezies, die an eine bestimmte Umwelt angepasst sind, die sich nur von einer bestimmten Wildblume ernähren oder nur in Höhlen alter Laubbäume vorkommen. Der Juchtenkäfer, der mit den Protesten um Stuttgart 21 Berühmtheit erlangte, ist ein Beispiel, die Nachtigall, die dichtes Gebüsch braucht, ein anderes. Ohne Bäume und Sträucher kann sie nicht überleben.

Das Verschwinden der wilden Tiere aus unserer Umwelt ist so unübersehbar, dass Forscher den Begriff Defaunation für das große Sterben erfunden haben. Wer dem Wort durch die Forschungsliteratur folgt, stößt auf vietnamesische Nationalparks, in denen kaum noch ein großes Tier lebt. Bäume können sich hier nicht mehr verbreiten, weil sie für den Transport ihrer Samen auf tierische Unterstützung angewiesen sind. Defaunation bezeichnet Flüsse, deren Wasser trüb wird, weil Frösche und Molche an eingeschleppten Krankheiten zugrunde gegangen sind und deshalb das Nährstoffgleichgewicht gekippt ist. Er meint Riffe, in denen Korallen unter Algen ersticken, weil zu wenige Fische den Bewuchs abfressen.

Die Beispiele illustrieren das zentrale Problem beim Verlust biologischer Vielfalt. Am Ende geht es nicht um den einzelnen Tiger oder Orang-Utan. Es geht nicht einmal um das Verschwinden einzelner Spezies. Vermutlich kann der Planet ohne Eisbären auskommen – auch wenn die Kampagnen der großen Umweltschutzorganisationen etwas anderes suggerieren. Die Gefahr ist größer und subtiler. Sterben nämlich die Arten, kollabieren ganze Ökosysteme. Das ist sicher – bloß wann es geschieht, ist nicht vorhersehbar (siehe Seite 24 ff., *Was wir nicht wissen*).

Ohne Natur kein sauberes Wasser, keine Luft zum Atmen, keine Nahrung, keine Wälder zum Durchwandern, keine Medikamente aus Pflanzen. Forscher haben auch das auf den Begriff gebracht – keine »Ökosystemleistungen«. Dieser technische Terminus beschreibt eine banale Gewissheit, die Tag für Tag ignoriert wird. Ohne eine funktionierende Umwelt wird dieser Planet für Menschen unbewohnbar sein.

Forscher haben versucht, jenen Wert zu berechnen, den die Natur der Menschheit pro Jahr zur Verfügung stellt. Sie sind auf 125 Billionen US-Dollar gekommen, eine Zahl mit zwölf Nullen. Das Bruttoinlandsprodukt der EU beträgt 16,6 Billionen. Der Gedanke hinter dieser Rechnung ist einfach. Die Menschheit hängt von einer funktionierenden Biosphäre ab. Jeder Akt der Zerstörung ist nicht bloß ein moralisches Problem, er macht über kurz oder lang das Leben auf dem Planeten schwieriger, vor allem für die Bewohner ärmerer Länder. Sie werden von den Folgen der Zerstörung eher und heftiger getroffen als die Bürger der Industrienationen.

Beispiel Fischerei: Obwohl über 90 Prozent der globalen Fischbestände bis ans Maximum befischt werden, gibt es kein funktionierendes Management. Selbst innerhalb der EU liegen die Fangquoten oft deutlich über den Empfehlungen der Experten. Das Ergebnis lässt sich an den Fangstatistiken ablesen. Obwohl die Flotten größer und effektiver werden, gehen die Wildfänge zurück. Das trifft vor allem jene Fischer, die mit kleinen Booten hinausfahren, um mit dem Fisch ihre Familien zu ernähren.

Aber ist das Aussterben von Arten nicht normal? Die Saurier starben ohne menschliches Zutun aus. Stimmt. In der 3,8 Milliarden Jahre alten Geschichte der Erde sind 99 Prozent aller Spezies wieder verschwunden. Allerdings meist durch Aufspaltung in eine oder mehrere Tochterarten – und nicht wie heute durch Ausrottung. Spezies sterben außerdem heute mindestens hundertmal schneller aus als in der Vergangenheit, vielleicht sogar mehr als tausendmal schneller. Eine solche Beschleunigung des Todes hat es in der Erdgeschichte nur sehr selten gegeben. Wissenschaftler haben fünf solcher Massensterben identifiziert, das letzte und bekannteste liegt 65 Millionen Jahre zurück. Damals schlug ein gewaltiger Asteroid auf der mexikanischen Halbinsel Yucatán ein und beendete die Ära der Dinosaurier. Am heutigen Artensterben ist kein Himmelskörper schuld. »Der Asteroid sind wir«, schrieb die Pulitzer-Preisträgerin Elizabeth Kolbert. Der Mensch destabilisiert das Erdsystem und führt einen Zustand herbei, in dem es unberechenbar wird. Die Motoren der Naturzerstörung sind bekannt, Wissenschaftler haben sie in einem Akronym zusammengefasst: Hippo.

H: Habitatverlust ist der wichtigste Faktor; etwa Lebensraumverluste durch den Klimawandel, die Abholzung der Regenwälder oder das Fluten von Tälern, um Wasserkraft zu gewinnen.

I: Invasive Arten werden von Menschen über den Planeten verschleppt. Sie verdrängen ansässige Pflanzen und Tiere oder übertragen Krankheiten. Seit zwei Jahrzehnten breitet sich ein Hautpilz über die Welt aus, der 99 Prozent der befallenen Frösche und Salamander tötet. Niemand kann ihn stoppen.

P (*pollution):* Menschen vergiften Lebensräume. Am anfälligsten sind Süßwassersysteme wie Flüsse und Seen. Aber auch Teile der Ostsee, eines Brackwassermeeres, sind im Sommer tote Zonen.

P (*population growth):* Im Jahr 2100 dürften elf Milliarden Menschen auf dem Planeten leben. Allerdings geraten Tier- und Pflanzenarten schon heute, bei weniger als acht Milliarden Menschen, unter Druck. Neben der Weltbevölkerung steigt auch das globale Konsumniveau, das all diese Effekte noch potenziert.

O (*overhunting):* Jagd oder Fischerei sind die direktesten Wege, Arten auszurotten. Ein sprichwörtliches Beispiel ist der Dodo. »*As dead as a dodo*«, sagen die Briten, wenn sie etwas für mausetot erklären. Der flugunfähige Vogel hatte keine Scheu vor den Seefahrern, die 1598 erstmals nach Mauritius kamen. Die freuten sich über leichte Beute. Der letzte lebende Dodo wurde 1662 gesehen.

Die Daten sprechen eine klare Sprache. Das sechste große Sterben ist in vollem Gange. Und anstatt es zu bremsen, wie es sich die Vereinten Nationen vorgenommen haben, beschleunigen wir es noch immer.

WAS WIR NICHT WISSEN

Gerade unsere nächste Umwelt ist uns überraschend unbekannt. Das macht es schwer, die Ökosysteme zu schützen

VON FRITZ HABEKUSS

Die Erde ist ein unbekannter Ort. Das Rätsel fängt mit der einfachen Frage an, wie viele Arten es eigentlich gibt. Bislang sind circa zwei Millionen Tiere, Pflanzen und Pilze wissenschaftlich beschrieben. Ziemlich gut kennen wir die Wirbeltiere, etwa Vögel (10.000 Arten) oder Säugetiere (5500 Arten). Wir sind uns sicher, dass wir die Vielfalt der Elefanten gut überblicken (drei überlebende Arten) und dass die Zahl der Käfer die 350.000 bisher bekannten Arten überschreiten wird. Wir kennen etwa 100.000 verschiedene Pilze, es könnten aber auch fünf Millionen sein. Die Zahl der Bakterienspezies ist allenfalls Gegenstand grober Spekulationen.

Was wir gemeinhin mit der Vielfalt des Lebens assoziieren, sind die auffälligen Spezies, dabei machen die nur einen winzigen Bruchteil aller Arten aus. Um jeden neu entdeckten Halbweltaffen wird ein Bohei gemacht – wie konnte er uns nur so lange entgangen sein! Aber wie steht es um Rundwürmer, die Seeschnecken oder Quallen?

Wie viele Orchideen, Kakteen oder Zypressen noch zu entdecken sind, darüber streiten sich die Experten. Ihre Schätzungen schwanken zwischen fünf Millionen und 100 Millionen unbekannten Arten, wahrscheinlich liegt die Zahl der Spezies mit Zellkern (wozu Tiere, Pflanzen und Pilze gehören) um die neun Millionen. Die Menschheit hätte also gerade ein bisschen mehr als ein Fünftel beschrieben und deutlich weniger erforscht. Bei alldem sind die Bakterien nicht mitgezählt. Sie könnten nach Expertenschätzungen bis zu eine Milliarde Arten umfassen. Diese Zahl ist so fantastisch, dass sie am besten als Maß unseres Nichtwissens zu werten ist.

Sicher ist: Die Menschheitsaufgabe, die belebte Welt zu erfassen, kann mit der Geschwindigkeit ihres Aussterbens nicht mithalten. Die Taxonomen kommen mit der wissenschaftlichen Beschreibung kaum hinterher. Die ist aber die Grundlage jeder Erforschung von Ökosystemen. Zu beschreiben, was in einem Teich, einer Baumkrone oder auf einer Bergwiese vor sich geht, ist unmöglich, wenn man noch nicht einmal weiß, welche Tiere und Pflanzen dort leben.

Die Erforschung von Ökosystemen wird umso bedeutender, je mehr der Mensch in natürliche Systeme eingreift. Schon heute gibt es auf der Welt keinen Ort mehr, der frei wäre von seinem Einfluss. Plastik liegt am Boden der Tiefsee, die Wälder wachsen kräftiger, weil sie durch das Kohlenstoffdioxid in der Atmosphäre gedüngt werden, in der Arktis schmilzt das Eis durch die Erhitzung der Erde.

Trotzdem gibt es weiterhin große Wildnisgebiete, vor allem im Meer und an den Polen. Und auch die menschengemachten Ökosysteme, etwa industrielle Brachflächen, Palmölplantagen oder durchgeforstete Wälder, sind für den Umweltschutz keinesfalls wertlos. Weil aber viele Forscher die Aufmerksamkeit auf jene fernen Regionen richten, in denen Natur noch halbwegs ungestört und sich selbst überlassen ist, wissen wir über nahe gelegene Orte erschreckend wenig.

Ein Ökosystem kann man sich wie ein Kraftfahrzeug vorstellen: Es hat Räder, Rückspiegel und Zylinderköpfe. Jedes einzelne Element trägt dazu bei, dass es fährt. Auf einige Teile kann man verzichten, auf elektrische Fensterheber etwa oder Radkappen. Andere Teile sind wichtig, aber nicht notwendig, wie der Rückspiegel. Fehlt jedoch der Tank, bleibt das Auto liegen. Bei einigen Teilen hat der Verschleiß Folgen: Ist der Reifen kaputt, leidet die Felge. So können auch Ökosysteme zwar Teile einbüßen und doch mehr schlecht als recht funktionieren. Sie können komplett ausfallen oder – und das ist das wahrscheinlichere Szenario – irgendwie weiterexistieren, bloß deutlich schlechter.

Allerdings hinkt der Vergleich an entscheidender Stelle: Beim Auto lässt sich der Zweck jedes einzelnen Teils benennen. Es lässt sich voraussagen, was sein Fehlen bewirken wird. In der Natur sieht das anders aus. Wenn in einem Teich, einer Hochwüste oder einer Feuchtwiese der Großteil der Arten noch nicht einmal beschrieben wurde, ist es unmöglich zu sagen, was passiert, wenn einzelne Spezies ausfallen.

Was wäre, wenn in Deutschland ein Großteil der Insekten verschwände, ein Trend, den in den vergangenen beiden Jahren alarmierende Studien aufgezeigt haben? Was macht es mit den Lebewesen in einem norwegischen Fjord, wenn sie mit Antibiotika aus einer gigantischen Lachszucht überschwemmt werden? Welche Spezies leidet darunter, wenn eine bestimmte Flechte aus einem deutschen Mischwald verschwindet, weil ihr Schadstoffe im Regen zusetzen? Wir wissen es nicht.

Auf solche Fragen haben selbst Biologen kaum befriedigende Antworten. Trotzdem legt der Mensch Sümpfe trocken, fällt tropische Wälder für Viehweiden, sucht am Boden der Tiefsee nach Rohstoffen. Was genau er damit auslöst, weiß niemand. Aber dass der Schaden oft unumkehrbar ist, wissen viele.

Insofern hilft es nicht weiter, auf den gewaltigen Forschungsbedarf zu verweisen und abzuwarten. Wir wissen wenig über diesen Planeten – doch wir wissen genug, um ihn zu schützen.

Soll die Hälfte der Erde zum Naturschutzgebiet werden, oder hilft eine Kohlenstoff-Steuer? Zwei Biologen, die die Welt auf unzähligen Expeditionen erforscht haben, debattieren über Lösungen

EIN INTERVIEW MIT
EDWARD O. WILSON UND ANTJE BOETIUS

DIE ZEIT: Frau Boetius, Herr Wilson, Sie haben beide viele Jahre Erfahrung in der Feldforschung. Sie sehen die Zerstörung der Natur mit eigenen Augen und suchen nach Strategien gegen den Verlust der biologischen Vielfalt. Sie, Herr Wilson, haben vorgeschlagen, die Hälfte der Erde der Natur zu überlassen ...

Antje Boetius: ... dazu habe ich gleich einmal eine Frage: Wo bleibt bei dieser Idee der Mensch? Denken Sie ihn als Teil der Natur?

Edward O. Wilson: Natürlich sind wir ein Teil des Ökosystems. Doch Menschen gibt es noch nicht lange, gerade einmal 300.000 Jahre, und erst vor rund 50.000 Jahren haben wir begonnen, den gesamten Planeten zu besiedeln – gemessen am Alter vieler anderer Arten ist das ein Wimpernschlag. Der Mensch ist eine Pionier-Art, die alle Lebensräume erobert, andere Arten verdrängt, Habitate zerstört. Aber wir sind weit davon entfernt, unsere Wirkung bei der Zerstörung der Erde genau zu verstehen. Wir kennen ja noch nicht einmal den Großteil der Arten auf dieser Welt.

ZEIT: Wenn wir so wenig wissen, woher wollen Sie wissen, wann wir das Richtige tun?

Boetius: Dieses Argument kenne ich aus Debatten mit Politikern oder Vertretern der Industrie. Das Problem ist, dass wir mit dem Handeln nicht warten können, bis wir alles wissen. Dazu fehlt uns die Zeit. Forschen und Handeln müssen zeitgleich passieren.

Wilson: Es ist wie in der Medizin: Wir wissen auch heute nicht alles über Lungenkrebs, aber wenn jemand daran erkrankt ist, behandeln wir ihn. Genauso ist es mit dem Umweltschutz. Wir wissen ja, wie wir Ökosysteme vor der Zerstörung bewahren: indem wir sie in Ruhe lassen.

ZEIT: Sie wollen dazu die Hälfte der Erde unter Schutz stellen. Das klingt, mit Verlaub, ziemlich ambitioniert.

Wilson: Als ich diese Forderung veröffentlicht habe, bin ich davon ausgegangen, dass ich massiv angegriffen werde. Das Gegenteil ist passiert. Ich war verblüfft, wie schnell mein Ansatz angenommen wurde. Umweltschützer sind hungrig nach einer großen Mission. Auf der Welt gibt es viele Tausend von Naturschutzprojekten. Ich kenne mich aus und weiß von dem Schweiß, den Tränen und sogar dem Blut, mit dem selbst kleinste Projekte erkauft sind. Wir sollten eigentlich immer mehr Gebiete schützen, aber das Gegenteil passiert, wir werden langsamer und langsamer. Es sieht überhaupt nicht gut aus. Deshalb habe ich dieses Ziel ausgegeben: Lasst uns die Hälfte der Erde zu einem Schutzgebiet machen. Damit könnten wir 85 Prozent aller Arten auf dem Planeten retten.

Boetius: Wenn ich diesen Vorschlag zu Ende denke, sehe ich allerdings sofort einen Konflikt: Die Menschheit, gerade in ärmeren Regionen, drängt sich auf einem Teil des Planeten und will an die reichhaltigen Ressourcen der anderen Hälfte. Halten Sie Ihren Vorschlag wirklich für realistisch?

Wilson: Das ist die ultimative Frage: Ist es möglich, eine idealistische Vorstellung von der Welt zu erreichen, in der die belebte Umwelt tief im Glaubenssystem der Menschen verwurzelt ist, genau wie der fundamentale Glauben an die Nation oder die Kultur, genau wie die Religion? Ihren Teil der Welt zu retten müsste für die Menschen so wichtig werden, wie es für manche selbstverständlich ist, sonntags in die Kirche zu gehen.

ZEIT: Wie soll das erreicht werden?

Wilson: Mir fallen ein paar Sachen ein, aber mich interessiert zuerst Ihre Antwort.

ZEIT: Ich glaube, dass dieser Bewusstseinswandel mit etwas sehr Einfachem anfängt: damit, dass man die Natur mit ihren Wundern und ihrer Schönheit ganz unmittelbar erlebt.

Wilson: Darf ich etwas aus der Bibel zitieren, aus der Genesis? Da heißt es: »Es wimmle das Wasser von lebendigem Getier, und Vögel sollen fliegen auf Erden unter der Feste des Himmels.« Wir brauchen einen Platz in der Wissenschaft, der die Geschichte der Schöpfung feiert. In meiner Vorstellung von einem idealen System gibt es einen quasireligiösen Respekt vor der Umwelt, dem Land, auf dem wir leben, und vor dem Planeten an sich.

Boetius: Ich bin da skeptisch. Glaubenssysteme sind flexibel und verletzlich, manchmal gefährlich, deswegen würde ich lieber von den realen Werten der Natur sprechen und von den Regeln, die wir brauchen, um sie zu schützen. Das ist ein Unterschied. Es gab ja schon menschliche Kulturen, die nach dem Prinzip gelebt haben, nur das Nötigste von der Natur zu nehmen. Aber sie sind verschwunden, weil ihr Gedankensystem nicht mit dem Wachstumsprinzip unseres kapitalistischen Systems vereinbar war.

ZEIT: Es gibt Versuche, den Wert von Natur zu messen. Wenn wir lernen, was ihre Leistungen wert sind, hören wir auf, sie zu zerstören?

Wilson: Ich war eine Weile lang begeistert vom Konzept der Bioökonomie, ich habe zu all diesen ehrgeizigen Wirtschaftsbossen gesagt: Rettet die Umwelt, und ihr bekommt sehr viel zurück, ein Einkommen, mit dem ihr nie gerechnet hättet. Mittlerweile habe ich verstanden: Der Vielfalt des Lebens einen Geldwert zu geben ist ein sicherer Weg, sie zu töten.

Boetius: Stimmt, denn bei sehr vielen Arten und Lebensräumen funktioniert dieses Argument leider nicht. Wenn ich im Sinne ökologischer Nachhaltigkeit gegen Tiefseebergbau argumentiere, kann ich keinen direkten ökonomischen Nutzen der Würmer und Seegurken am Meeresgrund dagegenhalten. Trotzdem müssen wir auch die Tiefsee schützen – auf der Grundlage des generellen Werts von Natur. Und dazu brauchen wir harte Regeln.

ZEIT: Der Natur ihren intrinsischen Wert zurückzugeben klingt zwar wirksam. Ein solcher Bewusstseinswandel wäre allerdings extrem langsam. Sollten wir wirklich darauf bauen, dass die Menschheit erst neue Werte verinnerlicht, um die Umwelt zu retten?

Boetius: Ich denke seit einiger Zeit darüber nach, ob nicht der schnellste Weg zum Artenerhalt ist, endlich damit aufzuhören, fossile Brennstoffe so billig bereitzustellen und zu verbrauchen. Billige Energie ist eng verknüpft mit dem Verlust von Lebensräumen und Arten und die Ursache für den Klimawandel. Wir gehen so zerstörerisch mit dem Land und den Meeren um, weil es so billig ist, aus Regenwald Ackerfläche zu machen und die Meere leer zu fischen. Deswegen bin ich dafür, den Verbrauch von und die Schäden durch fossile Brennstoffe zu besteuern und Subventionen zu stoppen, wo sie Umweltschäden erzeugen.

Wilson: Ich hoffe, Sie haben recht damit, dass man mit Steuern das Problem der billigen Energie in den Griff bekommt. Hier in den USA ist die ökonomische und individuelle Freiheit des Einzelnen fundamental. In der Geschichte des Landes war es stets eine geheiligte Annahme, dass wir uns an den natürlichen Ressourcen bedienen können, damit es uns und unseren Familien gut geht. Diese Annahme wird nicht hinterfragt, was es Leuten wie Donald Trump leicht macht zu sagen: Klar, Leute, wir wollen die wertvollsten Mischwälder der Welt nicht kahl schlagen, aber leider liegt darunter die Kohle, und die ist immer noch wichtig, weil sie so billig Energie liefert.

ZEIT: Dabei haben die USA den modernen Naturpark erfunden.

Wilson: Ja, und der letztendliche Grund, unsere Umwelt zu schützen, ist, dass sie uns hervorgebracht hat. Sie ist unser Erbe. Wir sollten genauso wenig Land zerstören wie Kunstmuseen niederbrennen – abgesehen davon, dass man Kunstmuseen leichter wieder aufbauen könnte. In den USA hatten wir Anführer mit mutigen Visionen, die große Teile des Landes unter Schutz gestellt haben. Heute sind diese Nationalparks Teil des fundamentalen Wertesystems der Amerikaner.

ZEIT: Die Industrieländer konsumieren am meisten Öl, Kohle und Gas, am stärksten leiden Entwicklungsländer unter den Folgen. Es gibt ein globales Gerechtigkeitsproblem. Je größer die Wohlstandsunterschiede in einem Land, desto eher lohnt es sich für einen Bauern, einen Wald abzuholzen. Müssten Sie das Problem der Armut nicht mitdenken?

Boetius: Ja, mit einer Kohlenstoff-Steuer – wie sie zum Beispiel in der kanadischen Provinz British Columbia und in Norwegen eingeführt wurde – tut man genau das. Zum einen wird der Ausstoß von Emissionen teurer – und damit alternative Energie lohnenswerter –, zum anderen kann man die Steuereinnahmen für den Umweltschutz verwenden oder um die soziale Ungerechtigkeit durch die Verteuerung von Energie auszugleichen. Solche Ungerechtigkeiten sind immer die Basis für Konflikte, auch beim Klima- oder Umweltschutz.

Wilson: Das stimmt, es bräuchte aber sehr viele Kompromisse und eine politische Einigung.

ZEIT: Herr Wilson, warum glauben Sie eher an das Umdenken des Einzelnen als an ein Umdenken der Politik?

Wilson: Natürlich brauchen wir mutige Politiker, die so eine globale Bewegung anführen. Und in einem idealen System hätten sie auch eine klare Vorstellung davon, was nötig ist, um die Umwelt zu schützen. Sie würden Naturschutz als Grundlage einer funktionierenden Regierung begreifen und Arten und Ökosysteme als Teil von dem, was ihr Land ausmacht. Wir brauchen aber auch reiche Individuen, die die nötige Forschung fördern. Es gibt 180 Milliardäre in den USA, wir bräuchten nur ein oder zwei ...

Boetius: Wir müssen die Gesellschaft verändern, selbst wenn eine Kohlenstoff-Steuer kommt. Das wird nicht einfach. Genauso wenig übrigens, wie die Hälfte der Erde einzuzäunen. Sie haben für unsere Erde einmal die Metapher eines Raumschiffs gebraucht, Herr Wilson. Es gäbe wohl erhebliche Konflikte, wenn man die Hälfte der Decks für die Crew schließen würde, die auf der anderen Seite ein karges Auskommen hat?

Wilson: Ich sage nicht: Macht die Hälfte der Erde zu einem Reservat, und verjagt die Leute daraus. Sondern: Menschen, die ihr da wohnt, kümmert euch darum! Sodass innerhalb dieser geschützten Zonen die Vielfalt des Lebens oberste Priorität hat.

Boetius: Ich sehe das Problem, dass der Reichtum westlicher Länder historisch auf der Ausbeutung ärmerer Länder beruht und auch auf Sklaverei und Kolonialismus. Wir haben global Schulden gemacht an Mensch und Natur, und diese Schulden behindern die nachhaltige globale Entwicklung, denn andere Länder haben aufzuholen. Die Ungleichheit zu überbrücken muss also Teil eines Konzeptes sein, den Planeten zu retten. Auch deswegen halte ich die Kohlenstoff-Steuer für eine gute Idee. Man hätte sofort Geld, mit dem man arbeiten kann.

ZEIT: Eine Kohlenstoff-Steuer richtet sich in erster Linie gegen den Klimawandel. Wie soll sie dem Flachlandtapir helfen, dessen Überlebenschancen sich verschlechtern, weil sein Regenwald gefällt wird?

Boetius: Warum gibt es denn einen derartigen Hunger nach Land, nach Regenwald? Es ist unglaublich, auf Satellitenaufnahmen zu verfolgen, in welchem Maße die Abholzung voranschreitet. Ich habe das gerade in Brasilien gesehen. Wenn man weiß, dass global mehr als ein Drittel der Agrarproduktion benutzt wird, um Tiere zu füttern, ein weiteres Drittel weggeworfen wird und wir am Ende höchstens ein Drittel essen, merkt man: Eigentlich ist das Problem ein anderes. Wir können uns all das erlauben, weil die Energie, um Dünger zu produzieren und Fleisch durch die Welt zu transportieren, so billig ist.

ZEIT: Menschen zeichnet aus, dass sie für die Zukunft planen können. Trotzdem sind wir bis heute dabei, den Planeten zu zerstören und damit künftigen Generationen die Zukunft zu verbauen. Brauchen wir neue Menschen für eine bessere Erde?

Wilson: Wir sind die einzige denkende Spezies. Wir müssen über die Zukunft entscheiden. Deswegen müssen wir bei den Jüngsten anfangen. Jedes Schulkind sollte die wichtigsten Fakten kennen. Dass der Mensch die Aussterberate tausendfach beschleunigt hat, dass wir die Treiber für den Habitatverlust, für Verschmutzung, Überbevölkerung, invasive Arten und Übernutzung sind.

Boetius: Der Klimawandel kommt noch hinzu, und hinter jedem dieser Faktoren steht der ungerechte Verbrauch natürlicher Ressourcen. Wir können nicht warten, bis sich ein globaler Bewusstseinswandel einstellt, wir brauchen eine Abkürzung. Und deshalb bin ich für eine sofortige Umstellung des Energiesystems.

ZEIT: Rechnen Sie mit Gegenbewegungen?

Boetius: Wir sprechen hier über eine erhebliche Transformation. Wir dürfen nicht davon ausgehen, dass alle Regierungen und Mächte darüber glücklich sind, vor allem jene nicht, die vom derzeitigen System profitieren. Es wird erheblichen Widerstand geben. Aber ohne schnelle Lösungen gibt es ebenfalls Probleme: ausgelöst durch jede Menge Elend, durch Massenmigration von Menschen, die ihre Heimat, ihre Umwelt verlieren.

ZEIT: Zehn bis elf Milliarden Menschen sollen 2100 auf der Erde leben, dazu steigt das Konsumniveau. Fast überall, wo es wertvolle Ökosysteme gibt, stehen diese unter Druck. Mal ehrlich: Haben Sie beide noch Hoffnung?

Boetius: Ich verbiete mir Pessimismus. Ich denke lieber über Lösungen nach. Am Ende ist der Mensch die verletzlichste Spezies von allen, für ihn geht es um alles. Die Zerstörung wird, wenn wir so weitermachen, furchtbar sein und auch furchtbar unfair für künftige Generationen. Ich wünsche mir, dass wir dem Weg der Vernunft folgen. Da spielt die Wissenschaft eine große Rolle.

Wilson: Sie haben recht, das Bevölkerungswachstum ist ein riesiges Problem, und deshalb müssen wir massiv in die Bildung von Frauen in Entwicklungsländern investieren, damit dort die Geburtenraten zurückgehen. Ich bleibe trotzdem optimistisch. Die Menschheit hat im vergangenen Jahrhundert zwei furchtbare Weltkriege überstanden, hat nach dem Ende des Kommunismus eine gigantische soziale Transformation in großen Teilen der Welt hinter sich. Warum sollten wir keinen Ausweg aus dieser Krise finden? Eine Art, die zum Mond fliegen kann und wieder zurück, ist fähig, die nötige Wissenschaft zu betreiben und die richtigen Schlüsse daraus zu ziehen.

Edward O. Wilson, Ökologe

E. O. Wilson, geboren 1929, gilt als einer der wichtigsten Biologen unserer Zeit. Er ist seit mehr als 60 Jahren Professor für Zoologie an der Harvard University und forscht zu Umwelt, Tierverhalten, Evolution und Biodiversität. Wilson hat mehrere große Umbrüche im Fach Biologie entscheidend vorangetrieben und bekam zweimal den Pulitzer-Preis verliehen.

Antje Boetius, Meeresbiologin

Die deutsche Tiefsee- und Polarforscherin Antje Boetius, geboren 1967, leitet das Alfred-Wegener-Institut, Helmholtz-Zentrum für Polar- und Meeresforschung, in Bremerhaven. Die Biologin zeigte in ihren Forschungarbeiten, welchen Einfluss Tiefsee-Mikroben auf das Weltklima haben und wie der Klimawandel das Tiefseeleben verändert. Boetius gewann im Oktober Europas höchstdotierten Umweltpreis.

DAS GESPRÄCH FÜHRTE FRITZ HABEKUSS

DIE STERBENDE NATUR

VON ANNE GERDES UND FRITZ HABEKUSS

»Biologische Vielfalt: Sie ist der Kern nicht nur unseres Überlebens, sondern auch unserer Kulturen, Identitäten und unserer Lebensfreude«

ROBERT WATSON, VORSITZENDER DES WELTBIODIVERSITÄTSRATS

Belastbarkeit der Erde

Was hält unser Planet aus? Forscher haben Grenzen definiert, ab wann Veränderungen die Stabilität des Erdsystems gefährden. In mehreren Bereichen ist Alarmstufe Rot erreicht – deutlich etwa beim Schwund der Biodiversität

■ sicherer Bereich   ■ unsicherer Bereich   ■ Hochrisikobereich   ? noch nicht umfassend berechnet

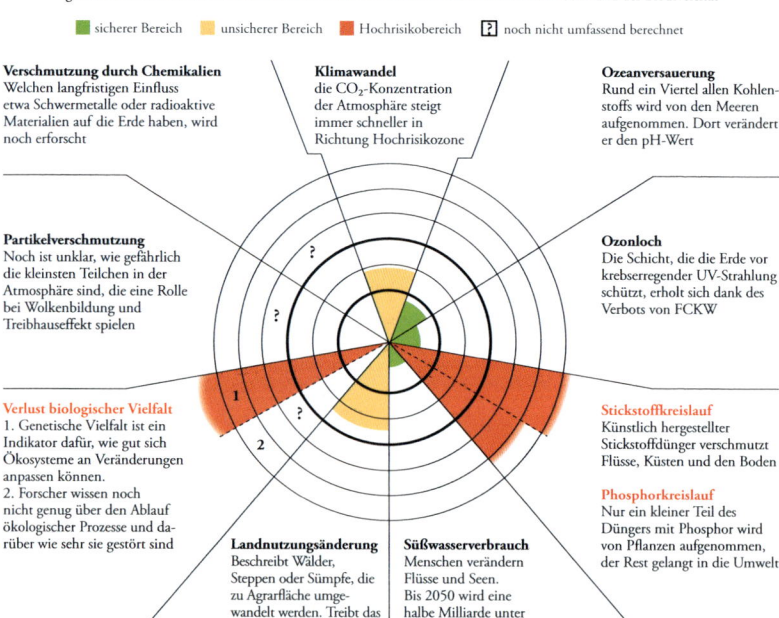

Verschmutzung durch Chemikalien
Welchen langfristigen Einfluss etwa Schwermetalle oder radioaktive Materialien auf die Erde haben, wird noch erforscht

Klimawandel
die CO$_2$-Konzentration der Atmosphäre steigt immer schneller in Richtung Hochrisikozone

Ozeanversauerung
Rund ein Viertel allen Kohlenstoffs wird von den Meeren aufgenommen. Dort verändert er den pH-Wert

Partikelverschmutzung
Noch ist unklar, wie gefährlich die kleinsten Teilchen in der Atmosphäre sind, die eine Rolle bei Wolkenbildung und Treibhauseffekt spielen

Ozonloch
Die Schicht, die die Erde vor krebserregender UV-Strahlung schützt, erholt sich dank des Verbots von FCKW

Verlust biologischer Vielfalt
1. Genetische Vielfalt ist ein Indikator dafür, wie gut sich Ökosysteme an Veränderungen anpassen können.
2. Forscher wissen noch nicht genug über den Ablauf ökologischer Prozesse und darüber wie sehr sie gestört sind

Stickstoffkreislauf
Künstlich hergestellter Stickstoffdünger verschmutzt Flüsse, Küsten und den Boden

Phosphorkreislauf
Nur ein kleiner Teil des Düngers mit Phosphor wird von Pflanzen aufgenommen, der Rest gelangt in die Umwelt

Landnutzungsänderung
Beschreibt Wälder, Steppen oder Sümpfe, die zu Agrarfläche umgewandelt werden. Treibt das Artensterben an

Süßwasserverbrauch
Menschen verändern Flüsse und Seen. Bis 2050 wird eine halbe Milliarde unter Wassermangel leiden

Quelle: Steffen et al. (2015): Planetary Boundaries: Guiding Human Development on a Changing Planet, in: Science

Große Beschleunigung

Seit dem Beginn der industriellen Revolution hat der Mensch die Erde fundamental verändert. Die Grafik zeigt die Entwicklung einiger zentraler Indikatoren für unseren Einfluss auf den Planeten

Quelle: Steffen et al. (2015): The trajectory of the Anthropocene: The Great Acceleration, in: The Anthropocene Review

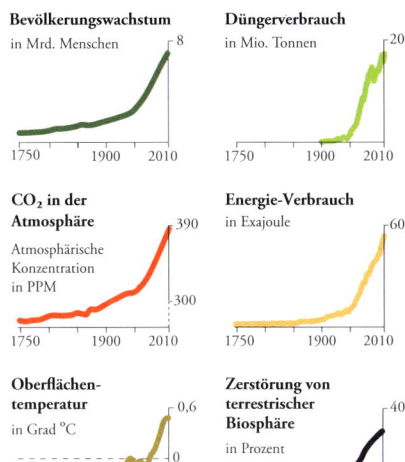

Bevölkerungswachstum in Mrd. Menschen

Düngerverbrauch in Mio. Tonnen

CO_2 in der Atmosphäre Atmosphärische Konzentration in PPM

Energie-Verbrauch in Exajoule

Oberflächentemperatur in Grad °C

Zerstörung von terrestrischer Biosphäre in Prozent

100.000.000

Haie tötet der Mensch pro Jahr. Fehlen solche Raubfische, geraten ganze Ökosysteme ins Wanken

Quelle: Worm et al. (2012): Global catches, exploitation rates, and rebuilding options for sharks, in: Marine Policy

8 Mio. Hektar

Waldfläche werden pro Jahr weltweit gerodet. Das entspricht knapp einem Fünftel Deutschlands

Quelle: FAO, The Global Forest Resources Assessment 2016

Leere Welt

Eine globale Analyse zeigt:
Zwischen 1970 und 2012 ist die
Zahl der wild lebenden Tiere auf
der Erde um 60 Prozent gesunken

ZEIT-GRAFIK/Quelle: McRae/Freeman/Marconi
(2016): The Living Planet Index, in: The Living
Planet Report

Raubbau am Meer

Große Fangschiffe bleiben oft
monatelang auf See. Vor allem
ihretwegen sind global viele
Fischbestände in Gefahr

Quelle: FAO (2018): The State of World Fisheries
and Aquaculture 2018 – Meeting the sustainable
development goals

Der Mensch und seine Nutztiere wiegen mehr als alle
anderen Landwirbeltiere der Erde zusammen

> Arten sterben aus, das ist normal. Neu ist die
> Geschwindigkeit, mit der Spezies von der Erde verschwinden.
> Sie ist heute zwischen 100- und 1000-mal so hoch wie vor
> der Ausbreitung des Menschen
>
> Quelle: Pimm et al. (2014), in: Science

Die letzten Flecken

Nur noch rund 20 Prozent der Landfläche und gut ein Zehntel der Meere sind vom Einfluss des Menschen weitgehend ungestört. Die größten Wildnisgebiete liegen in den Polarregionen, im Meer oder in Wüsten. Wildnis ist wichtig, als Kohlenstoffspeicher und als Refugium für seltene Tiere und Pflanzen

terrestrische Wildnis   marine Wildnis

Quelle: Watson JEM (2018): Protect the last of the wild, in: Nature

DAS LETZTE NASHORN

Am 19. März 2018 ist Sudan gestorben,
das letzte männliche Nördliche Breitmaulnashorn.
Mit dem mächtigen Bullen ist die ganze Art
untergegangen. Ein Blick zurück in eine Zeit,
als sie noch zu retten schien

VON NICOLA MEIER

Da steht es, mannshoch und 2500 Kilo schwer. Rupft Gras, geht ein paar Schritte, rupft wieder Gras. Mehr macht das Nashorn nicht. Trotzdem müssen an diesem Nachmittag Anfang Mai in Kenia zwei Fernsehteams aufpassen, dass sie sich nicht gegenseitig ins Bild laufen, während sie das Nashorn filmen.

Man kann im Reservat Ol Pejeta majestätische Elefanten sehen und elegante Giraffen, aber der Star ist ein träger Nashornbulle namens Sudan, auf ihn richten sich die Objektive. Etwas abseits der Fernsehteams öffnet jetzt ein Mann seinen Skizzenblock und zückt einen Stift. Es ist ein Maler aus England, extra angereist, um Sudan zu zeichnen, das inzwischen wohl bekannteste Nashorn der Welt. Sudan ist der letzte Bulle seiner Art, des Nördlichen Breitmaulnashorns.

Sudan wird nachts von bewaffneten Rangern vor Wilderern beschützt. Am Eingangstor von Ol Pejeta hängt ein Plakat mit einer Stellenanzeige. Zwei Ranger in Khaki sind zu sehen, sie halten ein

Die Erinnerung bleibt: Das Nördliche Breitmaulnashorn Sudan ist tot

Sturmgewehr in der Hand, darunter steht in dicken Lettern: »Wollen Sie Nashorn-Bodyguard werden?« Es ist ein Bild, das um die Welt gegangen ist. »Sudan braucht Waffenschutz: Bodyguards für das letzte Nashorn«, schrieben die Zeitungen im Frühling 2015, »Kampf ums Überleben: 24-Stunden-Wache für das letzte Nashorn«. Filmteams aus aller Welt reisten nach Ol Pejeta, um das Drama vom Aussterben der Nördlichen Breitmaulnashörner in die Wohnzimmer der westlichen Welt zu tragen. »Dies ist ein Bild von der Front«, urteilten die Journalisten in ihren Berichten, sie fragten: »Haben wir nichts gelernt seit der Eiszeit?«

Jedes Jahr sterben mehrere Tausend Arten für immer aus. Auf der Roten Liste der Weltnaturschutzunion stehen aktuell 23.250 bedrohte Tiere und Pflanzen. Das ist traurig, und trotzdem interessiert es kaum jemanden, ob, zum Beispiel, in Ecuador bald der Stummelfußfrosch ausstirbt oder in Singapur die Süßwasserkrabbe. Nun aber hatte das Artensterben plötzlich ein Gesicht: das runzlige eines sehr alten Nashorns.

Drei Nördliche Breitmaulnashörner – ursprüngliches Verbreitungsgebiet: Zentral- und Ostafrika – gibt es nur noch auf der Welt, Sudan und die beiden Kühe Najin und Fatu, die in einem anderen Freigehege in Ol Pejeta grasen. Die drei haben, klar, ein breites Maul, unterscheiden sich aber vom Südlichen Breitmaulnashorn durch eine stärker geschuppte Haut, einen kürzeren Kopf und größere Füße. Touristen könnten das Nördliche kaum vom Südlichen Breitmaulnashorn unterscheiden, von dem es im Süden Afrikas noch 20.000 Exemplare gibt. Trotzdem wollen die Touristen unbedingt das Nördliche Breitmaulnashorn sehen. Es ist das Wissen darum, dass es nur noch Sudan, Najin und Fatu gibt, das die Menschen nach Kenia reisen lässt, um beim Anblick der drei zu erschaudern. Für die Vermarktung des Reservats ist das Aussterben des Nördlichen Breitmaulnashorns keine schlechte Sache. Auf seiner Website wird der Besuch der Tiere als »einmalige Gelegenheit« angepriesen.

Als aus Sudan ein weltbekanntes Nashorn wurde, war längst klar: Die bewaffneten Ranger würden ihn vielleicht vor Wilderern schützen, nicht aber seine Art erhalten können. Sudan ist 43 Jahre alt. Nashörner werden 40 bis 50, Sudan ist also bereits ein Greis. Seine Hoden sind verkleinert, die Qualität seiner Spermien ist miserabel, und er könnte sich gar nicht mehr lange genug auf den Hinterbeinen halten, um eine der beiden Kühe zu decken, Nashornsex dauert bis zu eineinhalb Stunden. Sudan hat aber sowieso keine Lust auf Sex. Er ist impotent. Auch die beiden Nashornkühe – sie werden ebenfalls bewacht – können sich nicht mehr fortpflanzen. Die jüngere, nur 16 Jahre alte Fatu hat eine vernarbte Gebärmutterschleimhaut und würde gar nicht erst schwanger werden. Najin, 26 Jahre, hat kaputte Achillessehnen und würde das zusätzliche Gewicht einer Schwangerschaft nicht aushalten.

Damit sind die Nördlichen Breitmaulnashörner nicht nur eine vom Aussterben bedrohte Tierart. Sie *sind* quasi ausgestorben. Oder haben sie noch eine letzte Chance?

Thomas Hildebrandts Institut: Eine Kinderwunschklinik für etwas größere Babys

An Sudans Gehege hängt ein Schild, darauf steht: »Deutsche Reproduktionsspezialisten entwickeln zurzeit Techniken für eine assistierte Reproduktion bei gefährdeten Nashornarten.«

Flughafen Berlin-Tegel, Ende November 2015. Thomas Hildebrandt, 52 Jahre alt, steht am Check-in-Schalter und testet, ob eine Vielfliegerkarte und nett fragen reichen, um ein Gepäckstück mehr aufgeben zu können, ohne extra zu zahlen. Neben ihm stehen drei Hartschalenkoffer und zwei große Kartons, gut 100 Kilo Ausrüstung. Am Leibniz-Institut für Zoo- und Wildtierforschung in Berlin leitet Hildebrandt die Abteilung für Reproduktionsmanagement. Er redet wie ein Wissenschaftler – »Der Prozess der Vitrifizierung einer Oozyte ...« –, aber er sieht aus wie ein Tierarzt: Jeans, Pulli, Funktionsjacke. Zoos rufen bei ihm ungefähr zu dem Zeitpunkt an, zu dem ein Mann und eine Frau den ersten Termin in einer Kinderwunschklinik ausmachen würden: wenn es auf natürlichem Weg nicht klappt mit dem erwünschten Nachwuchs.

Hildebrandt ist so etwas wie ein Großtier-Gynäkologe mit mobiler Praxis, die Hälfte des Jahres ist er unterwegs, fliegt von Zoo zu Zoo, von Reservat zu Reservat, heute Dortmund, morgen Paris, übermorgen Borneo. Seinen Senator-Status hat Hildebrandt sich mit Economy-Meilen erflogen, obwohl lange fliegen gar nicht mehr so gut geht, die Bandscheibe. Zu verdanken hat er den kaputten Rücken einem Elefanten in den USA, in dessen Hintern Hildebrandts Arm gerade bis zur Schulter steckte, als der Elefant beschloss, sich hinzusetzen. »Nich so juut«, sagt Hildebrandt, Ur-Berliner, verheiratet mit einer Ärztin, gemeinsam haben sie eine Tochter. Deren Geburt hätte Hildebrandt fast verpasst, gerade rechtzeitig schaffte er es noch von Mauritius zurück nach Berlin.

Vielfliegerkarte und nett fragen reichen heute nicht, Hildebrandt zückt jetzt die Kreditkarte, 115 Euro pro Extra-Gepäckstück. Auch das: Nich so juut, er muss sparen, das Geld für die Reise hat er vom Budget seiner Abteilung abgeknapst. Sponsoren lassen sich für das, was er morgen in Salzburg vorhat, nicht finden. Zu wissenschaftlich, zu weit weg, sagen Naturschutzorganisationen. Zu praxisorientiert, sagen wissenschaftliche Stiftungen.

Mit Hildebrandt fliegen seine Kollegen Robert Hermes und Frank Göritz, mit beiden arbeitet er seit mehr als 20 Jahren zusammen. Die drei Männer sind so häufig am Berliner Flughafen, dass sie oft vom Bodenpersonal erkannt werden. Heute ist es der Mann am Sperrgepäckschalter, der auf Frank Göritz zeigt. »Dich kenn ich, du bist der mit den Elefanten!« – »Diesmal Nashörner«, sagt Göritz.

Hildebrandt, Hermes und Göritz sind Experten für die künstliche Besamung von Elefanten, sie können den Bullen Sperma entnehmen und die Kühe künstlich besamen, mehr als 40 Elefantenkälber sind mit ihrer Hilfe geboren worden. Auch Südliche Breitmaulnashörner haben sie bereits erfolgreich künstlich besamt. Könnten die beiden Kühe in Kenia noch ein Kalb austragen: Das Berliner Team wäre längst nach Kenia geflogen, im Gepäck das Besamungsbesteck für Nashornkühe und Sperma eines schon verstorbenen Bullen, das zu seinen Lebzeiten entnommen und eingefroren wurde. Weil das keine Option ist, will Hildebrandt jetzt etwas wagen, das er bisher noch nie gemacht hat: Er will den beiden Nashornkühen in Kenia unter Narkose Eizellen entnehmen und diese dann in vitro befruchten. In einem Labor würde, wenn alles klappt, der Embryo eines Nördlichen Breitmaulnashorns entstehen. Dieser soll dann wiederum der Kuh eines Südlichen Breitmaulnashorns einpflanzt werden, die ihn als Leihmutter austragen würde.

Ist das genial oder verrückt?

Bei Menschen sorgen Befruchtungen von Eizellen im Reagenzglas, bekannt als In-vitro-Fertilisation, schon seit Jahrzehnten erfolgreich für Nachwuchs bei bisher kinderlosen Paaren. Frauen lassen sich ihre Eizellen einfrieren, um sich mehr Zeit bis zum ersten Baby zu verschaffen. In einigen Ländern ist es auch erlaubt, dass Leihmütter für ein fremdes Paar ein Kind austragen.

Warum also sollte man nicht auch einem Nashorn Eizellen entnehmen? Zuerst einmal: Das Ganze hört sich sehr viel leichter an, als es ist. Um über die Scheide einer Frau die Eierstöcke zu erreichen, muss ein Arzt etwa fünf Zentimeter überwinden. Mithilfe einer Ultraschallsonde kann er dann per Hand die Nadel führen, mit der die Follikel, jene mit Flüssigkeit gefüllten Bläschen um eine Eizelle, punktiert werden. Bei einem Breitmaulnashorn, dem Nördlichen wie dem Südlichen, liegen die Eierstöcke etwa eineinhalb Meter tief im Körperinneren. Sie mit der Hand zu erreichen ist unmöglich. Hildebrandt hat zehn Jahre gebraucht, aber jetzt glaubt er, eine Methode gefunden zu haben, mit der er das Problem lösen kann. Morgen wird er seine Technik erstmals ausprobieren, zur Sicherheit an einem Südlichen Breitmaulnashorn im Zoo von Salzburg. Das könnte der erste Schritt zur Rettung des Nördlichen Breitmaulnashorns sein.

»*Star-Trek*-Wissenschaft!«, schimpfen die Artenschützer über Hildebrandts Forschung

Flug AB8510 nach Salzburg, voll besetzt, bekommt keine Starterlaubnis. Thomas Hildebrandt sitzt in Reihe 11 am Gang und macht sich Sorgen. Vielfliegerwissen. Wenn ein Flug ausgebucht ist, kommt manchmal das Gepäck nicht mit. »Das wäre eine absolute Katastrophe«, sagt Hildebrandt. Im Salzburger Zoo wartet Kifaru, eine Südliche Breitmaulnashornkuh, Hildebrandts Übungsobjekt. Eine Woche wurde sie mit Hormonpräparaten behandelt, in der Hoffnung, dass in ihren beiden Eierstöcken viele Eizellen gleichzeitig heranreifen. Kifaru hat heute nichts zu fressen bekommen, damit sie nüchtern ist für die Narkose morgen früh. Hildebrandt hat zu seiner Übung auch extra eine Embryologin aus England dazugeladen, für die Arbeit am Mikroskop. Aber wenn nun einer der Koffer fehlt oder das Mikroskop ... Mit Verspätung rollt die Maschine zur Startbahn. Hildebrandt setzt seine Kopfhörer auf und schließt die Augen.

Vor 50 Jahren gab es noch mehr als 2000 Nördliche Breitmaulnashörner, sie lebten in Uganda und dem Sudan, im Tschad und im Kongo. Erst waren es Bürgerkriege, die ihre Zahl verringerten, dann begannen Wilderer, die Tiere abzuschlachten, um an ihr Horn zu kommen, das in Asien als Wundermittel gegen Leiden von Impotenz bis Krebs begehrt ist. Seit 2008 gilt die Art – manche sagen: Unterart – in der Wildnis als ausgestorben. Damals begann die erste Debatte um das Nördliche Breitmaulnashorn.

Von den 22 Tieren, die man bis Mitte der siebziger Jahre in Zoos gebracht hatte, lebten 2008 noch acht: sechs im Zoo von Dvůr Králové in der Tschechischen Republik und zwei im Safari Park in San Diego, USA. Die Gefangenschaft hatte ihnen das Leben gerettet, einerseits. Andererseits pflanzten sich die Tiere im Zoo kaum fort. Das letzte Kalb kam im Jahr 2000 in Tschechien zur Welt. Der wahrscheinliche Grund für die schlechte Geburtenrate: Zu wenige Tiere lebten auf zu engem Raum zusammen. Revier markieren, beschnuppern, balzen: All das blieb aus. Artenschützer beschlossen den Umzug von vier Nashörnern aus Tschechien nach Kenia. Das Programm nannten sie *Last Chance to Survive*, »Letzte Chance zu überleben«. Im Dezember 2009 erreichten zwei Bullen und zwei Kühe das Reservat Ol Pejeta.

Hildebrandt schnaubt noch heute, wenn er darüber redet. Er war gegen den Umzug: In Kenia hatte niemand das Know-how für Fruchtbarkeitsuntersuchungen. Sollte »die Sonne Afrikas« das Problem nicht lösen, wäre wertvolle Zeit verloren.

Hildebrandt ist keiner, der sich nichts traut. Aufgewachsen in Ost-Berlin, stellte er schon als Schüler ein paar kritische Fragen zum System der DDR zu viel, trotz Einser-Abi durfte er nicht an die Uni, um Tiermedizin zu studieren. Notgedrungen lernte er Melker, gab den Job aber bald auf, um in der Tierpathologie der Universität zu arbeiten, das war näher dran an dem, was er eigentlich machen wollte. Erst einmal dort, krempelte er die Sektionshalle um, ein Professor unterstützte ihn schließlich mit einer Empfehlung, Hildebrandt durfte doch noch Tierarzt werden.

Je intensiver Hildebrandt sich während seiner Laufbahn mit assistierten Reproduktionstechniken beschäftigte, desto mehr stellte er fest: Auch in der Wildtierwelt geht es hochpolitisch zu.

Hildebrandts Methode wirft für klassische Artenschützer eine Menge Fragen auf. Jede dieser Fragen ist ein Dominostein. Hat man den ersten Stein umgestoßen, gibt es kein Zurück mehr, jede Frage führt zu noch einer Frage und die zu noch einer Frage. Die Rettung des Nördlichen Breitmaulnashorns im Labor würde eine Menge Geld kosten, argumentieren Hildebrandts Gegner – Geld, das für andere Programme eingesetzt werden könnte, die dem Erhalt von Lebensräumen und dem Schutz der Tiere vor Wilderern dienen. Ein Dominostein umgekippt. Würde man erst damit anfangen, Wildtiere im Labor zu retten: Wer würde entscheiden, welche gerettet werden und welche nicht? Würde der Stummelfußfrosch, den keiner kennt, gegen das Nördliche Breitmaulnashorn nur deshalb verlieren, weil das Nashorn sich besser vor der Kamera macht? Wieder ein Stein umgekippt. Unterscheiden sich Nördliches und Südliches Breitmaulnashorn überhaupt genug, um den Aufwand für die Rettung zu rechtfertigen? Wieder ein Stein. Und ganz am Ende wartet dann noch die ganz große Frage, die man immer stellen kann: Wo führt das überhaupt alles hin? Wer wird noch das Aussterben einer Art bedauern, wenn Wissenschaftler verkünden, dass sie sie im Labor nachzüchten können? »*Star-Trek*-Wissenschaft!«, schimpfen Artenschützer, die einen wie Hildebrandt nie zu ihrem Kreis zählen würden. Schon künstliche Besamung lehnen viele von ihnen als unnatürlich ab.

Seit 2007 kamen in europäischen Zoos sieben Südliche Breitmaulnashörner zur Welt, dank künstlicher Besamung mithilfe von Hildebrandt und Kollegen. In all den Jahren wartete man in Kenia auf ein natürliches Wunder, auf ein Kalb, das aus acht Nördlichen Breitmaulnashörnern – vier in Ol Pejeta, zwei in San Diego, zwei in Dvůr Králové – neun machen würde.

Im Mai 2011 starb Nashornkuh Nesari in Dvůr Králové an Altersschwäche.

Im Oktober 2014 fand man den Nashornbullen Suni tot in Ol Pejeta in seinem Freigehege.

Nach Sunis Tod lud das Reservat Ol Pejeta Thomas Hildebrandt und seine Kollegen nach Kenia ein, um die drei noch lebenden Nashörner zu untersuchen. Das Ergebnis, jetzt medizinisch gesichert: Weder Sudan noch die beiden Kühe kamen noch für die natürliche Fortpflanzung infrage. Das Projekt »Letzte Chance« war gescheitert.

Im tschechischen Zoo Dvůr Králové, dem die Nashörner in Kenia nach wie vor gehörten, hatte es mittlerweile einen Direktorenwechsel gegeben. Und was Jahre vorher abgelehnt worden war, wurde nun plötzlich offen diskutiert: Mehrmals reiste Hildebrandt nach Dvůr Králové, um über die Optionen einer Eizellentnahme zu sprechen.

Im Dezember 2014 starb Nashornbulle Angalifu in San Diego, auch in diesem Fall: Altersschwäche.

Erst gab es Meldungen (»Seltenes Nashorn tot«), dann Berichte (»Nashorn-Art kurz vor dem Aussterben«), schließlich, im Frühling 2015, dank Sudan und seinen Bodyguards, lange Artikel. Mit Verspätung nahm die Öffentlichkeit Notiz vom Aussterben einer Art.

Im Juli 2015 starb Nashornkuh Nabire in Dvůr Králové – eine 100 Kilogramm schwere Zyste am Eierstock war geplatzt.

Jetzt waren es noch vier Nördliche Breitmaulnashörner, drei in Ol Pejeta, eines in San Diego.

Im Oktober flog Hildebrandt mit dem Zoodirektor aus Dvůr Králové nach Kenia. Aus einer Idee wurde ein Plan, gewissermaßen das Projekt »Allerletzte Chance«.

In Salzburg gelandet, wartet Hildebrandt am Gepäckband. Erst als drei Hartschalenkoffer und zwei große Kartons vom Rollband geklaubt sind, entspannt er sich. Es geht auf Mitternacht zu, als der Taxifahrer vor einer Pension in Salzburg hält. »Zum Schießen hier?«, fragt er, als er eine lange, schmale Hartschalenbox aus dem Kofferraum zieht. »Nee«, sagt Hildebrandt. »Wir *retten* Tiere.«

Um sechs Uhr morgens stehen das Berliner Team und die englische Embryologin im Dunkeln vor dem Eingang der Pension, eine Tierärztin des Salzburger Zoos holt sie ab. »Hast du meine E-Mail noch bekommen?«, fragt Hildebrandt sie. »Wie viele Tische haben wir? Zwei? Vier?« Er ist keiner, der sich mit Höflichkeiten aufhält, wenn es an die Arbeit geht. So nett und redefreudig Hildebrandt normalerweise ist, so kurz angebunden ist er, wenn ein Einsatz ansteht.

In der Tierklinik des Salzburger Zoos öffnet Hildebrandt Koffer und Kartons. Nach ein paar Minuten sieht der Tisch vor ihm so aus, als ob ein Handwerker und ein Chirurg sich den Arbeitsbereich teilen müssten. Latexhandschuhe liegen neben einem Werkzeugkoffer, Spritzen neben Schraubenschlüsseln. Hildebrandt setzt zusammen, was er »die Hardware« nennt.

Zwei anderthalb Meter lange Stahlteile liegen auf dem Tisch, eins eine Art flache Schiene, das andere gewölbt. An das Ende der Schiene schraubt Hildebrandt jetzt einen länglichen Ultraschallkopf und eine Plastikhalterung. In der Plastikhalterung befestigt er eine Hohlnadel, Durchmesser: 1,9 Millimeter. Die dazugehörige Kanüle führt Hildebrandt durch die Schiene, dann verschließt er die Schiene mit dem gewölbten Stahlteil.

Das Gerät für die Eizellentnahme ist fertig zusammengebaut.

Um halb neun liegt die Südliche Breitmaulnashornkuh Kifaru betäubt in der Ecke ihres Stalls, ein Handtuch über den Augen. Frank Göritz steht an ihrem Kopf und überwacht Sauerstoffsättigung und Puls.

Ohne Risiko ist der Eingriff nicht, schon die Vollnarkose ist für eine Nashornkuh gefährlich. Je schwerer ein Tier ist, desto eher kann es im Liegen zu Durchblutungsstörungen kommen.

Thomas Hildebrandt und Robert Hermes knien nebeneinander an Kifarus Hinterteil, neben ihnen im Stroh liegt ein tragbares Ultraschallgerät. Hermes drückt seinen rechten Arm in Kifarus Anus, er entleert den Darm des Nashorns.

In mehreren Versuchen hatte Hildebrandt am lebenden, narkotisierten Objekt ausprobiert, eine Ultraschallsonde über die Scheide eines Breitmaulnashorns weit genug einzuführen, um die Eierstöcke zu erreichen. Es hatte nicht geklappt. Also beschloss er, es über den Darm zu versuchen. Er ließ die Teile entwickeln, die er heute Morgen in der Tierklinik zu seiner Entnahmestange zusammengebaut hat, testete die Apparatur und baute sie um. Viele Wochenenden tüftelte er mit einem befreundeten Ingenieur an der Lösung. In welchem Winkel muss die Nadel ausgerichtet sein? Wie viel Kraft braucht man, um erst die Darmwand zu durchstechen und dann den Follikel zu treffen? Hildebrandt glaubt, dass er die Antwort auf die Fragen kennt. Ob er richtigliegt, wird er heute erfahren. Mit der Nadel durch den Darm zu stechen birgt die Gefahr, dass Bakterien in den Bauchraum des Nashorns gelangen. Deshalb spült und desinfiziert Robert Hermes den leeren Darm jetzt mehrmals. Dann führt er den Ultraschallkopf ein, nach und nach verschwindet die Entnahmestange in Kifarus Anus. Hildebrandt starrt auf den Bildschirm des Ultraschallgeräts. Wenn sie Glück haben, werden im Grau-in-Grau gleich schwarze Kugeln erscheinen: die Follikel. »Sind ja nicht so viele«, murmelt Hildebrandt, als sie beim rechten Eierstock sind. »Noch mal da rüber.« Kaum zu erkennen, dass Hermes die Stange bewegt, alles ist jetzt Millimeterarbeit. Man könne sich das so vorstellen, wird Hildebrandt später sagen, als wenn man einen Apfel an einer Schnur aufhängt und versucht, mit einer Nadel einen seiner Kerne zu treffen. Das Fruchtfleisch ist die ein Zentimeter dicke Darmwand des Nashorns. Der Kern ein Follikel.

Hildebrandt lässt seine rechte Hand jetzt zum Griff am Ende der Entnahmestange wandern. Von dort wird die Nadel mit einem Impuls gesteuert. Wie genau das geht, darf hier nicht stehen: Hildebrandt hat seine Erfindung zum Patent angemeldet. Das Schlimmste, was passieren könnte, wäre, wenn die Nadel ein arterielles Blutgefäß treffen würde. Dann könnte es schlecht ausgehen für das Nashorn.

Auch der Erzbischof hat ein Herz für Nashornbabys – trotz künstlicher Besamung

Hildebrandts und Hermes' Gesichter sind vor Anspannung zu Grimassen verzerrt. Kein Blutgefäß darf sich jetzt zwischen Ultraschallkopf und Nadel schieben. Hildebrandt löst den Impuls aus. Dann hämmert er mit der Hand auf ein Pedal, das neben ihm liegt. Es gehört zu einer Pumpe, die nun die Flüssigkeit des punktierten Follikels – und damit hoffentlich die Eizelle – absaugt und durch die Kanüle in ein Reagenzglas befördert.

Um kurz nach zehn sind sie fertig. Frank Göritz spritzt das Nashorn wach. »Kann mich wer in die Klinik rüberfahren?«, ruft Hildebrandt. Er hat es eilig, die Proben aus den Reagenzgläsern unter dem Mikroskop zu sehen, zwanzigfach vergrößert. Erst dann wird klar sein, ob sie Eizellen erwischt haben. Während die anderen jetzt Pause haben, beginnt für Hildebrandt der zweite Teil der Arbeit.

In der Tierklinik setzt sich die Embryologin aus England ans Mikroskop. Sie leert das erste von 29 Reagenzgläsern in eine Petrischale und schiebt die Schale unter das Objektiv.

Probe Nummer 1: nichts.

Probe Nummer 2: auch nichts.

Bei Probe Nummer 3 ist was. Hildebrandt guckt selber. »Eine kleine«, sagt er. »Richtig schick ist die aber nicht ...« Auf einen Zettel schreibt er: »Tube 3 sehr kleine Oozyte.«

Nummer 4, Nummer 5, Nummer 6: nichts.

Im Café des Zoos, drei Minuten zu Fuß von der Tierklinik, sitzen unterdessen die anderen, trinken Kaffee und essen Apfelstrudel mit Vanillesoße. Die Stimmung ist gelöst, Kifaru geht es gut. Eine Mitarbeiterin des Zoos erzählt, dass der Erzbischof Nashornbaby Tayo getauft habe, ein Exemplar des Südlichen Breitmaulnashorns. »Waaas? Trotz künstlicher Besamung?«, blödeln Göritz und Hermes. »Also, unbefleckt war die Empfängnis nicht, so viel können wir sagen.« Göritz und Hermes haben bei der Besamung mitgeholfen.

In der Tierklinik ist Hildebrandt eine Stunde später bei Probe Nummer 25 von 29. Es gab keinen weiteren Fund, Hildebrandts Stirn liegt in Falten. Die Embryologin schiebt die Petrischale mit Probe Nummer 25 hin und her.

»*Nothing?*«

»*No.*«

Nummer 26, 27, 28: nichts.

Nummer 29: auch nichts.

»Scheiße«, flucht Hildebrandt, guckt auf seinen Zettel, auf dem steht »Tube 3 sehr kleine Oozyte«. »Ich dachte, da kommt noch mehr drauf«, sagt er und zerknüllt den Zettel.

Eine Mitarbeiterin des Zoos will die Eizellen abholen. »Wir haben nichts zu transportieren«, sagt Hildebrandt.

Im Café senkt Hildebrandt den Daumen. Die ausgelassene Stimmung kippt. Die nächste Viertelstunde verbringen die Männer damit, zu fachsimpeln, woran es gelegen haben könnte. An dem einen großen Follikel, der die anderen unterdrückt hat? Am falschen Zeitpunkt der Entnahme? Buchstabenreihen werden diskutiert, CMA, FSH, HCG, GNRH, jedes Kürzel steht für ein Hormon, dessen Einsatz sie nun überdenken müssen.

Auf dem Weg zum Flughafen ruft Hildebrandt den Mann an, der die Eizellen – hätten sie welche gefunden – untersuchen sollte: Cesare Galli in Italien, spezialisiert auf In-vitro-Befruchtungen bei Pferden und Rindern und mittlerweile Verbündeter in Sachen Nashornrettung. Neben Thomas Hildebrandt, Frank Göritz und Robert Hermes ist er sozusagen der vierte Mann im Berliner Team. »Ich schreibe schnell Cesare«, sagt Hildebrandt, wenn er irgendwo auf seinen Flieger wartet. »Ich rufe schnell noch mal Cesare an«, wenn die Schlange zum Boarden noch für ein Gespräch reicht.

Nach dem Telefonat ist er optimistisch, Galli hat ihm Mut gemacht. Sie werden es wieder versuchen.

Zwei Monate später, Ende Januar 2016, holt ein Kurier bei der Tierklinik des Salzburger Zoos eine Sendung ab. Adressat: Laboratorio di Tecnologie della Riproduzione in Cremona, Italien. Inhalt des Päck-

chens: zwei daumenlange Röhrchen mit Flüssigkeit, in denen je eine Eizelle der Südlichen Breitmaulnashornkuh Kifaru schwimmt.

Neonlicht, gefilterte Luft, konstante 25 Grad. So wenig Cesare Gal-
lis Arbeitsplatz an die afrikanische Savanne erinnert: Hier könnte sich
in einer Petrischale die Zukunft des Nördlichen Breitmaulnashorns entscheiden. Cesare Galli ist ein schmaler Mittfünfziger mit Halbglatze
und randloser Brille. 1999 hat er als Erster ein Rind geklont und dann,
2003, als Erster ein Pferd. Beim Klonen entsteht im Labor ein genetischer Zwilling eines Lebewesens, als Basis dient eine Körperzelle. Auch
ein Nashorn-Klon wäre theoretisch denkbar. Ein Schritt, den das Berliner Team bisher nicht plant, weil ein genetischer Zwilling von Sudan
vielleicht eine wissenschaftliche Sensation wäre, zur Arterhaltung aber
wenig beitragen würde. »Für die Arterhaltung braucht es genetische
Vielfalt«, sagt Hildebrandt.

Die Konkurrenz aus San Diego versucht es mit Stammzellen

Cesare Galli hat also Kifarus Eizellen, die der Kurier Ende Januar bei
ihm abgeliefert hat, 36 Stunden nach der Entnahme in einer Petrischale
befruchtet. Mit einer Nadel, so fein, dass ihre Spitze kaum sichtbar ist,
hat er das Spermium eines Südlichen Nashornbullen injiziert. Es war
die nächste Stufe der Tests mit Südlichen Nashörnern, bevor sich die
Wissenschaftler an die Nördlichen Nashörner heranwagen.

Von der Befruchtung in der Petrischale erzählt Cesare Galli erst Monate später, bei den ersten Versuchen von etwas so Neuem wollte er
keine Zuschauer im Labor. Eine der beiden Eizellen habe sich nach ihrer
Befruchtung erst in zwei, dann in vier Zellen geteilt, sagt Galli, sie war
auf dem Weg, zu einem Embryo heranzuwachsen. Um das sogenannte
Blastozysten-Stadium zu erreichen, von dem an ein Embryo in eine Ge-
bärmutter transferiert werden kann, hätte sich die befruchtete Zelle zwar
noch weiter teilen müssen, insgesamt siebenmal, also in 128 Zellen. Bei
der dritten Teilung ging etwas schief, bei fünf Zellen war Schluss.

Ist das jetzt ein Erfolg oder ein Misserfolg? Wenn es darum geht, einen Embryo herzustellen: ein Erfolg, sagt Cesare Galli. Zwei Eizellen,

eine auf dem Weg zum Embryo: keine schlechte Quote. Wenn es darum geht, ein niedliches Nashornkalb entstehen zu lassen, das vor den Augen der Weltöffentlichkeit herumspringt: nur ein kleiner Schritt nach vorn. Bis ein Kalb geboren wird – falls es überhaupt jemals klappt –, wird es noch eine Weile dauern, nicht nur, weil eine Nashornkuh 16 Monate trächtig ist. Es brauche etwa 100 Embryonen, bis es zu einer Geburt komme, sagt Galli. Ein Wettlauf gegen die Zeit, und Cesare Galli ist nicht sicher, ob er zu gewinnen ist.

»Es kann auch schneller gehen«, sagt Thomas Hildebrandt. »Es *muss* schneller gehen.« Und: »Wir sind nah dran.«

Natürlich, es wäre besser gewesen, früher anzufangen, sagt er, und darin schwingt ein Vorwurf mit. An ihm hat es ja nicht gelegen. Er hat versucht, den Umzug der Tiere nach Kenia zu verhindern. Er hat versucht, Geld für seine Forschungen zu bekommen, hat bei Stiftungen geworben und EU-Büros abgeklappert: ohne Erfolg. Der tschechische Zoo Dvůr Králové, dem die Tiere gehören, hat ihnen einmalig 50.000 Euro zur Verfügung gestellt.

Selbst jetzt, da Medien auf der ganzen Welt über das Aussterben der Nashörner berichten, gibt es keine Ressourcen. Manchmal überschlägt Hildebrandt im Kopf, wie viele Euro zusammenkämen, wenn er all das Geld der Fernsehteams zur Verfügung hätte, die nach Kenia fliegen. »Wenn wir eine halbe Million hätten«, sagt Hildebrandt, »dann hätten wir dieses Jahr noch einen Embryo.« Sein Team würde dann jede Woche Eizellen entnehmen, nicht alle paar Wochen. Hildebrandt hätte endlich bessere Chancen gegenüber der Konkurrenz.

San Diego. Auch amerikanische Forscher schmieden längst Pläne für die Rettung des Nördlichen Breitmaulnashorns. Sie setzen auf Stammzellforschung und hoffen, Eizellen und Spermien bald künstlich erschaffen zu können. Im sogenannten *Frozen Zoo,* einem fensterlosen Raum im Forschungszentrum des Safari Park, lagern seit vielen Jahren Hautzellen mehrerer bereits verstorbener Nördlicher Breitmaulnashörner, sogenannte Fibroblasten.

Die Forscher aus San Diego haben es als Erste geschafft, Nashorn-Fibroblasten zu Stammzellen umzuprogrammieren – genauer gesagt: zu pluripotenten Stammzellen. Stammzellen gibt es sonst nur in Embryonen, aus ihnen entwickeln sich alle anderen Körperzellen. Jetzt sollen aus den Stammzellen Eizellen und Spermien werden. Was wie eine Wissenschaft aus einer sehr fernen Zukunft klingt, hat bei Mäusen bereits geklappt. Der Japaner Shinya Yamanaka und der Brite John Gurdon konnten aus Hautzellen erst Stammzellen und dann lebensfähige Mäuse erschaffen und bekamen für ihre Arbeit 2012 den Nobelpreis für Medizin. Seitdem scheint nichts mehr unmöglich, auch nicht, dass irgendwann aus einem eingefrorenen Fetzen Haut im Labor ein Nashorn entsteht.

Hätte das Team des *Frozen Zoo* in San Diego Erfolg, würde es keine Rolle mehr spielen, ob noch Nördliche Breitmaulnashörner leben oder nicht. *Resurrection biology* oder *de-extinction,* also Rück-Ausrottung, nennen sich Versuche, ausgestorbene Tiere im Labor wiederauferstehen zu lassen, bisher vor allem durch Klon-Technik. Die bekannteste Vision kommt aus Hollywood: In *Jurassic Park* werden Dinosaurier wieder zum Leben erweckt. Was im Film gezeigt wird, ist in Wirklichkeit unmöglich. Die Dinosaurier sind zu lange ausgestorben, als dass ihr komplettes Erbgut noch irgendwo erhalten sein könnte, sodass man sie klonen könnte. Und die bislang einzige Wiedergeburt eines ausgestorbenen Tieres endete in einem Misserfolg: 2003 schleusten Wissenschaftler eingefrorene Körperzellen eines Pyrenäensteinbocks in die Eizelle einer Hausziege ein, den Embryo trug eine Leihmutter aus. Das Steinbockjunge hielt nur sieben Minuten durch, seine Lungen versagten.

Die künstliche Erschaffung von Eizellen und Spermien könnte eine neue Ära des Artenschutzes einleiten. In einer Pressekonferenz verkündeten die Forscher in San Diego im November ihren Plan zur Rettung des Nördlichen Breitmaulnashorns. Nicht nur das: Sechs Südliche Breitmaulnashornkühe, potenzielle Leihmütter, hatte der Zoo zu diesem Zweck bereits aus Südafrika nach San Diego fliegen lassen.

Die Amerikaner hatten den Termin klug gewählt. Am 22. November 2015, zehn Tage nachdem sie an die Presse gegangen waren, starb Nashornkuh Nola in San Diego. Von den vier letzten Nördlichen Breitmaulnashörnern blieben nur noch drei. Es war kein überraschender Tod, Nola war schon lange schwer krank. Sie wurde eingeschläfert. Die Berichte nach ihrem Tod trugen Überschriften wie »Nola, Ikone der

Tierwelt, ist tot«, auf Twitter wurde mit dem Hashtag # RIPnola und weinenden Smiley-Emojis getrauert. Und ganz nebenbei war den Amerikanern die größtmögliche Aufmerksamkeit für ihre Rettungspläne gewiss.

Thomas Hildebrandt fühlte sich übergangen. Mit den Forschern aus San Diego ist er seit Jahren in Kontakt. Auch deutsche Genetiker aus Berlin und München forschen mit Stammzellen, und auch sie hatten im Sommer 2015 – nach den Amerikanern – aus den Hautzellen eines Nashorns Stammzellen erschaffen.

»Ich muss schnell duschen, ich hab in Nashornkacke gelegen«

Bisher hatten die Deutschen und die Amerikaner alle Erkenntnisse geteilt und die Optionen eines gemeinsamen Rettungsplans für die Nördlichen Breitmaulnashörner diskutiert. Aber jetzt waren die Amerikaner mit ihrem eigenen Plan an die Presse gegangen, ohne Hildebrandt zu informieren. Die Arbeit des Berliner Teams und der deutschen Genetiker hatten sie mit keinem Wort erwähnt. Auf einmal schien alles allein ihre Sache zu sein. »Imperialismus!«, rutschte es Hildebrandt raus. Die Rettung des Nördlichen Breitmaulnashorns war damit nicht mehr nur ein Wettlauf gegen die Zeit. Sie war auch zu einem Wettkampf zwischen San Diego und Berlin geworden. Nach ein paar Krisentelefonaten besserte sich das Verhältnis zwar wieder. Es gut zu nennen wäre übertrieben.

Im Februar 2016, drei Monate nach Nolas Tod und dem Streit um die Pressekonferenz, eilt Thomas Hildebrandt nach einem langen Tag im Safari Park durch die Lobby seines Hotels in San Diego. Er ruft: »Ich muss schnell duschen, ich hab in Nashornkacke gelegen.«

Die Amerikaner veranstalten einen Kongress, ihre Gäste haben sie in einem der besten Häuser der Stadt einquartiert. Gleich gibt es ein Galadiner, morgen werden sie alle auf einem Boot durch den Hafen von San Diego schippern. Die Amerikaner, sagt Hildebrandt, haben Geld. Gerüchteweise hat er gehört, dass Mäzene einen zweistelligen Millionen-Dollar-Betrag zur Verfügung gestellt haben. Eine offizielle Auskunft zu den Zahlen ist nicht zu bekommen, sicher ist nur: Allein zwei Millionen wurden nach dem Tod von Nola gespendet. Hildebrandt, der arme Verwandte aus Deutschland, ahnt, warum er nach San Diego eingeladen wurde: Er soll den Amerikanern zeigen, wie man die Südlichen Breitmaulnashörner, die der *Frozen Zoo* gekauft hat, per Ultraschall untersucht. Auch die Amerikaner würden gern Eizellen entnehmen können, glaubt Hildebrandt. Denn trotz aller Erfolge in der Stammzellforschung, auch San Diego würde gern in die Erforschung natürlicher Eizellen einsteigen.

Nach einer Viertelstunde sitzt Thomas Hildebrandt frisch geduscht vor dem Restaurant des Hotels. Am Tier, sagt er, sei man den Amerikanern noch weit voraus, das hätten die Ultraschalluntersuchungen heute gezeigt. Er sieht sehr zufrieden aus.

Die Amerikaner machen weiter mit ihren Stammzellen, Hildebrandt macht weiter mit seinen Eizellen.

Ende Februar findet Hildebrandt bei einer Entnahme in Budapest Eizellen, aber sie überstehen den Transport nach Italien zu Cesare Galli nicht. Eigentlich wollte Hildebrandt jetzt schon viel weiter sein. Er dachte, er könnte bald einer der Nördlichen Nashornkühe in Kenia Eizellen entnehmen. Aber immer wieder muss er darüber diskutieren, ob der Eingriff überhaupt Sinn macht. Ob man so ein Verfahren, gerade erst entwickelt und bisher kaum erprobt, wirklich bei einer so seltenen Tierart einsetzen darf.

Berlin telefoniert mit Dvůr Králové, Dvůr Králové mit Ol Pejeta, Ol Pejeta mit San Diego und San Diego mit Berlin. E-Mails werden hin- und hergeschickt. Wieder steht alles auf der Kippe. Schließlich wird eine Konferenz in Kenia einberufen, um zu entscheiden, wie es weitergeht.

Anfang Mai steht Thomas Hildebrandt um Viertel nach acht morgens auf der Terrasse eines Flachbaus aus Stein, eine Viertelstunde entfernt von Sudans Gehege, die grauen Haare verstrubbelt und in der Hand eine Tasse Nescafé, vor ihm eine afrikanische Landschaft wie aus dem Bilderbuch: Akazienbäume ragen in den strahlend blauen Himmel, die Sonne scheint, Vögel zwitschern. Eine internationale Gruppe von Reproduktionsexperten und Artenschützern wird heute gemeinsam mit den tschechischen Besitzern der Tiere entscheiden, ob sie das Wagnis einer Eizellentnahme eingehen sollen oder nicht.

Eine BBC-Mitarbeiterin nestelt Hildebrandt ein Ansteckmikrofon ans T-Shirt und lässt die Kabel unter seinem geringelten Jack-Wolfskin-Pulli verschwinden. Es sind dieselben Klamotten, mit denen er vor zwei Tagen in Berlin in den Flieger gestiegen ist. Sein Kinn ist stoppelig, sein Elektrorasierer ist mit dem Koffer verloren gegangen, irgendwo zwischen Istanbul, wo Hildebrandt seinen Anschlussflug verpasste, und Nairobi, wo er schließlich nach einem Umweg über Dubai landete, 30 Stunden Reise in den Knochen, nicht einmal die Klamotten gewechselt. »Was soll's«, sagt Hildebrandt, »Parfümchen drauf.«

»Was wollen Sie heute erreichen?«, fragt die Reporterin der BBC. »Unser aller Ziel ist es, den Prozess des Aussterbens zu stoppen«, sagt Hildebrandt. »Was die nächsten Schritte der einzelnen Beteiligten sein werden, das müssen wir heute diskutieren.« Als die Kamera aus ist, sagt Hildebrandt: »Heute gibt's Streit.«

Um kurz vor neun betritt er das Bürogebäude von Ol Pejeta, eine schmale Treppe führt in den ersten Stock, ein langer Flur ins Konferenzzimmer. In der Mitte des Raums stehen zwei zusammengeschobene Tische, darum Plastikstühle. Hildebrandt schüttelt Hände und lächelt Hallos, er setzt sich hin, rechts von ihm ein Reproduktionsexperte aus Südafrika, links der Pressesprecher des Zoos Dvůr Králové, dem die Tiere gehören. Sie sind zu elft, zehn Männer und eine Frau.

Um zwei Minuten nach neun schließt sich die Tür des Konferenzraums. Erst um zwanzig vor drei am Nachmittag öffnet sie sich wieder. Die Luft ist verbraucht, die Gesichter sind erschöpft. Fast sechs Stunden haben sie um eine Lösung gerungen.

Die Amerikaner, die während der Konferenz über Skype zugeschaltet waren, haben gemeinsam mit den Berlinern fürs Weitermachen plädiert. Der wissenschaftliche Ehrgeiz hat die beiden Seiten versöhnt, der Rettungsplan ist wieder ein gemeinsamer. Sie wollen es zunächst mit Hildebrandts Methode versuchen und sich in einigen Jahren, wenn man hoffentlich so weit ist, mit der Stammzelltechnik aus San Diego an die Erschaffung einer ganzen Herde machen.

Im Herbst soll Hildebrandt Najin und Fatu Eizellen entnehmen, als vorläufigen Termin legen die Forscher den 12. Oktober 2016 fest. Dem Berliner Team muss es allerdings vorher gelingen, einen 128-Zellen-Embryo vom Südlichen Breitmaulnashorn zu erschaffen, das ist der Beschluss der Konferenz.

Thomas Hildebrandt braucht jetzt einen Embryo, unbedingt.

Am späten Nachmittag besucht Hildebrandt die Nashörner. Das BBC-Team will drehen, aber Sudan döst in der Ecke seines kleinen, von hohen Baumstämmen umschlossenen Extra-Geheges, wo er die Nächte verbringt. Keine guten Bilder. Also versuchen die Pfleger, ihn durch das weit geöffnete Tor in sein Freigehege zu bekommen. Sie wedeln mit Heu, sie klappern mit einem Eimer voller Mohrrüben. »Sudan«, rufen sie, »nun komm schon, Junge!« Ein Pfleger hält ihm eine Mohrrübe vor die Nase. Das Nashorn trottet los, schleppt seine 2500 Kilo mit langsamen Schritten vorwärts.

Nur zwei Jahre seines Lebens hat Sudan in Freiheit gelebt, dann fing man ihn im Südsudan ein, von der Heimat blieb ihm nur der Name. 34 Jahre lebte er im tschechischen Zoo Dvůr Králové, knapp sieben in Ol Pejeta, wo es nach 200 Metern Weg jetzt immerhin nach natürlichem Lebensraum aussieht, nach afrikanischer Savanne und weitem Himmel, nach einem Leben in Freiheit. Schöne Bilder für die Zuschauer, der dünne Elektrozaun ist zu weit weg, als dass er auffallen wird.

Wilde Tiere in engen Zookäfigen, das lässt sich heute kaum noch rechtfertigen. Zoos, die Wildtiere halten, bemühen sich um große Gehege und artgerechte Haltung. Aber Sudan war zu alt, um sich noch an die neue Freiheit zu gewöhnen. Najin und Fatu sind weniger zahm, neben ihnen kann man auch nicht einfach so herlaufen. Hildebrandt betrachtet die beiden Kühe aus sicherer Entfernung.

Das Schlimmste wäre die Schlagzeile »Verrückter Wissenschaftler tötet Nashorn!«

Die BBC hat aufgehört zu drehen. Ganz alleine steht Hildebrandt jetzt da und guckt die beiden Nashornkühe an, wie sie grasen. »Dass es die bald nicht mehr geben soll ...«, murmelt er. Es wäre ein guter Moment für die Kamera gewesen, einer, der einen sofort glauben lässt, dass es ihm um die Tiere geht, dass er all das auf sich nimmt, weil er sie nicht aussterben lassen will.

Hildebrandt weiß, unter welchem Druck er steht. Gelingt ihm am 12. Oktober, was er vorhat, werden die Medien ihn als Helden feiern, der alles riskiert hat, um eine Tierart vor dem Aussterben zu bewahren. Wenn es nicht gelingt, wird allerdings auch jemand die Schuld bekommen: höchstwahrscheinlich er. Und wenn alles schiefgeht ... Daran mag er lieber gar nicht denken. »Verrückter Wissenschaftler tötet Nashorn!«, er kann sich die Schlagzeile schon vorstellen, wenn bei der Eizellentnahme eins der drei letzten Nashörner verbluten würde.

Eine Woche nach der großen Konferenz in Afrika wird Thomas Hildebrandt im Schweriner Zoo fünf daumenlange Röhrchen in eine Styroporbox stecken, in jedem Röhrchen wird eine Eizelle schwimmen. In Cremona wird Cesare Galli zwei der Eizellen in einer Petrischale befruchten, eine wird sich teilen. Wieder nicht oft genug, wieder kein Embryo. Es wird eng bis Oktober. Aufgeben? Wäre Hildebrandt so einer, er hätte erst gar nicht angefangen. Die nächsten Termine hat er schon im Kalender: Budapest und Montpellier.

Und sollte es mit dem Nördlichen Breitmaulnashorn nicht klappen: Hildebrandts nächste Rettungsmission steht längst fest. Mit seinem Team war er kürzlich auf Borneo. Denn auch das Borneo-Nashorn ist kurz vorm Aussterben. Es gibt noch drei Exemplare. Einen Bullen und zwei Kühe.

FÜR MICH IST SUDAN NICHT TOT

Als er im März 2018 starb, war Sudan der letzte Nashornbulle seiner Art. Doch der Berliner Tierarzt und Forscher Thomas Hildebrandt hat noch Pläne mit ihm

EIN INTERVIEW MIT THOMAS HILDEBRANDT

DIE ZEIT: Herr Hildebrandt, am 19. März 2018 wurde Sudan eingeschläfert, das wohl bekannteste Nashorn der Welt. Wussten Sie schon vorher Bescheid?

Thomas Hildebrandt: Ja, etwa 14 Tage vorher.

ZEIT: Jetzt, wo Sudan tot ist ...

Hildebrandt: Für mich ist Sudan nicht tot.

ZEIT: Wie bitte?

Hildebrandt: Sein Herz ist stehen geblieben, ja. Aber seine Zellen leben noch. Es wurden Hautproben entnommen nach seinem Tod, es gibt auch Sperma von ihm. Und solange noch biologisches Material von Sudan da ist, ist er nach meiner Definition auch noch nicht tot.

ZEIT: Er war der letzte männliche Vertreter der Nördlichen Breitmaulnashörner. Wieso wurde er überhaupt eingeschläfert?

Hildebrandt: Diese Entscheidung hat man sich nicht leicht gemacht in Kenia, Sudan ist schließlich eine Ikone des Artenschutzes. Aber er war 45 Jahre alt und schwer krank. Er konnte nicht mehr aufstehen, und durch sein hohes Gewicht hatten sich bereits Liegebeulen gebildet. Er hat sehr gelitten. Es war richtig, ihn zu erlösen.

ZEIT: Sudan wurde in Kenia von bewaffneten Rangern rund um die Uhr bewacht. 2018 hat er ein Profil auf der Dating-Plattform Tinder bekommen, mit der Aktion sollten Spenden gesammelt werden.

Hildebrandt: Das öffentliche Interesse und die Anteilnahme an seinem Schicksal waren enorm. Die Menschen haben ein Interesse daran, was mit unserem Planeten passiert.

ZEIT: Jetzt gibt es nur noch zwei Nördliche Breitmaulnashörner, Fatu und Najin. Beide in einem Reservat in Kenia, zwei Weibchen, die nicht mehr trächtig werden können. Trotzdem wollen Sie diese Unterart noch retten. Wie?

Hildebrandt: Indem wir Fatu und Najin Eizellen entnehmen und diese dann im Labor befruchten. Die Embryonen sollen Südlichen Breitmaulnashornkühen eingepflanzt werden, die als Leihmütter die Nashornkälber austragen.

ZEIT: Das klingt wahrscheinlich nur für Laien ganz einfach. Wie viel Entwicklung steckt darin?

Hildebrandt: Mein Team arbeitet an diesem Projekt seit 2015, und wir haben seitdem 25-mal Eizellen bei Südlichen Breitmaulnashornkühen entnommen, haben das Verfahren erprobt und verbessert. Das war eine große Herausforderung, weil es noch nie gemacht wurde.

ZEIT: Haben Sie es denn inzwischen geschafft, Embryonen zu produzieren?

Hildebrandt: Unser italienischer Kollege Cesare Galli, ein Spezialist für künstliche Befruchtung bei Rindern und Pferden, hat in seinem Labor Nashorn-Embryonen erzeugt, die man einer Leihmutter einsetzen könnte.

ZEIT: ... vom Südlichen Breitmaulnashorn?

Hildebrandt: Das war der erste Schritt. Im zweiten hat er Hybride aus Eizellen vom Südlichen und Sperma vom Nördlichen Breitmaulnashorn erzeugt. Wir hatten ja von drei Bullen Sperma eingefroren, insgesamt 300 Milliliter.

ZEIT: Als wir Sie 2016 begleitet haben, hieß es: Gelänge es, Embryonen in der Petrischale zu produzieren, so dürften Sie auch bei Fatu und Najin Eizellen entnehmen. Warum haben Sie das noch nicht getan?

Hildebrandt: Tja, warum ... Wir sind auch sehr frustriert darüber. Zwar gehören die beiden Nashornkühe dem tschechischen Zoo Dvůr Králové, und der ist auf unserer Seite. Aber erst wenn der Kenya Wildlife Service die Ausfuhr biologischen Materials genehmigt, können wir Najin und Fatu Eizellen entnehmen und diese dann nach Italien ins Labor zu Cesare bringen.

ZEIT: Tiefkühlsperma, Retortennashornbabys, Leihmutterschaft – ist das nicht total verrückt, vollkommen unnatürlich?

Hildebrandt: Das Nördliche Breitmaulnashorn hat nicht in der Evolution versagt, wir sehen hier keinen natürlichen Aussterbeprozess. Sein Horn ist einfach in Asien so begehrt und sein Körper nicht kugelfest.

ZEIT: Aber Jahr für Jahr sterben viele Tausend Arten aus. Unzählige mehr sind vom Aussterben bedroht. Warum da all dieser Aufwand für das Nördliche Breitmaulnashorn?

Hildebrandt: Klar, wir könnten uns natürlich auch um den Spix-Ara und den Kalifornischen Schweinswal kümmern. Die sind auch sehr bedroht. Aber das ist nicht unsere Ausrichtung, wir sind Spezialisten für Großtiere, haben auf diesem Gebiet 30 Jahre Erfahrung. Und ich finde es einfach nicht gerecht, dass diese Tierart von unserem Planeten verschwindet.

ZEIT: Wenn nun bei der Eizellentnahme bei Najin und Fatu etwas schiefgeht …

Hildebrandt: … haben wir sie umgebracht. Wenn mit den Tieren etwas passiert, das ist dann die Apokalypse.

ZEIT: Aber das Risiko gehen Sie ein?

Hildebrandt: Das gehen wir ein. Weil die Lage mit jedem Tag dramatischer wird. Es ist ja nicht so, dass wir dort zwei junge Tiere haben. Uns läuft einfach die Zeit weg.

ZEIT: US-Forscher haben kürzlich überlegt, ob sie doch noch versuchen sollten, Fatu und Najin künstlich zu besamen, um ihnen zu Nachwuchs zu verhelfen. Wäre das nicht weniger riskant?

Hildebrandt: Die beiden Tiere sind eindeutig nicht in der Lage, natürliche Schwangerschaften auszutragen. Ich habe sehr klar gesagt, was ich von der Idee halte.

ZEIT: Wenn Sie nun morgen einen Anruf bekommen und es aus Kenia grünes Licht gibt, was passiert dann?

Hildebrandt: Dann buche ich sofort einen Flug. Wir entnehmen dann im Reservat die Eizellen, diese sind zwei Tage unterwegs nach Italien, werden dort befruchtet. Dann brauchen die Embryone zehn Tage im Labor, um sich zu entwickeln. Dann würde man sie einfrieren und die Leihmütter entsprechend vorbereiten. Denn wir brauchen für den Transfer eine synchrone Rezipientin.

ZEIT: Eine was?

Hildebrandt: Eine Leihmutter muss genauso lange scheinträchtig sein, wie ein Embryo alt ist. Das heißt, ihr Körper muss hormonell schon auf die Schwangerschaft vorbereitet werden.

ZEIT: Wäre der Bulle Sudan eigentlich im Erfolgsfall der Vater?

Hildebrandt: Nein, der ist ja verwandt mit den beiden Kühen! Sudan ist der Vater von Najin und der Großvater von Fatu. Wir nehmen eingelagertes Sperma anderer, inzwischen ebenfalls toter Bullen.

ZEIT: Und wofür soll dann Sudans Material – Sie sprachen von Hautproben – verwendet werden?

Hildebrandt: Daraus könnten eines Tages Stammzellen gezüchtet werden. Und aus denen wiederum Eizellen und Spermien …

ZEIT: … für mehr genetische Vielfalt bei künftigen Nashornbabys aus der Retorte?

Hildebrandt: Das ist ein Weg, wie das Nördliche Breitmaulnashorn noch gerettet werden könnte.

ZEIT: Wie sieht es eigentlich mit der finanziellen Unterstützung für Ihre Forschung aus?

Hildebrandt: Schlecht. Die Kosten für die Instrumente und unsere Reisekosten werden vom Zoo Dvůr Králové finanziert, dem die Tiere gehören. Ansonsten versuchen wir seit Jahren, Gelder zu bekommen für unser Projekt. Gerade warten wir auf die Entscheidung über einen Antrag beim Bundesministerium für Bildung und Forschung.

ZEIT: Sudan war ein Symbol. Prominente reisten nach Kenia, um sich mit ihm fotografieren zu lassen. Die Nachricht von seinem Tod im Frühjahr 2018 ging um die Welt. – Bei so viel Anteilnahme müsste es doch ein Leichtes sein, Geldgeber zu finden.

Hildebrandt: Das sollte man denken. Ich kann es auch nicht verstehen. Besonders wenn man dann hört, welche Ressourcen verwendet werden für irgendeinen Schwachsinn ... Es wird darüber geredet, dass man das Mammut im Labor wiederauferstehen lässt. Das Mammut! Das ist längst ausgestorben. Aber eine Tierart zu retten, die noch da ist und die noch eine Chance hätte? Das kriegen wir nicht hin.

ZEIT: Hatten Sie eigentlich mal einen Moment, wo Sie gesagt haben: Ich hab die Nase voll, das wird nichts mehr?

Hildebrandt: Eigentlich nicht. Ich bin beseelt von diesem Projekt. Klar, man sollte sich nicht alles schönreden. Aber es funktionierte doch so gut. Das ist ein extremer Motor. Irgendwie will diese Tierart gerettet werden. Wir müssen jetzt nur endlich nach Kenia fliegen.

Thomas Hildebrandt arbeitet am Leibniz-Institut für Zoo- und Wildtierforschung (IZW) im Forschungsverbund Berlin e. V. Seine Forschungsschwerpunkte liegen auf dem Reproduktionsmanagement, der Fortpflanzung von Tieren, dem bildgebenden Verfahren und der Altersforschung.

DAS GESPRÄCH FÜHRTE NICOLA MEIER

DAS OBSKURE OBJEKT DER BEGIERDE

Kaum jemand kennt es. Dabei wird kein Tier häufiger illegal gefangen und geschmuggelt als das schuppige Pangolin

VON FRITZ HABEKUSS

E s sieht aus wie eine Artischocke auf Beinen. Es angelt Ameisen mit einer 40 Zentimeter langen Zunge. Es ist Ihnen wahrscheinlich noch nie begegnet: das Pangolin. Was aussieht wie eine Erfindung aus einem Kinderbuch, ist ein real existierendes Lebewesen aus Afrika und Asien. Genauer: das einzige Säugetier, das Schuppen hat. In manchen Gegenden dieser Welt wird ihm ein besonderer Wert zugeschrieben, als vermeintlicher Lieferant von Heilmitteln und als Delikatesse.

Diese vergiftete Wertschätzung ist gerade dabei, dem Tier zum Verhängnis zu werden. Es könnte von der Erde verschwunden sein, bevor die meisten Menschen auch nur von ihm gehört haben.

Pangolin zu konsumieren gilt in bestimmten Kreisen der asiatischen Oberschicht als Luxus. Die Nachfrage ist in den vergangenen Jahrzehnten explodiert, das Schuppentier hält nun einen traurigen Rekord: Kein anderes Lebewesen wird häufiger von Wilderern gefangen, getötet und geschmuggelt als das Pangolin. Sein Schicksal zeigt, wie gnadenlos in-

ternational organisierte Verbrecherbanden den Ausverkauf der Natur betreiben und wie leichtfertig viele Gesellschaften diese Verbrechen ignorieren. Der illegale Handel mit Arten ist zum lukrativen Geschäft geworden, mit hohen Gewinnmargen und geringem Risiko. Welchen Preis Ökosysteme und damit auch Menschen für diesen Raubbau an der Natur zahlen, lässt sich oft erst sagen, wenn es zu spät ist.

Einer der Hotspots der Wilderei ist Vietnam. Im Norden des Landes lebt ein Mann im Dschungel, der sein Leben den gepanzerten Ameisenfressern gewidmet hat. Man trifft ihn drei Autostunden von Hanoi entfernt, im Cuc-Phuong-Nationalpark. Nur wenige Menschen auf der Welt wissen so viel über Pangoline wie Thai Van Nguyen. Vielleicht ist das der Grund, warum ihn die Aura des erschöpften Kämpfers umweht: Er ahnt, dass er unterlegen ist, dass es für ihn aber keine andere Option gibt, als weiterzukämpfen.

Thai Van Nguyen ist Vorsitzender von Save Vietnam's Wildlife, einer Umweltschutzorganisation zur Rettung von Vietnams Wildtieren. Schon der Name enthält das ganze Drama seines Schaffens. Denn Vietnam ist einer der zentralen Staaten im internationalen Netzwerk der Wildtierkriminalität. Es ist Drehscheibe für den Schmuggel über Asien und gleichzeitig Ort intensiven Konsums. Pangolin wird hier als teure Delikatesse angeboten. »Es ist ein harter Kampf, den wir führen müssen, und wir verlieren immer mehr an Boden«, sagt Nguyen. Er trägt dunkelgrüne Ranger-Kleidung und sieht müde aus; vornübergebeugt sitzt er an

einem großen Konferenztisch in der Dschungelstation, Rollos dunkeln
den Raum ab, es ist kühl. Während wir reden, blickt Nguyen immer wieder auf das Display
seines iPhones. Er scheint mit dem Gerät verwachsen und wirkt wie
ständig auf dem Sprung. Seine Unruhe hat einen Grund. Gestern bekam er einen Anruf von der Polizei. Die Beamten hatten 20 Tiere von
Schmugglern beschlagnahmt, die meisten sollten noch am Leben sein.
Doch die Polizisten wussten nicht, wohin mit den Tieren. Nun bereiten
Nguyens Männer draußen gerade den Truck vor, mit dem sie den Tieren
zu Hilfe kommen wollen. Dabei hat Nguyen selbst kaum noch Kapazi-
täten. 50 Pangoline können in seiner Station unterkommen. Die meisten Plätze sind belegt. »Wir versuchen, die Tiere hier aufzupäppeln und
dann wieder auszuwildern«, sagt er und fügt nach einer kurzen Pause
hinzu: »Das ist wenigstens der Plan.«

Denn die Tiere in die Wildnis zu entlassen ist schwierig. Der neue
Lebensraum muss hohe Anforderungen erfüllen. Er braucht Wald- oder
Savannengebiete, und er muss vor allem sicher vor illegalen Jägern sein,
sonst fallen die Tiere sofort dem nächsten Wilderer in die Hände. Nur:
Sichere Habitate gibt es in Vietnam so gut wie nicht mehr.

Selbst im Cuc-Phuong-Nationalpark, an dessen Rand das Zentrum
von Save Vietnam's Wildlife liegt, sind die Tiere nicht mehr sicher. Ein
paar Hundert Meter von der Station entfernt befindet sich ein Ferien-
park, von dem mächtige Bässe herüberschallen. Thai Van Nguyen zeigt
eine Kiste voller Bremszüge von Fahrrädern. Ranger haben sie im Park
eingesammelt – die Drähte werden zu Schlingfallen, wenn man sie im
Wald auslegt. Sie fangen alles, was in sie hineintritt, Schildkröten, Affen,
Raubkatzen, Antilopen. Für einen Dollar bekommt man zehn Fallen.

»Es ist schwierig, die beschlagnahmten Tiere sicher auszuwildern,
aber ich bin schon froh, wenn die Polizisten uns überhaupt anrufen«,
sagt Nguyen. Oft genug kommt es vor, dass die Beamten die Tiere kon-
fiszieren – und sie dann selbst an Restaurants weiterverkaufen. Sie müssen kaum befürchten, dafür bestraft zu werden. Denn in den wenigsten
Ländern nehmen Strafverfolger Wildtierkriminalität ernst, häufig behandeln sie die Fälle wie Petitessen: Sie verhängen geringe Bußgelder
oder stellen die Verfahren gleich ganz ein.

In Vietnam zeigte erst vor wenigen Monaten ein krasses Beispiel, wie einfach es ist, hier illegale Geschäfte zu machen: Im Grenzgebiet zu Laos hatte ein internationales Schmuggler-Syndikat seinen Sitz. Zwei Brüder organisierten von hier aus den Handel mit Löwenknochen, Rhinozeroshörnern, Schlangenhäuten und Pangolinschuppen zwischen Afrika und Asien. Ihre weitgehend illegalen Waren verkauften sie über das Internet. Obwohl den Behörden das Ausmaß des Handels und die Details bekannt waren, unternahmen sie nichts. Selbst nachdem der *Guardian* die Details und Verstrickungen der Bande aufgedeckt hatte, passierte nichts. Laut der NGO Freeland, die den Fall untersuchte, sind die Kriminellen bis heute aktiv. Offenbar werden sie durch besondere politische Kontakte geschützt. Dabei hatten sich erst Ende 2016 in Hanoi Vertreter aus der ganzen Welt getroffen, um über den Kampf gegen Wildtierkriminalität zu beraten.

Das Umweltprogramm der Vereinten Nationen schätzt, dass mit geschmuggelten Tieren jährlich rund 23 Milliarden Dollar umgesetzt werden. Wildtierkriminalität ist nach dem Handel mit Waffen, Drogen und Menschen eines der größten verbotenen Geschäftsfelder überhaupt. Und sie ist das lukrativste: minimales Risiko bei maximalem Gewinn.

Längst sind die Kriminellen so professionell organisiert wie die Drogenkartelle, und sie agieren ebenso brutal und verwüstend. Sie arbeiten international, haben Arsenale mit Kriegswaffen zur Verfügung, bestechen Beamte bis in die höchsten Ebenen, mischen bewusst in Konflikten mit, um ganze Regionen zu destabilisieren. Erst seit wenigen Jahren beginnen internationale Organisationen wie die UN oder Interpol zu verstehen, dass es beim Kampf gegen Wildtierkriminalität nicht nur um das Überleben einzelner Arten geht, sondern um die Sicherheit ganzer Staaten.

Die großen Handelsströme verlaufen von Afrika nach Asien, Länder wie China, Hongkong und auch Vietnam sind die Hauptmärkte für gewilderte Tiere. Geriebenes Rhino-Horn wird dort als aufputschende Droge verkauft, Schnitzwerk aus Elfenbein als traditionelle Kunst; die Schuppen von Pangolinen sollen Nierenleiden, Kopfschmerzen und Magenprobleme kurieren. Und das Fleisch der Tiere hat den Ruf, besonders schmackhaft zu sein. 300 US-Dollar kostet ein Kilogramm im Restaurant, große Exemplare wiegen bis zu 35 Kilogramm. Um die Tiere vor dem Verkauf schwerer zu machen, injizieren Wilderer und Händler Wasser in ihre Bäuche.

Für einen Wilderer kann ein gefangenes Tier einen Jahreslohn bedeuten; im unwahrscheinlichen Fall, erwischt zu werden, droht ihm meist nur eine kleine Geldbuße.

Weil es in Asien immer weniger Pangoline gibt, steigt seit einigen Jahren der Druck in Afrika. Der Preis für Schuppen hat sich in den vergangenen fünf Jahren verzehnfacht. Je weniger Tiere es gibt, desto teurer wird ein Individuum. Das ist die perverse Ökonomie der Wilderei: Je näher eine Art der Ausrottung ist, desto perfekter funktioniert das Zusammenspiel von Angebot und Nachfrage.

In Vietnam sind Pangoline seit 1998 gesetzlich geschützt. Man braucht trotzdem nicht lange, um in der Hauptstadt Hanoi jemanden zu finden, der einem Teile von ihnen verkaufen will. In der LânÔng-Street haben sich die Händler angesiedelt, die Heilmittel unter die Leute bringen. Es sind staubige, aber gut sortierte Geschäfte, die sich zu beiden Seiten an die Straße drücken. In großen Gläsern bieten die Apotheker Zutaten für Pulver, Mixturen und Aufgüsse an. Man erkennt getrocknete Blumen, verschrumpelte Seegurken und verdorrte Wurzeln, das meiste jedoch sieht obskur aus und ist für einen westlichen Besucher nicht zu identifizieren. Wer allerdings weiß, wonach er suchen muss, erkennt dazwischen immer wieder: große Gläser, gefüllt mit Pangolinschuppen. Schon vom Bürgersteig aus sieht man sie in den Auslagen. Jeder fünfte Laden hier soll sie im Angebot haben.

Die Schuppen werden zu Pulver zerrieben und in Suppen und Getränke gemischt. Dass sie letztlich nur aus Keratin bestehen, dem Material, aus dem auch Zehennägel sind, wüssten die meisten Leute, sagt der Naturschützer Thai Van Nguyen. »Aber sie wollen an die Wirkung glauben, und wenn sie es konsumieren, werden sie von ihrem Glauben bestärkt und spüren keine Nachteile.«

Die acht derzeit existierenden Pangolinarten bilden die Ordnung der Pholidota, der Schuppen- oder Tannenzapfentiere. Vier Spezies leben in Asien, vier in Afrika. Niemand weiß, wie viele Exemplare noch durch die Wildnis streifen, unstrittig ist, dass es immer weniger werden. Bis zu 100.000 Tiere werden pro Jahr gewildert, schätzen Experten. Stimmt diese Zahl, gerät alle fünf Minuten ein Schuppentier in die Fänge eines illegalen Jägers.

Die Tiere landen oft lebendig in Wildfleisch-Restaurants, von denen es in Hanoi einige gibt. Erst ein paar Monate ist es her, dass Nguyen und seine Mitarbeiter sich als Geschäftsmänner ausgaben, die etwas zu feiern hätten:»Haben Sie auch besondere Angebote?« Auf seinem Telefon hat Nguyen noch Fotos von einer gedruckten Speisekarte. Es gibt dort Schleichkatze, Affe oder Pangolin – lebendig. Wünsche man das Pangolin, müsse er um ein wenig Geduld bitten, antwortete der Kellner. Er müsse dann das Tier erst holen, dafür sei es mit Sicherheit frisch: Zum Beweis werde der Koch ihm am Tisch die Kehle aufschneiden.

»Diese Restaurants haben normalerweise gute Kontakte zur Regierung«, sagt Nguyen – die oberen Kader von Partei und Polizei gehören in solchen Lokalen zu den regelmäßigen Gästen. Das Fleisch des Schuppentiers bedeutet Luxus, Macht und Status. Dabei stehen alle acht Pangolinarten auf der Roten Liste gefährdeter Arten und auf Anhang I des Washingtoner Artenschutzabkommens, das sie vor internationalem Handel schützen soll.

Wilderern sind sie trotzdem hilflos ausgeliefert. In der Natur brauchen sie dagegen nicht viel mehr als ihre Schuppen, um sich gegen Fressfeinde zu wehren. Die acht Arten leben unterschiedlich, manche verstecken sich in Bäumen, andere graben unterirdische Baue, alle ernähren sich von Ameisen oder Termiten. Auch wenn sie weder besonders agil noch schnell oder klug sind, wissen sie sich zu schützen. Wenn sich ein Feind nähert, umschließt ihr Schwanz ihren Körper, und aus dem wandernden Tannenzapfentier wird eine kugelige Festung mit scharfen Ecken. 80 Millionen Jahre lang war diese Strategie erfolgreich. Nun ist sie es nicht mehr.

Im Internet findet man Videos, die Wilderer hochgeladen haben. In einem sieht man eine Gruppe Männer um einen Baum herumstehen. Das Video ist pixelig, man hört Vögel und das Gejohle der Gruppe, als einer mit seiner Machete auf ein Astloch einhackt. Späne fliegen, der Mann hackt weiter. Bald knickt der obere Teil des Baums weg, die Kamera kommt näher heran und filmt in das Loch hinein. Ein zusammengerolltes Pangolin liegt im Baum, Späne auf seiner Panzerung. Die Männer ziehen das Tier an seinem Schwanz aus seinem Versteck, halten es in die Kamera und stecken es in einen Sack. Dann endet das Video. Die Londoner NGO Environmental Investigation Agency hat eine interaktive Karte zusammengestellt. Sie zeigt, wo Behörden Pangolinschuppen gefunden haben. Jede Festnahme ist mit Rot markiert. Vietnam verschwindet beinahe unter all den Punkten, genau wie die Pariser Flughäfen, wo viele illegale Wildtierprodukte aus Afrika Europa zum ersten Mal erreichen, auch aus China und vielen afrikanischen Staaten sind Fälle bekannt. Erst im Februar hatte die Regierung von Kamerun öffentlich drei Tonnen Pangolinschuppen verbrannt. Auch der deutsche Zoll hat sie schon im Gepäck von Reisenden gefunden.

Lebendige Schuppentiere gibt es in Europa nur an einem Ort, sie leben bei 70 Prozent Luftfeuchte und 25 Grad im Zoo von Leipzig, gleich neben den Elefanten. Hinter großen Glaswänden liegt das Reich von Tou Feng und Quesan, zwei Chinesischen Schuppentieren. Sie tapern auf und ab, die Augen nur halb geöffnet, schütteres graues Haar sprießt aus der ungeschützten Brust. Die beiden wirken aufgeregt, sie wissen, dass die Fütterung ansteht. Hier im Zoo bekommen sie eine Mischung aus Bienenlarven, Bierhefe, Kokospulver und Kalziumkarbonat zu fressen. Das Rezept stammt aus dem Zoo von Taipeh in Taiwan, wo die beiden vorher lebten. Nun sollen sie in Leipzig Nachwuchs zeugen; bislang jedoch ohne Erfolg.

Eine gesunde Zoopopulation, mit der die Art überleben kann – das ist das Ziel. Deshalb kamen vor wenigen Monaten zwei weitere Tiere aus Taipeh. Für das Pangolin ist die schützende Gefangenschaft, nach 80 Millionen Jahren Evolution, nur ein schwacher Funken Hoffnung darauf, nicht für immer von der Erde zu verschwinden.

Tödlicher Aberglaube

Asiatische Volksmedizin, Potenzsucht, Geltungsdrang: Dadurch sind auch diese neun seltenen Tierarten in ihrer Existenz bedroht

Tiger

Zähne, Hoden, Penis, Augäpfel, Barthaare, Knochen: **Fast jeder Körperteil** soll wirken, etwa gegen Sucht oder Rheuma. Die Gefahr für ihn steigt mit **zunehmendem Wohlstand**

Schneeleopard

Tatzen gegen Impotenz, **Knochen gegen Rheuma:** Seine Körperteile sollen ähnlich wirken wie Arznei aus Tigern, der illegale Handel mit ihm als Ersatztier nimmt zu

Nashorn

Hornmehl vom Rhinozeros hilft angeblich gegen Fieber, Schlaflosigkeit, Angst, Krämpfe, Ohnmacht oder den Kater nach dem Suff. Ein Kilo kostet **55.000 Euro**

Kragenbär

Prozedur voller **Qualen:**
Ein- bis zweimal am Tag wird
ihm auf Farmen **Gallensaft**
entzogen – weil Menschen
hoffen, damit Leber- oder
Hämorrhoidenbeschwerden
loszuwerden

Königskobra

Da ihr Körper **an einen Penis
erinnert,** bilden Männer sich
ein, dass sie ihre Potenz steigern
könne. Auch verheerend:
der Vietnamesen Liebe zum
Schlangenwein

Dreistreifen-
Scharnierschildkröte

Sie ist eine der seltensten
Schildkröten der Welt. Als
gelatineartige Suppe verspeist,
soll sie angeblich **Krebs heilen,**
gut sein für Haut, Blutkreislauf
und Muskelwachstum

Seepferdchen

24 Millionen werden jedes Jahr
gewildert – weil sie zerrieben
als **potenzsteigernd** gelten und
gegen Asthma, Nierenleiden
oder **Debilität** eingenommen
werden

Saiga-Antilope

Das **Horn** der Männchen –
wie Fingernägel besteht es
aus Keratin – soll Fieber
senken. Die Jagd führt zum
Geschlechter-**Missverhältnis**
und mindert so drastisch die
Reproduktion

Moschustier

Der animalische Duft aus
den männlichen **Drüsen**
des stark gefährdeten Tiers
inspiriert Quacksalber zu
Essenzen gegen **Herzprobleme**,
Nervenschwäche, Cholera

© Anne Gerdes

WIE GEHT ES DEM KLIMA?

WAS WIR WISSEN

Der Klimawandel ist längst eine globale Eskalation. Das belegen unzählige Daten. Mithilfe von Modellen können Forscher zeigen, wie die Entwicklung wahrscheinlich weitergeht

VON STEFAN SCHMITT

Auf dem Hohenpeißenberg in Oberbayern, südwestlich von München und mit Blick auf den Alpenhauptkamm, thront in knapp tausend Meter Höhe ein früheres Kloster, dem die Säkularisierung nicht die strenge Disziplin ausgetrieben hat. Denn das historische Gemäuer beherbergt ein meteorologisches Observatorium und dieses wiederum eine der ältesten fortlaufenden Messreihen der Welt. Seit 1781 haben hier Generationen von Naturforschern, Wettermönchen gleich, die Temperatur gemessen. Heute zieht sich im Vortragsraum des Altbaus unter der Decke fast über zwei Wandbreiten ein Diagramm entlang. Blaue Zacken zeigen Temperaturen, die unter dem langjährigen Mittel lagen, rote solche darüber. Diese Fleißarbeit steht für das Streben der Menschen, das Gefühl fürs Wetter und für den Verlauf der Jahreszeiten zu objektivieren. Dabei geht es nicht nur um Wärme oder Kälte. Es geht um die Bewegungen und Trends, also um die »Statistik des Wetters« – so definiert die Welt-Meteorologie-Organisation Klima.

Die Messreihe in Oberbayern zeigt ähnlich wie viele andere an den unterschiedlichsten Orten aufwärts. Plus 1,8 Grad Celsius seit dem Jahr 1880, etwas mehr als im bundesweiten Durchschnitt. Im globalen Mittel hat sich die bodennahe Lufttemperatur vom Beginn des Industriezeitalters an um etwa ein Grad Celsius erwärmt. Unzählige Messreihen wie jene aus Oberbayern sind in diese abstrakte, ja unscheinbar wirkende Zahl eingeflossen. Sie ist der Fingerabdruck des Klimawandels.

Die Kenntnis dieser Veränderung in der Atmosphäre speist sich aus Beobachtungen und Messungen. Grundlegende Erkenntnisse der Physik erklären sie, und Spuren aus der tiefen Vergangenheit helfen dabei, sie einzuordnen. Den Blick in die Zukunft schließlich erlauben dann die digitalen Konstruktionen der Computermodelle.

Das Observatorium im alten Kloster gehört heute zum Deutschen Wetterdienst (DWD), dessen Forscher im ganzen Land nicht nur die Erwärmung festhalten, sondern auch deren Folgen. So protokollieren sie etwa, dass die Stieleiche im Vergleich zum langjährigen Mittel ihre Blätter heute ein paar Tage später verliert, im Vegetationskalender das Zeichen für den Winteranfang. Die Haselblüte läutet Mitte statt Ende Februar den Vorfrühling ein.

Auch in der japanischen Kaiserstadt Kyoto kommt der Frühling immer früher. Seit dem Jahr 800 notieren dort die Gärtner den Beginn der Kirschblüte (»Hanami«). Meist lag der zwischen dem 10. und 20. April. Inzwischen öffnen sich die Blüten immer rascher nach dem Monatsersten.

In den Bergen ziehen sich die Eiszungen zurück. Weltweit haben die Gebirgsgletscher – außerhalb von Arktis und Antarktis – seit dem Beginn der Industrialisierung erheblich an Eismasse eingebüßt. An vielen Küsten steigen die Pegel und global betrachtet der Meeresspiegel insgesamt. Gleichzeitig wird das Meerwasser saurer und zusehends wärmer. Flotten torpedoförmiger Tauchroboter und mehrere Tausendschaften automatisierter Treibbojen bekunden das.

All diese Trends mögen auf den ersten Blick subtil erscheinen, und der Begriff »globale Erwärmung« maskiert eine Vielzahl höchst unterschiedlicher Folgen. Man kann es sich als ein Plus an Energie in der erdumspannenden Wettermaschine vorstellen: Wärmere Meere können Wirbelstürme stärker machen. Wärmere Luft nimmt mehr Feuchtigkeit auf, was heftigere Regengüsse begünstigt. Und wenn stärkere Druckunterschiede zu stärkerem Wind führen, dann laufen die Wellen der stürmischen See an den Küsten höher auf, weil dort ja das Wasser ohnehin inzwischen höher steht. Von der globalen Erwärmung zu sprechen ist nicht falsch. Von einer globalen Eskalation zu sprechen wäre treffender.

Das Klima habe sich schon immer gewandelt, heißt es oft. Tatsächlich überdauern Spuren früherer Erwärmungen und Abkühlungen aus der tiefen Erdgeschichte: Auf Grönland haben Forscher Eis geborgen, das älter als 100.000 Jahre ist, in der Antarktis gar 420.000 Jahre. Aus kleinen Gasbläschen im Eis ziehen Chemiker Rückschlüsse auf Temperatur und Atmosphärengase. Gröbere Spuren früherer Klimata bergen Sedimente auf dem Meeresboden, die teils Hunderte Millionen Jahre zurückreichen. Proxydaten heißen solche Werte im Jargon der Naturwissenschaftler (von englisch *proxy*, »Stellvertreter«), da sie anstelle von Thermometermessungen Zeugnis für das »Paläoklima« ablegen. Forscher rekonstruierten mit ihrer Hilfe sowohl Episoden, in denen zuerst die Temperatur anstieg und danach der Gehalt von Kohlendioxid (CO_2) in der Atmosphäre wuchs, als auch solche, in denen es umgekehrt war. Jedenfalls spielte dieses Gas stets eine Rolle. Als Gründe kommen etwa Schwankungen der Erdbahn um die Sonne, Vulkanausbrüche, Meteoriteneinschläge oder große Mengen Methans infrage. Mit keiner der natürlichen Ursachen aus der Vergangenheit lässt sich indes der aktuelle Erwärmungstrend erklären.

Was heute passiert, ist auch nach paläoklimatischen Maßstäben bemerkenswert: Mit ihrem Anstieg um gut ein Grad Celsius (was nach wenig klingt relativ zu den plus drei Grad oder mehr, die Forscher bis zum Jahr 2100 für möglich halten) im Lauf der letzten anderthalb Jahrhunderte dürfte die globale Mitteltemperatur bereits höher liegen als während der gesamten Erdneuzeit (»Holozän«) und so hoch wie seit 120.000 Jahren nicht mehr. Die CO_2-Konzentration in der Erdatmosphäre, die – allen Klimakonferenzen zum Trotz – nach wie vor zunimmt, liegt mindestens so hoch wie seit 800.000 Jahren nicht mehr.

Bereits seit dem 19. Jahrhundert ist bekannt, was da im Prinzip vor sich geht. Wie Verbrennungsgase die Atmosphäre aufheizen, hat in den 1830er-Jahren der französische Physiker Jean-Baptiste Fourier beschrieben. Die sogenannten klimawirksamen Gase – das sind vor allem Wasserdampf, gefolgt von Kohlendioxid (CO_2) und Methan (CH_4), in geringerem Umfang Lachgas (N_2O) – lassen zwar das Licht der Sonne passieren. Aber sie halten einen Teil der von der Erdoberfläche abgestrahlten Wärme zurück. Schon leichte Veränderungen ihrer schwachen Konzentration haben einen Effekt: Die »Energiebilanz« gerät aus der Balance. Sich das vorzustellen wie unter dem Glasdach eines Treibhauses ist gar nicht so falsch.

Im Jahr 1957 hatte der Chemiker Charles David Keeling auf dem hawaiianischen Vulkan Mauna Loa ein Messgerät postiert, das eines der berühmtesten Diagramme der Wissenschaftsgeschichte hervorbrachte, die »Keeling-Kurve«. Sie belegt, was überall geschieht: Kontinuierlich ändert sich das Mischungsverhältnis der Lufthülle. Bald liegt die CO_2-Konzentration anderthalbmal so hoch wie in vorindustrieller Zeit.

Auch dass dieser zusätzliche Kohlenstoff aus Auspuffen und Fabrikschloten stammt, nicht etwa aus natürlichen Quellen, kann man dank des »Suess-Effekts« sicher sagen. Dem Chemiker Eduard Suess war aufgefallen, dass unter den verschiedenen Kohlenstoff-Isotopen in der Luft der Anteil zweier bestimmter zurückgeht (sie heißen »13C« und »14C«). Weil Kohle und Öl nur wenig 13C und gar kein 14C enthalten, belegt diese Verdünnung für die Fachleute: Was die Keeling-Kurve nach oben treibt, ist das Kohlendioxid aus der Verbrennung fossiler Energieträger – der Klimawandel der Gegenwart, er ist menschengemacht.

Wie geht die Geschichte weiter? Forscher bilden die bekannten Wechselwirkungen zwischen Atmosphäre, Ozeanen, Eismassen und Kontinenten in Computermodellen ab. Hier lässt sich an den Stellschrauben des Klimasystems drehen, und die Konsequenzen lassen sich im Zeitraffer durchrechnen.

Mit einer Wettervorhersage für das Jahrhundert verwechseln darf man ihre Szenarios nicht. Vielmehr zeigen sie, was *wahrscheinlich* passieren kann. Es wird also kein Forscher sagen, wann es wieder einen

Sommer wie 2018 gibt. Stattdessen: Wenn sich die Erde so und so stark erwärmt, werden Dürren so und so häufiger. Auch regionale Szenarios lassen sich zeichnen. Etwa für Deutschland mit einer Zunahme sommerlicher Hitzewellen und sogenannter Tropennächte einerseits und größeren winterlichen Regenmengen andererseits. In den digitalen Was-wäre-wenn-Welten wird der Wahrscheinlichkeitsrahmen abgesteckt, in dem die reale Zukunft spielen kann – im Sinne der Definition von Klima: wohin sich die Statistik des Wetters entwickeln wird.

WAS WIR NICHT WISSEN

Ökosysteme sind komplex, die Natur ist träge.
Niemand kann sagen, wann genau das Klima
zu Katastrophen führt

VON STEFAN SCHMITT

Heißzeit«, so lautet das Wort des Jahres 2018. Gekürt hat es, fraglos unter dem Eindruck des Dürresommers, im Dezember die Gesellschaft für deutsche Sprache in Mannheim. Doch in die Schlagzeilen gebracht hatte den Begriff das Potsdam-Institut für Klimafolgenforschung (PIK). In einer Fachzeitschrift hatten PIK-Wissenschaftler zusammen mit internationalen Kollegen im August eine Art Schreckensschau des Möglichen zusammengestellt. In ihrem Aufsatz skizzierten sie, wie bei weiterer Erwärmung in der Natur kritische Schwellen überschritten werden (das arktische Meereis schmilzt, Urwälder sterben ab), was wiederum die Erwärmung beschleunigt, woraufhin weitere Schwellen erreicht werden (am Ende wird das Eis der Ostantarktis instabil) – ein sich selbst verstärkender Effekt. Diese Kaskade würde langfristig in eine um viele Grad wärmere Welt führen und für Jahrtausende eben: in die Heißzeit.

Wie weit die roten Linien (Forscher sprechen von den »Kipppunkten«) jeweils noch entfernt sind, das wird in Grad Celsius zusätzlicher

Erwärmung ausgedrückt. Mit wie viel Emissionen aber werden diese Temperaturschwellen erreicht?

Das bleibt unklar, und zwar nicht nur, weil Ökosysteme komplex sind und zuweilen sprunghaft reagieren. Es liegt auch am zentralen blinden Fleck der Klimaforschung, der »Klimasensitivität«.

Als der spätere Chemie-Nobelpreistrager Svante Arrhenius im Jahr 1895 seine bahnbrechende Berechnung über den Zusammenhang von Verbrennungsgasen und Treibhauseffekt präsentierte, hieß es darin: Verdoppelt sich der Kohlendioxid-Anteil in der Atmosphäre, so steigt die globale Durchschnittstemperatur um zwei bis sechs Grad Celsius an. Als in den 1970er-Jahren die US-amerikanische National Academy of Sciences als erste große Forschervereinigung vor dem Treibhauseffekt warnte, bezifferte sie den Effekt einer CO_2-Verdopplung auf plus 1,5 bis plus 4,5 Grad Celsius – eine riesige Spannweite. Bis heute hat man sie kaum verkleinern können.

Hier liegt das Problem jeder Prognose. Keine seriöse Forschung stellt noch den Treibhauseffekt infrage. Aber wie schnell welche Folgen genau eintreten werden, das ist die große Unbekannte.

Selbst falls – Gedankenspiel! – am 31. Januar das letzte Molekül CO_2 aus einem Schornstein aufstiege, niemand könnte genau sagen: Wie lange und bis auf welches Niveau würde die globale Mitteltemperatur trotzdem noch weiter ansteigen? Gewiss ist, dass die Natur träge reagiert, dass sie auf dem einmal eingeschlagenen Weg erst einmal fortschreitet. Unklar bleibt, wie träge und, andererseits, wie empfindlich (»sensitiv«).

Diese Ungewissheit hat gravierende praktische Konsequenzen: Weil man bei jeder Was-wäre-wenn-Berechnung künftiger Entwicklungen eine ganze Spanne unterschiedlich dramatischer Erwärmung erwägen muss, klingen die Auskünfte der Klimaforscher für Laien oft unbefriedigend vage (etwa wenn der Weltklimarat ein Szenario beschreibt, in dem mit »66-prozentiger Wahrscheinlichkeit« das Zwei-Grad-Ziel erreicht wird).

Entsprechend mit Fußnoten belastet sind die vermeintlich simplen Kennzahlen der Klimadiplomaten, andernfalls würden sie mehr Gewissheit vermitteln als besteht. Gleichzeitig muss komplexe Naturwissenschaft so heruntergebrochen werden, dass Verhandler, Regierende und

Unternehmer sich daran orientieren können, etwa um sich auf Emissionsreduktionen zu einigen.

Kaum einfacher ist es mit der Zuordnung einzelner Wetterlagen, etwa der aktuellen Schneemengen in den Alpen. Einerseits dürfte der Klimawandel künftig eine Vielzahl von Extremen begünstigen. Andererseits ist, um seinen konkreten Beitrag zum Wetter zu beziffern, eine meteorologisch-statistische Auswertung des Einzelfalls vonnöten. Solche »Attributionsforschung« ist bislang mühsame Handarbeit. – Oft, wenn die Frage »War das jetzt der Klimawandel?« fällt, fußen die Antworten noch auf schierer Plausibilität.

Auch im Verständnis wichtiger Teile des Erdklimasystems klaffen noch Wissenslücken: Welche Rolle etwa die Wolken abhängig von ihrer Höhe bei Erwärmung und Abkühlung spielen, ist bis heute schwer durchschaubar. Wie dynamisch die großen Eisschilde auf Grönland und in der Antarktis sind, haben Glaziologen in der Vergangenheit unterschätzt. Wie viel Wärme der Ozean schon aufgenommen hat und wie viel er folglich noch schlucken kann, ist zumindest unklar. Zudem stellen mehrere der eingangs erwähnten Kipppunkte in diesem komplexen System gefährliche Joker dar: Tauen beispielsweise die sibirischen Dauerfrostböden, drohen dort große Mengen Methan in die Atmosphäre zu gelangen. Auch aus dem Nordpolarmeer könnte Methan aufsteigen. Anders als Fabrikschlote, Auspuffe, Zementwerke und Kuhmägen entziehen sich solche Quellen, einmal geöffnet, aber der menschlichen Kontrolle.

Man könnte auch sagen: Es ist unklar, wie weit die Menschheit es noch treiben kann, bis sie – ganz prinzipiell – die Kontrolle über das Klima verliert.

»DEN KOHLEAUSSTIEG WOLLEN SIE DOCH AUCH, ODER, HERR LINDNER?«

Grünen-Chefin Annalena Baerbock fordert einen schnellen Abschied von fossilen Energien. FDF-Chef Christian Lindner setzt auf Technologien – ein Streitgespräch

EIN INTERVIEW MIT ANNALENA BAERBOCK
UND CHRISTIAN LINDNER

DIE ZEIT: In Frankreich haben die Gelbwesten die Ökosteuern von Präsident Macron gekippt. Wie muss eine ehrgeizige Klimapolitik aussehen, damit Bürger nicht dagegen protestieren?

Christian Lindner: Es ist eine große Herausforderung, die Unterstützung für die Klimapolitik dauerhaft sicherzustellen. Die Wahl von Trump in den USA war schon ein Fanal. Und die Gelbwesten in Frankreich sind es auch. Klimaschutz darf nicht teurer sein als nötig, sonst steigen mehr Länder aus, und Europas Anstrengungen werden so global unwirksam. Auch bei uns dürfen die Energiepreise nicht steigen. Wir sind da in Europa Spitze.

Annalena Baerbock: Im Moment gibt es in Deutschland ja leider gar keine ehrgeizige Klimapolitik. Die Leute gehen im Gegenteil für den Kohleausstieg auf die Straße. Gerade junge Menschen haben Angst, dass uns die Zeit davonläuft. Trotzdem müssen wir Ökologie und Soziales zusammen denken. Das Signal in Frankreich war: Wir machen das Leben von Reichen leichter, aber die, die abgehängt sind, müssen höhere Dieselsteuern zahlen. Das war falsch.

ZEIT: Geht Klimaschutz, ohne dass es teurer wird?

Lindner: Es geht sicher nicht kostenlos. Aber wir haben die weltweit höchsten CO_2-Vermeidungskosten, weil wir planwirtschaftlich auf die teuersten Maßnahmen setzen, statt den Markt zu nutzen, um günstigere Wege zu finden. Bestimmte Bereiche wie die Mobilität werden belastet, andere sind ausgeblendet. Wir sind dadurch weltweit zum abschreckenden Beispiel geworden. Wir müssen neu denken.

ZEIT: Frau Baerbock, was ist mit den Grünen? Werden Sie den Bürgern sagen: Ehrgeiziger Klimaschutz kostet etwas, denn er bedeutet weniger fliegen und weniger Fleisch essen?

Baerbock: Wir werden den Menschen nicht vorschreiben, ob und wann sie Fleisch essen. Aber natürlich bedeutet Klimaschutz, die weltweit steigende Fleischproduktion zurückzufahren. Wir brauchen ohnehin eine andere Landwirtschaft: mehr Platz für weniger Tiere – und so mehr Tierwohl und mehr Umweltschutz. Es bedeutet nicht weniger Mobilität, aber weniger Individualverkehr – schon jetzt stehen vielerorts Autofahrer im Stau. Also werden wir nicht einfach Diesel und Benziner eins zu eins durch E-Autos ersetzen können. Wir brauchen mehr Busse und Bahnen, auch im ländlichen Raum. Und wir sollten einen Umverteilungsmechanismus einführen, so wie in Kanada oder der Schweiz: Dort wird eine CO_2-Steuer erhoben, und die Einnahmen werden an ärmere

Familien wieder ausgezahlt. Das schlagen wir auch im Europawahlprogramm vor.

Lindner: Ich bin dankbar, dass Frau Baerbock das so klar sagt: weniger Fleisch, weniger individuelle Mobilität. Ich halte das für falsch. Wenn wir den Menschen Verzicht und Askese predigen, dann folgen uns die Chinesen und Inder nicht. Und wir werden die Akzeptanz für die Umweltpolitik auch hierzulande verlieren. Wir wollen den Menschen ihre Lebensweise so weit wie möglich auch künftig ermöglichen. Deswegen müssen wir viel stärker technologische Optionen nutzen. Und nicht gegen alles Neue gleich Widerstand organisieren.

ZEIT: Setzen Sie nicht einseitig auf die Technik?

Lindner: An die Alternative der Verbotskultur und des Nullwachstums glaube ich global nicht. Wir müssen das Klimaproblem durch Innovationen lösen. In Wahrheit wollen Letzteres manche nicht, weil sie über Klimapolitik auch die Gesellschaft umbauen möchten. Wir sollten deswegen offener für neue Ideen sein und zum Beispiel auch über negative Emissionen sprechen ...

ZEIT: ... das bedeutet, dass CO_2 aus der Atmosphäre wieder herausgeholt wird.

Lindner: Ja, beispielsweise durch Algenwachstum in Seen oder im Ozean. Diese Forschung sollten wir stärker fördern. Oder auch stärker erkunden, wie CO_2 abgeschieden und unter der Erde gespeichert werden kann. Wenn der Weltklimarat über solche Szenarios berät und sie für verantwortbar hält, dann sollten wir als Technologienation uns da nicht raushalten.

Baerbock: Natürlich müssen wir klimafreundlichere Technologien entwickeln. Aber am effizientesten sind solche, mit denen man dafür sorgt, dass CO_2 gar nicht erst in die Atmosphäre gelangt – anstatt es dann nachträglich künstlich rauszuholen. CO_2 in der Erde zu speichern ist extrem teuer, gefährlich und findet keine Akzeptanz. In Brandenburg, wo ich herkomme, wurde die Idee eines neuen Kohlekraftwerks mit CCS-Technik deshalb begraben. Und Sie wollen doch nicht wirklich die Ozeane düngen – die sterben jetzt schon. Wir sollten nicht noch mehr in das Ökosystem eingreifen, sondern den klimaneutralen Umbau des Landes politisch steuern.

ZEIT: Was würde eine Bundesregierung, an der Sie beteiligt wären, anders machen als die GroKo?

Lindner: Ich würde einen Preismechanismus für CO_2 einführen. Das wäre ein echter Paradigmenwechsel. Dann würde das klimaschädliche Gas an der günstigsten Stelle eingespart – und zwar durch den Anreiz im Markt.

ZEIT: Frau Baerbock, bahnt sich hier ein grüngelbes Projekt an? Einen Preis für Klimagase fordern auch die Grünen, oder?

Baerbock: Wir wollen, dass der Markt klimaschonende Technologien belohnt und CO_2-Emissionen dafür teurer werden. Wären wir an der Regierung, würden wir einen CO_2-Mindestpreis festlegen und schnell ein Klimaschutzgesetz verabschieden.

Lindner: Stopp, da bin ich nicht mehr an Bord. Wir wollen keine staatlich festgelegten Mindestpreise und auch keine gesetzlich diktierten Ausstiegspläne. Wir müssen endlich aufhören, alles planwirtschaftlich von oben steuern zu wollen. Wir wollen die Klimaziele mit einem Preismechanismus verbinden, damit wirklich technologieoffen und sektorübergreifend der Innovationsmotor anläuft.

ZEIT: Der Unterschied zwischen Preis und Preismechanismus ist etwas für Feinschmecker, oder?

Lindner: Nein, gar nicht! Ich möchte, dass das Problem langfristig über einen funktionierenden EU-Emissionshandel geregelt wird. Das bedeutet, jeder, der CO_2 emittiert, muss Zertifikate kaufen, und er kann sie auch wieder verkaufen, wenn er sie nicht mehr benötigt. Wir würden damit im Markt einen Anreiz schaffen, CO_2 möglichst effizient und kostensparend zu vermeiden. Das gibt es für die Energiewirtschaft bereits. Es fehlt für andere Sektoren, etwa im Verkehr.

ZEIT: Ist das nicht die alte Devise: europäisch reden, national aufschieben?

Lindner: Nein, im Gegenteil. Vor 2021 haben zusätzliche Anstrengungen in Deutschland keine Auswirkung, weil unsere Zusatzeinsparungen woanders in Europa zu Entlastung führen. Als Übergang wäre denkbar, in Deutschland einen CO_2-Preismechanismus für jeden Sektor zu entwickeln, also auch für den Verkehr oder den Gebäudesektor. Wir wären damit Pionier.

Baerbock: Das klingt hübsch, Herr Lindner – es funktioniert nur leider nicht. Sie werden das Klimaproblem nicht allein über den Emissionshandel lösen können – zumal Sie nicht alle Industriebereiche preislich über einen Kamm scheren können.

ZEIT: Warum nicht?

Baerbock: Ein wirkungsvoller Preis für ein Zertifikat müsste bei über 40 Euro pro Tonne CO_2 liegen, um die Klimaziele im Energiebereich zu erreichen, wenn man wie Herr Lindner keine zusätzliche gesetzliche Regelung will. Das können wiederum nicht alle Industriezweige verkraften, die Kupferindustrie beispielsweise nicht. Liegt der Preis niedriger, sparen wir nicht genug Gas ein. Also brauchen wir zusätzlich ein Klimagesetz, das allen Branchen unterschiedliche Einsparziele setzt und den Kohleausstieg regelt.

Lindner: Da haben wir einen Dissens. Ich würde das durch eine Zuteilung von Emissionsrechten lösen, wo sich wie in der Stahlproduktion CO_2 technisch kaum weiter einsparen lässt. Die ökologische Industrie-

politik von Frau Baerbock halte ich für eine Anmaßung. Da würde die
soziale Marktwirtschaft von oben ausgehebelt mit negativen Folgen, weil
die Politik eben nicht allwissend und unparteiisch ist.

Baerbock: Und der Markt regelt das alles allein? Das klappt doch offen-
kundig nicht, zumal der Markt durch umweltschädliche Subventionen
vollkommen verzerrt ist. Die großen ökologischen Innovationen, ob
Katalysator, Windräder oder Solaranlagen, wurden durch politische
Regeln ausgelöst. Davon hat gerade der deutsche Wirtschaftsstandort
profitiert. Hätte der Staat in der Vergangenheit auf Verbote und Ord-
nungsrecht verzichtet, gäbe es noch zahllose schädlichere Stoffe in der
Chemie. Aber verantwortungsvolle Politiker haben entschieden, dass
man etwa FCKW oder Asbest einfach nicht mehr zulässt. Ähnlich sollten wir auch klimaschädliche Gase irgendwann nicht mehr zulassen.

Lindner: Bei CO_2 haben wir es nicht mit unmittelbarer und absolu-
ter Gefahr, sondern mit einem schleichenden Risiko zu tun. Wie falsch
staatliche Vorschriften und Subventionen in der Energiepolitik sein
können, haben wir am Erneuerbare-Energien-Gesetz (EEG) gesehen.
Als Ergebnis ist der Strom bei uns teurer als anderswo, und wir haben
die Klimaziele trotzdem nicht erreicht.

Baerbock: Schleichendes Risiko? Wollen Sie erst mit Klimaschutz
anfangen, wenn Deiche brechen, jeden Sommer Dürre herrscht und
Millionen Menschen auf der Flucht sind? Dann bekommen wir die Kli-
makrise nicht mehr in den Griff. Zum EEG: Über 50 Länder haben
dieses Fördergesetz kopiert. Wir haben damit neue Technologien
wettbewerbsfähig gemacht und Hunderttausende neue Arbeitsplätze
geschaffen. Gerade weil sie wettbewerbsfähig werden, kann und wird
es eine Zeit nach dem EEG geben – wenn wir ein Kohleausstiegsgesetz
und einen wirkungsvollen CO_2-Preis haben. Den fordern übrigens auch
große Teile der Industrie.

Lindner: Wenn ich jemanden von »großen Teilen der Industrie« reden
höre, werde ich skeptisch. Da stecken meist knallharte ökonomische

Interessen dahinter. Ein Unternehmen zum Beispiel, das Gasturbinen verkauft, wird sicher für den Kohleausstieg plädieren.

Baerbock: Aber den Kohleausstieg wollen Sie doch wohl auch, oder? Ohne ihn können wir das Pariser Klimaabkommen nicht einhalten.

Lindner: Ich möchte CO_2 einsparen, und ich bin sicher: Langfristig wird es den Kohleausstieg geben. Aber in den Zwischenetappen könnte es möglicherweise günstiger sein, Heizungen zu sanieren und so Klimagase zu sparen. Es sollte nur zählen, ob die Einsparziele erreicht werden. Nicht, wo genau.

Baerbock: Mit diesen Argumenten hinken Sie der internationalen Debatte hinterher: In Paris wurde – völkerrechtlich verbindlich – beschlossen, dass sich niemand mehr wegducken und hoffen darf, dass andere für ihn CO_2 sparen. In Zukunft muss jede Branche klimaneutral funktionieren: der Verkehr, der Gebäudesektor, die Industrie. Es kann sich keiner mehr freikaufen, indem er anderswo Wälder aufforstet – und hier den Hambacher Forst roden will. Außerdem fordert Deutschland bereits seit Jahren weltweit Wälder und den Ausbau der erneuerbaren Energien in Afrika.

ZEIT: Herr Lindner, was machen die Grünen in der Umweltpolitik besser als die Liberalen?

Lindner: Gefühle ansprechen.

ZEIT: Frau Baerbock, wenn Sie Liberale wären, wie würden Sie dann das Klima retten?

Baerbock: Das Pariser Klimaabkommen lesen, ernst nehmen und per Klimagesetz umsetzen.

Annalena Baerbock ist seit 2018 neben Robert Habeck Bundesvorsitzende von Bündnis 90/Die Grünen. Von 2005 bis 2008 war sie Büroleiterin der Europaabgeordneten Elisabeth Schroedter und von 2008 bis 2009 Referentin für Außen- und Sicherheitspolitik der Bundestagsfraktion. Seit 2013 ist sie Mitglied des Deutschen Bundestages. Von 2012 bis 2015 war sie Mitglied des Parteirats von Bündnis 90/Die Grünen und von 2009 bis 2013 Vorsitzende des Landesverbands Brandenburg.

Christian Lindner ist seit 2013 Bundesvorsitzender der FDP. Von 2000 bis 2009 und erneut von Mai 2012 bis Oktober 2017 war er Mitglied des Landtages in Nordrhein-Westfalen. Von Oktober 2009 bis Juli 2012 war er Mitglied des Deutschen Bundestages, von Dezember 2009 bis Dezember 2011 auch Generalsekretär der Bundes-FDP. Lindner zog als Spitzenkandidat seiner Partei bei der Bundestagswahl 2017 erneut in den Deutschen Bundestag ein und wurde dort Vorsitzender der FDP-Fraktion.

DIE FRAGEN STELLTEN CHRISTIANE GREFE
UND PETRA PINZLER

ES WIRD HEISS

VON ANNE GERDES UND STEFAN SCHMITT

Ist-Zustand

Um ca. **1°C**

hat sich die Erde seit Beginn der
Industrialisierung schon erwärmt

Grenze

»den Anstieg deutlich unter

2°C

halten«
(Ziel des Pariser Abkommens)

Prognose

Mehr als **3°C**

beträgt voraussichtlich der
Anstieg bis 2100 bei
gleichbleibenden Emissionen

Brennpunkt

Im hohen Norden ändert sich das
Klima besonders rasant. Dort ist die
**Erwärmung mehr als doppelt
so stark wie global.** Heute zieht
sich das Meereis im Sommer viel weiter
zurück (rot) als im langjährigen Mittel
(blau). Die **größere Wasserfläche**
reflektiert Sonnenlicht nicht so gut wie
Eis und heizt sich so weiter auf

Quelle: National Snow and Ice Data Center, 2018

Mehr als Wetter So wich zwischen 1880 und 2018 die globale Jahres-Durchschnittstemperatur ab

Legende 0,5 °C Abweichung vom Mittelwert des 20. Jahrhunderts
■ kälter   ■ wärmer

1896 Svante Arrhenius berechnet: Eine Verdopplung des CO_2-Gehalts der Luft würde eine Erwärmung von 4 bis 6 °C bedeuten

1900 Seit der Industrialisierung ist die CO_2-Konzentration schon leicht gestiegen, von 280 auf 295 Teile pro eine Million Luftteilchen (ppm)

1930 In den dreißiger Jahren diskutieren Fachleute eine Klimaerwärmung (rückwirkend betrachtet wirken die Jahre eher kühl)

1958 Start der Messungen auf Hawaii, die CO_2- Konzentration beträgt 315 ppm (gegenwärtig liegt sie bei 410 ppm)

1978 Seasat vermisst als erster Satellit den Meeresspiegel. Seit 1993 existieren lückenlose Messreihen, sie zeigen: Das Meer steigt schneller
1988 UN-Resolution zu den Klimafolgen, die »desaströs für die Menschheit sein könnten, wenn nicht (...) rasch gehandelt wird«

2007 Friedensnobelpreis für den Weltklimarat IPCC. 2009 scheitert der Kopenhagen-Gipfel, erst 2015 gelingt in Paris ein Klimaabkommen

2019 Die Jahre 2015 bis 2018 sind die vier wärmsten seit Beginn der Messungen. Alle 20 wärmsten Jahre traten seit 1996 auf

Quelle: NOAA, Abweichung vom Mittel 1901–2000/für 2018 vorläufig

Woher Deutschlands Emissionen kommen

Die fünf wichtigsten Sektoren und wie viel sie einsparen sollen

Quelle: BMU, »Klimaschutz in Zahlen« (2018)/Emissionsangaben für 2016

Physik des Treibhauses

Kurzwelliges Sonnenlicht versorgt die Erde mit Energie. Als langwellige Wärmestrahlung entweicht ein Teil davon wieder durch die Atmosphäre ins All – ein **Gleichgewicht.** Steigt in der Luft die Konzentration klimawirksamer Gase, absorbieren diese einen Teil der Wärmestrahlung – ein **Ungleichgewicht**

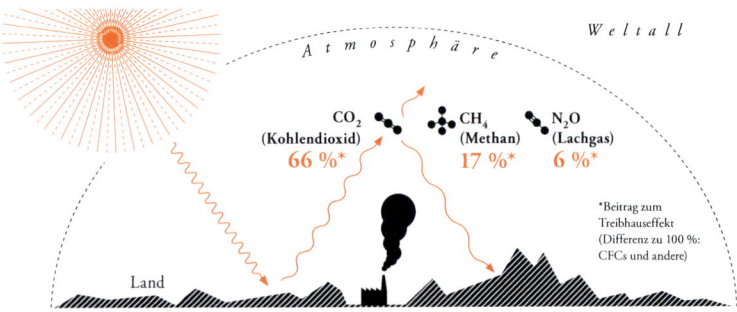

Quelle: WMO, »Greenhouse Gas Bulletin«, 2018

Fußabdruck

Jährliche Emissionen pro Mensch
(t CO_2)

Quelle: BMU, »Klimaschutz in Zahlen« (2018)/Werte für 2016

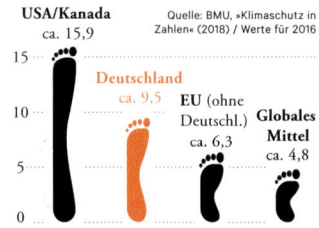

Preis des Abwartens

- Die vertikale Achse zeigt den weltweiten Treibhausgas-Ausstoß (aktuell mehr als 40 Gigatonnen pro Jahr). Die horizontale Achse zeigt das 21. Jahrhundert. Die drei Flächen – die blaue, die rot gepunktete und die orangefarben schraffierte – sind gleich groß. Sie stehen für das begrenzte Kohlenstoff-Budget
- Bleibt der Ausstoß so hoch wie heute, ist das Budget bald aufgebraucht. Wieso es nicht egal ist, ob man ihn heute oder morgen drosselt, zeigen die drei Verläufe: Je später der Ausstoß zu sinken beginnt, desto steiler muss er dann abnehmen, um noch rechtzeitig die Null zu erreichen
- Da eine Welt ganz ohne Emissionen kaum vorstellbar ist, rechnet man mit »Negativ-Emissionen«: Etwa ab der Jahrhundertmitte muss der Atmosphäre im großen Stil Kohlenstoff entzogen werden, damit das Budget netto eingehalten wird

---

Heikles Restbudget

Soll eine gefährliche Erwärmung verhindert werden, darf die Menschheit nur noch eine begrenzte Menge an Treibhausgasen ausstoßen. Wissenschaftler sprechen vom verbleibenden »Kohlenstoff-Budget«

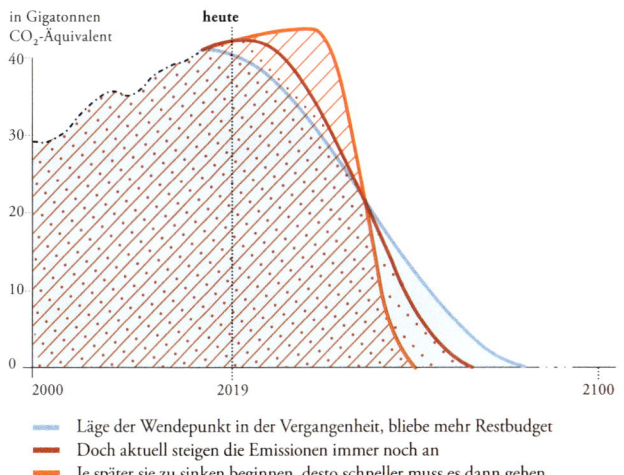

Quelle: WBGU, »Zeit-gerechte Klimapolitik« (2018)

DIE HÖLLE AM HIMMEL

In welchen Irrsinn bin ich hier geraten? So denkt man als Passagier, wenn am Flughafen Chaos herrscht. Dabei ist das Durcheinander das kleinste Problem. Nie wusste man besser als heute, wie verhängnisvoll das Fliegen ist

VON NADINE AHR, DIRK ASENDORPF
UND PETRA PINZLER

Um kurz vor fünf, noch bevor die Sonne aufgeht, ist es fast still auf der Startbahn. Die Flugzeuge, die spät am Abend angekommen sind, ruhen in ihren Parkpositionen, nur ab und zu gleitet ein Elektroauto fast geräuschlos übers Gelände, Vögel singen.

Im Terminal steht Susana Gomez mit ihren zwei Töchtern, Maria und Nadia, elf und zwölf Jahre alt. Vor, hinter, neben ihnen Hunderte Menschen. Passagiere, die schnaufend ihren hoffentlich nicht zu schweren Koffer auf die Waage hieven, Babys, die in Tragetüchern weinen, Eltern, die aus müden und leicht gestressten Augen schauen. Es ist der 5. Juli 2018, ein Donnerstag, in Hamburg haben die Schulferien begonnen, und Eurowings, die Billiglinie der Lufthansa, hat zehn Schalter geöffnet, dazu acht Self-Check-ins. Das alles reicht aber nicht, um die Massen zu bewältigen. Eine Dreiviertelstunde muss Familie Gomez anstehen. Wenn um 6.40 Uhr der Flieger von Susana, Maria und Nadia

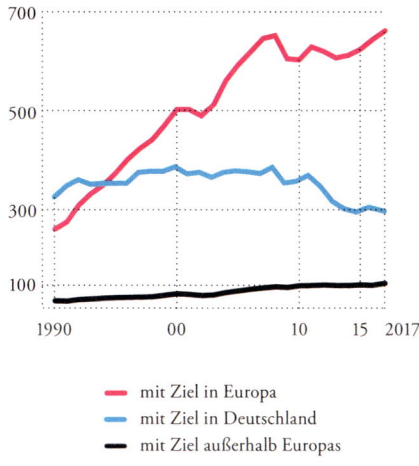

Immer mehr Europaflüge

Starts an deutschen
Flughäfen von 1990–2017 in Tausend

— mit Ziel in Europa
— mit Ziel in Deutschland
— mit Ziel außerhalb Europas

ZEIT-GRAFIK/Quelle: Statistisches Bundesamt

abhebt, werden sie nur drei von 33.460 Passagieren sein, die an diesem Tag von Hamburg aus fliegen, in die Welt oder nur in eine andere deutsche Stadt. Die Flugsicherung zeichnet regelmäßig auf, wie viele Flugzeuge über Deutschland hinwegfliegen. Am 29. Juni dieses Jahres gab es im deutschen Luftraum 11.015 Flüge. Das ist Rekord. Wenn man mit verschiedenen Farben die einzelnen Routen in eine Deutschlandkarte einzeichnet, sieht das aus, als ob ein Kleinkind versucht, etwas auszumalen: Fast alles ist bunt, nur hier und da ein paar weiße Lücken.

Wurden 1997 noch 62 Millionen Passagiere gezählt, die in Deutschland in ein Flugzeug stiegen, sind es heute 119 Millionen pro Jahr. Fast doppelt so viele. Der Flugverkehr wächst und wächst, auch weil die Preise gleichzeitig fallen und fallen.

Längst kann sich Fliegen fast jeder leisten: die Studentin, die mal eben für 30 Euro von Hamburg nach Paris jettet, um sich den Louvre anzuschauen, anstatt nur über ihn zu lesen. Geschäftsleute, die für einen Termin morgens nach London und nachmittags wieder zurückreisen. Jetzt, im Sommer, die Urlauber. Und Familien wie die von Susana Gomez, die Verwandte besuchen.

Susana Gomez stammt aus Marbella, eine gute halbe Stunde Autofahrt von Malaga entfernt. Sie zog vor 13 Jahren nach Hamburg, der Liebe wegen. Sie heiratete, bekam zwei Kinder. Susana Gomez fand eine Arbeit in einem Kosmetikstudio und neue Freunde. Ihr Leben hat seinen Mittelpunkt in Hamburg, doch sooft es geht, fliegt sie nach Spanien, zu ihren Eltern, Geschwistern und Nichten. Fast 3000 Kilometer liegen zwischen Hamburg und Marbella. Das Flugzeug verbindet Menschen und Kulturen über weite Distanzen, es federt die Globalisierung ab – und fördert sie zugleich. Für Susana Gomez, die heute zunächst nach Düsseldorf und dann weiter nach Malaga fliegt, wäre ein Leben ohne Flugreisen kaum noch vorstellbar, wie für so viele.

Dabei war Fliegen einst das Unglaublichste, was man sich vorstellen konnte, ein Menschheitstraum, etwas ganz und gar Übernatürliches. Vor mehr als einem Jahrhundert bauten Luftfahrtpioniere wie Otto Lilienthal und die Brüder Wright die allerersten Flugzeuge. Sie brachten dem Menschen bei, was bis dahin nur Vögel konnten. Danach ging es immer höher, schneller, weiter. Allerdings zunächst nur für einige wenige. Das Fliegen blieb lange etwas für die Reichen, Schönen und Berühmten. Ein Flug von England nach New York mit der legendären Pan Am, der ersten internationalen Airline der USA, kostete in den Fünfzigern 270 Dollar, das entspricht heute ungefähr 2100 Euro. Nicht nur die Preise waren exklusiv. Die Passagiere trugen Anzug oder Cocktailkleid, die Stewardessen – von Scouts handverlesen – servierten Champagner und Gänseleber.

Es war eine kleine Revolution, als 1958 die Economyclass eingeführt wurde und von nun an auch Menschen mitfliegen konnten, die nicht reich waren wie Hollywoodstars. Das Fliegen wurde, zaghaft noch, aber doch: demokratisiert. Spätestens als die großen Reiseveranstalter Charterflüge anboten und Urlauber nach Mallorca brachten, nach Gran Canaria und Kreta, war es in der Mittelschicht angekommen. Eine Spur von Extravaganz blieb, selbst in den achtziger Jahren, als im Fernsehen eine schöne Frau mit wallendem Haar aus dem Flugzeug stieg, dazu der Slogan:»Zwischenstopp München, es ist ziemlich windig, perfekter Sitz. Drei Wetter Taft.« Doch während im Fernsehen noch alles mondän war, trat in der Wirklichkeit Ryanair auf den Plan, der erste große Billigflieger. Und irgendwann war die Frau mit dem wallenden Haar verschwunden, stattdessen warb der Fußballfunktionär Reiner Calmund:»Finde den billigsten Flug!«, und machte im Clip Witze über seine eigene Körperfülle.

Heute sitzen die Menschen nicht in Abendgarderobe, sondern im Jogginganzug im Flugzeug. Fliegen ist so normal wie U-Bahn fahren geworden, eine Fortbewegungsmöglichkeit, die man gedankenverloren nutzt und die sich nur ins Bewusstsein drängt, wenn irgendetwas nicht funktioniert.

Fliegen ist aber auch: eine Katastrophe für die Umwelt. Das allein ist keine Neuigkeit. Und doch wusste man nie mehr als heute darüber, wie schädlich das Fliegen wirklich ist – und nie wurde dieses Wissen stärker ignoriert: von Politikern wie von Passagieren.

Andreas Zahn steht in einer Halle auf dem Gelände des Karlsruher Instituts für Technologie und wischt sich den Schweiß vom Gesicht. Hinter ihm ist ein Labor aufgebaut. Drei Meter lang, 1,60 Meter hoch, fast zwei Tonnen schwer – ein Ungetüm aus Metall und lose herunterhängenden Kabeln, das aussieht wie ein überdimensionales ausgeschlachtetes Autoradio. Von oben brennt die Sonne aufs Hallendach, eine kleine, nicht sehr subtile Ermahnung an Andreas Zahn, wie wichtig seine Arbeit ist.

Zahn ist Atmosphärenforscher, seit mehr als 25 Jahren ist es sein Job, herauszufinden, was in neun bis 13 Kilometer Höhe passiert, wenn dort Flugzeuge fliegen. Deshalb schickt er sein Labor, das er mit zehn anderen Forschungseinrichtungen aus den USA und Europa entwickelt hat, auf Reisen. Einmal im Monat lässt Zahn es in den Bauch eines Airbus von Lufthansa laden, in den Frachtraum hinter den Koffern der Passagiere. In zwei Wochen geht es wieder los, von München nach Mexiko und zurück, dann nach Tokio. Hat das Flugzeug die Startphase abgeschlossen, wird, ohne dass die Passagiere irgendetwas davon mitbekommen, Luft von außen in das fliegende Labor geleitet. Dann werden Substanzen gemessen: Fluorchlorkohlenwasserstoffe, Ozon, Wasserdampf, Stickoxide, Aerosole, CO_2. Die Ergebnisse werden später an mehr als 100 Institute in der ganzen Welt übermittelt. Dort speisen Wissenschaftler die Daten in ihre Atmosphären- und Klimamodelle ein.

Flugzeuge setzen beim Verbrennen von Kerosin CO_2 frei, genauso wie Industrieanlagen und Autos. Das CO_2 legt sich um die Erde wie eine die ganze Welt umspannende wärmende Decke: der Treibhauseffekt. Man könnte sich damit beruhigen, dass das Fliegen gar nicht so viel dazu beiträgt, jedenfalls im Vergleich mit dem Auto: Etwa eine Milliarde Tonnen CO_2 werden jährlich durch den Flugverkehr freigesetzt – was nach viel klingt, macht gerade mal drei Prozent aller weltweiten Emissionen aus. Der Straßenverkehr ist für 17 Prozent verantwortlich, fast sechsmal so viel. Die Sache hat aber einen Haken, sagt Zahn: Das ausgestoßene CO_2 ist nicht das einzige Problem. Die Stickoxide und all die anderen Stoffe – Aerosole, Ruß, Kohlenmonoxid – verursachen in der Höhe eine Nebenwirkung, die Zahn »die große Unbekannte« nennt.

Die Unbekannte ist eine Schönheit, die Begleiterin des guten Wetters. Oft sieht sie aus wie gemalt. Verschwörungstheorien ranken sich um sie. Fachleute haben sie im vergangenen Jahr »Homomutatus« getauft. Nichtfachleute sagen Kondensstreifen.

In großer Höhe, dort, wo Flugzeuge fliegen, ist es sehr kalt, bis minus 50 Grad Celsius. Die Luft erreicht oft eine Feuchtigkeit von nahezu 100 Prozent, trotzdem gibt es dort oben normalerweise keine Wolken. Dafür fehlen jene Partikel, um die herum sich die ersten Tröpfchen bilden konnten. Die liefert jetzt das Abgas der Flugzeuge, und so entstehen Wolken in einer Höhe, in der es sie sonst kaum gibt. Manchmal bleiben die Kondensstreifen nur für Sekunden am Himmel, manchmal für Stunden, manchmal sogar für Tage. Diese künstlichen Wolken stehen im Verdacht, die Erde aufzuheizen – anders als normale Wolken, die die Erde abkühlen. Die Kondensstreifen wirken offenbar genauso wie das Treibhausgas CO_2 selbst.

»Wahrscheinlich ist«, sagt Zahn, »dass der Flugverkehr stärker für den Klimawandel verantwortlich ist, als der reine CO_2-Ausstoß vermuten ließe.« Der wahre Wert könnte bis zu dreimal höher sein. Damit wäre der Effekt, den der Flugverkehr verursacht, größer als der gesamte Kohlendioxid-Ausstoß Indiens – des drittgrößten CO_2-Verursachers der Welt.

Meteorologen des Max-Planck-Instituts haben berechnet, dass nur infolge des Flugverkehrs jedes Jahr 6000 Quadratkilometer Meereis in der Arktis schmelzen. Das entspricht ungefähr der achtfachen Fläche Hamburgs. Im Pariser Klimaabkommen – unterzeichnet von 195 Staaten und der EU, die den CO_2-Ausstoß reduzieren wollen, um die Erhöhung der globalen Durchschnittstemperatur zu begrenzen – sind die Emissionen des Flugverkehrs nicht einmal berücksichtigt. Man konnte sich nicht einigen, welchen Staaten man den Ausstoß der Flieger zuordnen sollte.

»Boarding completed.« Ein paar Minuten muss der Airbus noch auf seinen Slot warten – Stau. Dann rollt der A320 auf die Startbahn zu. Als der Flieger abhebt, dösen Susana Gomez und ihre Töchter schon vor sich hin. Nadia hat ihr Nackenkissen rausgeholt, Maria den Kopf auf die Schulter ihrer Mutter gelegt. Das Fliegen ist für alle drei Routine. Maria und Nadia, die Kinder, waren schon mehrmals geflogen, lange bevor sie überhaupt mamá sagen konnten.

Um die schlafende Familie Gomez herum: Urlauber und Geschäftsleute. In der Reihe vor ihnen sitzen eine Frau und ein Mann, in Kostüm und Anzug mit Einstecktuch. Sie strahlen die gleichzeitige Gelassenheit und Genervtheit der Vielflieger aus. Am selben Abend werden sie von Düsseldorf zurück nach Hamburg fliegen. Wie jedes Mal, wenn sie ihre Kunden treffen, ein- bis zweimal im Monat. Die beiden arbeiten im Vertrieb eines Futtermittelherstellers.

Als der Airbus in der Luft ist und die Häuser Hamburgs langsam immer kleiner werden, lästern die beiden über ihren Trockenkuchen und ihre zweite Tasse Kaffee, für die sie extra bezahlen müssen. »Früher gab es den ja umsonst.« Die Frau faltet säuberlich den Karton ihres Snacks zusammen, lacht über sich selbst. »Ach, das mache ich automatisch. Wegen der Mülltrennung. Aber Müll trennen die hier wohl nicht.« Sie sagt, es sei die Zeitersparnis, die sie zum Fliegen treibe. Trotz des vollen Flughafens, trotz des schlechten Service. Zwei Stunden bräuchten ihr Kollege und sie mit dem Flieger, fünf mit dem Zug.

So ganz kann das nicht stimmen, weil die Flugzeit von Hamburg nach Düsseldorf schon eine Stunde beträgt, dazu der Sicherheitscheck, Anfahrt zum und Abfahrt vom Flughafen.

Vielleicht, sagt der Mann mit dem Einstecktuch, spare er auch weniger Zeit, Fliegen fühle sich aber viel schneller an, und es sei genauso teuer wie Bahnfahren. Warum, fragt er, sollte er da die Bahn nehmen wie vor zehn Jahren? Was ändere sich schon in der Welt, wenn er auf das bisschen Fliegen verzichte?

Führen die beiden Geschäftsleute mit der Bahn, anstatt zu fliegen, würde das dem Erdklima den Gegenwert von 60 Kilogramm CO_2 ersparen. Pro Person, pro Strecke. Auch Familie Gomez könnte, nähme sie nach Düsseldorf die Bahn, diese Menge Treibhausgas sparen. Das waren hin und zurück für die gesamte Familie immerhin 360 Kilo – und in der Arktis würde ein Quadratmeter weniger Meereis schmelzen. Man kann jetzt einwenden: Das Flugzeug fliegt ja auch ohne Familie Gomez. Andererseits flöge es eben nicht, wenn Familie Gomez mit ihrem Verzicht nicht allein bliebe, wenn, sagen wir: 150 Leute auf ihren Platz im A320 verzichteten.

Sollen die Ziele des Pariser Klimaabkommens eingehalten werden, damit die Polkappen nicht schmelzen, darf jeder Mensch auf der Welt nur 2,3 Tonnen CO_2 im Jahr verursachen – durch Autofahren, Fliegen, Heizen und alles andere, was Kohlendioxid freisetzt. So haben es die Klimaexperten berechnet. Die Hamburger Geschäftsleute haben ihr jährliches Emissionsbudget fast ausgeschöpft, ohne dass sie noch Auto gefahren sind, dass sie gekocht oder ihre Haare geföhnt haben. Nur durch ihre Geschäftsreisen.

Solange es bequem und günstig ist zu fliegen, werden Menschen auch weiterhin ins Flugzeug steigen. Es ist wie mit der einen Zigarette oder dem einen Glas Wein: Man wird immer Argumente finden, warum dieser eine Flug schon in Ordnung ist. Man wird es machen, weil es angeboten wird. Warum aber ist ein Flug überhaupt genauso teuer oder manchmal sogar günstiger als ein Bahnticket?

Michael Cramer seufzt. Er spricht von Förderrichtlinien, versteckten Subventionen, heimlicher Bevorzugung, von »diskriminierten Verkehrsmitteln«.

Seit 14 Jahren ist Cramer Verkehrspolitiker. Er kommt aus Berlin und sitzt für die Grünen im Europäischen Parlament. Was er mit »Diskriminierung« meint, erklärt Cramer gern an einem Beispiel: der Strecke zwischen Berlin und Breslau. Die Bahnverbindung gibt es schon seit den dreißiger Jahren. Damals brauchte man für die Reise zweieinhalb Stunden. Nach dem Zweiten Weltkrieg bauten die Russen die Bahngleise ab, seither fahren die Züge stellenweise bis zur polnischen Grenze nur noch eingleisig und sogar ohne Elektrizität, es muss zwischendrin eine Diesellok vor den Zug gekoppelt werden. In Polen geht es wieder schneller, dort hat die Regierung für den zweigleisigen Ausbau gesorgt. Die Bundesregierung hat die Modernisierung bis heute verschleppt, immer war anderes wichtiger. Heute, mehr als 70 Jahre nach Kriegsende, braucht man von Berlin nach Breslau fünfeinhalb Stunden. Ein Ticket zum nächstgelegenen Flughafen Krakau gibt es schon ab 30 Euro. Der Flug dauert eine Stunde.

Seit Jahren beobachtet Cramer, wie der Flugverkehr zunimmt, wie er immer günstiger wird. Wie Flughäfen, unterstützt von Regierungen, versuchen, sich gegenseitig die Passagiere wegzuschnappen. Airlines, die etwa Berlin als neue Destination aufnehmen, werden in der Anfangszeit von Flughafengebühren befreit. So umgarnen die Städte und Regionen die Fluggesellschaften. Die Subventionen tragen zum Preiskampf der Airlines bei.

Es wäre, sagt Cramer, so einfach. Wer viel CO_2 produziert, müsste viel zahlen. Die Wirklichkeit ist das exakte Gegenteil: Der deutsche Staat verzichtet bei Auslandsflügen auf die Mehrwertsteuer, kassiert sie aber bei Bahntickets und an Tankstellen. Auch eine Kerosinsteuer gibt es nicht, eine Mineralölsteuer für Autos schon.

Fliegen ist nur deshalb so erschwinglich, weil der Staat es unterstützt. Weil er die Schäden ignoriert, die das Fliegen anrichtet. Denn Flughäfen bringen Wirtschaftswachstum, Jobs, Tourismus, Messegäste. Flughäfen machen Städte attraktiv.

Cramer selbst lebt »seit 1979 mobil ohne Auto«, aber er weiß, dass man starke Überzeugungen braucht, um so etwas durchzuhalten. Er weiß, dass die meisten Menschen erst dann freiwillig weniger fliegen werden, wenn es gute Alternativen gibt. Wie neuerdings die Strecke

München–Berlin, die der ICE in knapp vier Stunden schafft. Solche Verbindungen gebe es viel zu selten. Stattdessen: Hat die Bahn den »wunderbaren« Nachtzug zwischen Berlin und Brüssel eingestellt, sodass jetzt sogar Cramer ab und zu zähneknirschend in den Flieger steigt.

»Meine Damen und Herren, wir sind soeben gelandet, bitte bleiben Sie noch angeschnallt sitzen, bis wir unsere endgültige Parkposition erreicht haben.« Um 7.35 Uhr landet die Eurowings-Maschine in Düsseldorf. Eine Stunde Aufenthalt haben Susana Gomez und ihre Kinder, bevor sie in den Anschlussflieger steigen, der sie nach Malaga bringt.

Zweimal starten, zweimal landen, zwei Piloten, zwei Co-Piloten, acht Stewardessen, der Kerosinverbrauch, zweimal Flughafengebühr, all das ist im Ticket mit drin. Insgesamt 515,17 Euro hat die Mutter für den Hinflug bezahlt, für drei Personen. Das klingt nicht nach viel Geld für alle diese Leistungen, aber auch nicht nach wenig, wenn man bedenkt, dass die gleiche Strecke manchmal für unter 100 Euro angeboten wird. Der Preis war für Susana Gomez so hoch, weil in Hamburg Sommerferien sind.

Das Paar, das nun auf dem Weiterflug von Düsseldorf nach Malaga neben der Familie sitzt, hat nur 40 Euro pro Person bezahlt: Düsseldorf–Malaga, hin und zurück. Das Parkhaus, in dem das Ehepaar sein Auto am Düsseldorfer Flughafen für die nächsten zehn Tage abgestellt hat, kostet 140 Euro. Manchmal zahlen die beiden auch nur das Parkhaus. Sie haben Vielfliegerkarten, sie besitzen ein Ferienhaus in der Nähe von Malaga. Früher waren diese Plastikkärtchen ein Statussymbol. Heute besitzt sie fast jeder. Allein Miles & More, das Programm der Lufthansa, hat 30 Millionen Kunden, die mit der Karte bei 40 Fluglinien und in mehr als 300 Geschäften Punkte sammeln können – um sie dann in eine Kaffeemaschine einzulösen, einen Koffer, eine Kiste Wein. Oder in einen weiteren Flug.

Ginge es nach den Forderungen des grünen Verkehrspolitikers Michael Cramer, müsste Vielfliegen nicht belohnt, sondern bestraft werden. Und selbst Familie Gomez müsste sehr viel mehr zahlen: Kerosinsteuer in Höhe von 163,60 Euro, wenn man den Satz zugrunde legt, der in den Niederlanden gilt, dem einzigen EU-Land, das eine Kerosinsteuer erhebt. Dazu käme die Mehrwertsteuer für den Flug von Düsseldorf nach

Malaga, noch einmal 128,97 Euro. Am Ende würden die drei Tickets, die Susana Gomez gekauft hat, 807,74 Euro kosten – etwa 300 Euro mehr. Und dabei fehlt immer noch die CO_2-Steuer, die Cramer fordert. Aber würden ein paar Steuern wirklich etwas am Flugaufkommen ändern? Würde Susana Gomez deswegen den Zug oder das Auto nehmen? »Wahrscheinlich nicht«, sagt Susana Gomez. Denn die Autofahrt dauert 26 Stunden – ohne Pause. Mit der Bahn wäre sie noch länger unterwegs. »Wahrscheinlich würde ich einmal weniger im Jahr fliegen.« Sie wäre noch seltener bei Familienfeiern, sie würde ihren alten und kranken Vater noch seltener sehen. Kann man Susana Gomez verwehren, Weihnachten mit ihrer Familie zu verbringen? Kann man verlangen, dass ihr das Klima wichtiger ist als ihre Verwandten? Kaum jemand ist so altruistisch.

Und selbst wenn Susana Gomez nur noch einmal im Jahr nach Spanien flöge – es bliebe ein Klimaschaden zurück. Was kann ein einzelner Passagier dagegen tun?

Aus dieser Frage hat Dietrich Brockhagen eine Geschäftsidee gemacht. Er ist der Chef von Atmosfair, einer gemeinnützigen GmbH, deren Ziel fast so vermessen ist wie die Idee des Fliegens: Klimaschaden, die durch den Lebensstil der Industrieländer verursacht werden, rückgängig zu machen.

Die Idee dazu kam Brockhagen Ende der neunziger Jahre, als er mit vielen anderen Umweltschützern zur Klimakonferenz im japanischen Kyoto reiste. Zehn Tage dauerte die Fahrt – mit Bahn und Fähre. »Mein Job war es, die Ökobilanz der Reise auszurechnen«, erzählt Brockhagen. Sein Ergebnis: Der Flug hätte damals etwa zehnmal so viel CO_2 verursacht. »Und das, obwohl wir mit der Transsibirischen Eisenbahn gefahren sind, die dreckiges Öl verbrennt.«

Vielleicht, dachte Brockhagen, sollte ich nicht immer nur protestieren. Vielleicht sollte ich nach Alternativen suchen. Damit die Menschen, die fliegen, nicht nur ein schlechtes Gewissen haben, sondern etwas tun können. Praktisch sieht das so aus: Auf der Website von Atmosfair kann man seinen Flug eingeben, die Airline und die Passagierklasse, in der man reist – denn ein Sitz in der Businessclass ist größer als einer in der Economyclass. Der Atmosfair-Rechner zeigt einem die

Menge Klimagas an, die durch die Reise freigesetzt wird. Und einen Preis. Je höher der CO_2-Ausstoß, desto höher der Preis. Die Kompensation der Flüge der Familie Gomez würde für die Hin- und die Rückreise pro Person 26 Euro kosten. Bekäme Atmosfair das Geld, würde die Firma damit den Ausbau von erneuerbaren Energien finanzieren – in Ländern, in denen es so etwas noch kaum gibt, also vor allem in Entwicklungsländern. In Nepal werden beispielsweise Biogasanlagen gebaut, die mit Kuhdung betrieben werden, damit die Bauern zum Kochen und Heizen kein Holz mehr verbrennen müssen. Der Wald wird geschützt, und somit wird mehr CO_2 gebunden. In Nigeria bietet Atmosfair effiziente Brennholzkocher verbilligt an, in Georgien werden Dörfer mit Solarkollektoren ausgestattet. Atmosfair misst jeweils, wie viel CO_2 so gespart wird – und gleicht es ab mit der Menge CO_2, die der Fluggast durch seine Reise verursacht. Eine Art globales Tauschgeschäft. »Ablasshandel!«, schimpfen Kritiker, worüber wiederum der Atmosfair-Chef sich maßlos aufregen kann.

»Natürlich wäre es am besten, gar nicht zu fliegen«, sagt Brockhagen. Er selbst fliege in Deutschland und Europa nicht mehr, er nehme sich einfach mehr Zeit, um anders an sein Ziel zu kommen. Aber wenn man schon fliegen müsse, dann sei Kompensieren besser, als gar nichts zu tun. Auf der Website von Atmosfair kann man viel darüber lesen, welche Aktivitäten kompensierbar sein sollten und welche nicht. Den Verzehr eines Steaks kompensiert das Unternehmen beispielsweise nicht – weil es Alternativen gibt: Gemüse essen. Flüge und Reisen mit Kreuzfahrtschiffen aber kompensiert Atmosfair, weil es da noch an umweltfreundlichen technischen Alternativen fehlt. Und weil selbst ein Idealist wie Dietrich Brockhagen weiß, dass man einer Frau wie Susana Gomez eben nicht verbieten kann, ihre Familie zu besuchen. Man kann dem Ehepaar, das sein Ferienhaus bei Malaga vor 40 Jahren gekauft hat, auch nicht vorschreiben, wie oft es dorthin reisen darf. Allerdings: Auch zu dem Tauschgeschäft kann man die Menschen nicht zwingen. Das Kompensieren bleibt eine Lösung für Menschen, die sich schon viele Gedanken um die Zukunft des Planeten machen. Aber wie viele davon gibt es? Atmosfair hat im vergangenen Jahr gut 300.000 Flüge kompensiert. Ein verschwindend geringer Anteil.

Im Landeanflug auf Malaga lässt der Pilot den Airbus erst an der Stadt vorbeigleiten, dann über den Flughafen hinweg, dann weit aufs Meer hinaus, langsam dreht er eine Kurve. Und noch eine. Und noch eine. Acht Minuten lang fliegt er im Kreis. Er hat noch keine Landegenehmigung bekommen. Es ist zu viel los, da unterscheidet sich Malaga nicht von Hamburg.

Um 11.38 Uhr setzt die Maschine auf, rollt in ihre Parkbucht. Eine Stunde und einen Stau später umarmt Susana Gomez ihren Vater, küsst die Mutter und ihren Bruder. Während sie am Nachmittag auf dem Balkon Paella essen, wird die Maschine, die sie hergebracht hat, schon lange wieder in der Luft sein. Auf dem Weg nach Hamburg.

Der A320 ist fast pausenlos im Dienst. Er gehört zu den wenigen Fliegern der Eurowings-Flotte, die noch sehr neu sind, erst ein Jahr alt.

Flugzeuge sehen heute fast so aus wie vor 50 Jahren. Doch die CO_2-Emissionen pro Passagierkilometer sind um 70 Prozent gesunken. Das klingt wie eine gute Nachricht. Doch die Zahl kommt vor allem zustande, weil die Maschinen stärker ausgelastet sind. Immer mehr Sitze werden in die Flugzeuge gebaut, die Reihen werden immer enger, die Sitze immer schmaler. So verteilt sich der CO_2-Ausstoß eines Fluges auf mehr Personen. Das wäre vielleicht ein Fortschritt, wenn die Anzahl der Passagiere gleich bliebe. Es gibt aber immer mehr Passagiere und immer mehr Flüge.

Überall auf der Welt arbeiten Ingenieure daran, die Flugzeuge zu verbessern. Sie haben schon Rumpf und Flügel leichter gemacht, Triebwerke effizienter. Nun konstruieren sie, etwa im Deutschen Zentrum für Luft- und Raumfahrt in Braunschweig, Flügel ohne Spalten, damit an den Lande- und Vorderklappen keine Luftwirbel mehr entstehen, was die Maschine bremst. Andere Experten wollen das Hybridflugzeug entwickeln, das von Elektromotoren angetrieben wird. Es wäre die Antwort der Flugindustrie auf das Elektroauto. Der Strom für die Maschine müsste zwar weiterhin mit Kerosin erzeugt werden, weil es auf Reiseflughöhe weder Oberleitungen noch Ladestationen gibt und Batterien viel zu schwer sind. Doch die Gasturbinen, die den Strom erzeugen sollen, wären viel sparsamer als klassische Triebwerke. Langfristig könnten Hybridflugzeuge 20 bis 40 Prozent weniger Treibstoff verbrauchen als heute üblich.

Wieder andere Ingenieure überlegen, ob man das europäische Luftstraßennetz abschaffen sollte. Denn der Himmel ist von unsichtbaren Straßen durchzogen, die einst von den nationalen Flugsicherungen angelegt wurden. Das sollte den Lotsen einen guten Überblick garantieren und sicherstellen, dass die Flugzeuge nicht über Sperrgebiete und militärische Gelände fliegen. Nur: Wegen dieser unsichtbaren Straßen müssen die Flugzeuge Umwege fliegen. Das Wort »Luftlinie« ist ein eher theoretischer Begriff. Man könnte jetzt, wo sich die Technik weiterentwickelt hat, viele Ziele direkter ansteuern.

Weder die spaltenlosen Flügel noch die Hybridtechnik noch die freie Flugroutenplanung haben es bisher aus den Forschungslaboren herausgeschafft. Die Entwicklungs- und Zulassungsprozeduren für Verkehrsflugzeuge sind zeitaufwendig, sie brauchen Jahre. Und Flugzeuge bleiben im Durchschnitt 30 Jahre im Einsatz.

Susana Gomez, die Geschäftsleute, die Ferienhausbesitzer, sie können zurzeit also nicht umweltschonender fliegen und schon gar nicht klimaneutral. Sie können nur ihre Schäden kompensieren oder etwas sehr Unpopuläres tun – verzichten.

53 %
Um diesen Satz soll der europäische Flugverkehr bis 2040 zunehmen. Das ist noch die vorsichtige Schätzung

An einem Nachmittag im August, ein paar Tage, nachdem sie aus Marbella zurückgekehrt ist nach Hamburg, in jenen Tagen, in denen überall über die Hitze gesprochen wird und darüber, dass man den Klimawandel jetzt spüren kann, sitzt Susana Gomez auf ihrer Terrasse. Sie überlegt, wie viel sie für den Umweltschutz tun muss, dafür, dass die Welt auch dann noch lebenswert ist, wenn ihre Kinder groß sind und eigene Kinder haben. Susana Gomez lebt so sehr oder so wenig umweltbewusst wie die meisten:

Sie trennt den Müll, bringt Flaschen weg, stellt das Altpapier raus. So wie ihre Nachbarn und Freunde, die jetzt noch in den Ferien sind. Auf Ibiza, in Marokko und Portugal. »Ich würde ja mit dem Zug nach Düsseldorf fahren und von dort aus fliegen«, sagt sie. Sehr überzeugt

klingt sie nicht. Sie weiß: Sie ist nur ein kleines Rädchen in einem großen System.

Wie aber kann man das große System bewegen? Der Mobilitäts-
forscher Andreas Knie glaubt: indem man die Menschen zwingt. Seine
radikale Forderung lautet:»Das Fliegen innerhalb Deutschlands muss
verboten werden!« Eine Art Notfallmaßnahme.

Knies Kritiker sagen, selbst ein innerdeutsches Flugverbot würde
dem Klima nicht viel bringen – schließlich schadeten ihm vor allem die
Flugzeuge, die über weite Strecken in hoher Höhe fliegen. Das stimmt.
Andererseits ließe sich auf Inlandsflüge eben am leichtesten verzichten.
Man müsste nur die Bahnstrecken massiv ausbauen. Und wenn man
mit den deutschen Strecken fertig wäre, das ist Knies Vision, müsste
es weitergehen: Die großen europäischen Städte müssten miteinander
verbunden werden. Dann könnten die Menschen von Berlin nach Paris mit dem Schnellzug fahren, nach Rom, nach Madrid. Vielleicht irgendwann von Hamburg nach Südspanien. Womöglich würde sich das
Fliegen dann in das zurückverwandeln, was es einmal war: in eine Mög-
lichkeit, weit entfernte Länder, andere Kontinente zu entdecken, nicht
Düsseldorf. Das wäre zwar nicht die Lösung. Aber es wäre ein sehr guter Anfang.

So denkt man. Und liest dann von einer neuen Studie der Europäischen
Organisation zur Sicherung der Luftfahrt, Eurocontrol. Es geht darum,
wie sich der Flugverkehr bis 2040 entwickeln wird. Gibt es jetzt jährlich
10,6 Millionen Flüge innerhalb Europas, werden es 2040 vermutlich
schon 16,2 Millionen sein. Das ist eine Zunahme von unglaublichen
53 Prozent. Bei einer weniger vorsichtigen Schätzung kommt man sogar
auf 84 Prozent. Diese Zahlen sprechen gegen eine Lösung, gegen einen
Anfang.

Der Flugwahnsinn, er wird noch sehr viel wahnsinniger.

DIE REPARATUR DER ERDE

Trotz aller Abkommen und Beschlüsse – der Kampf gegen den Klimawandel scheint verloren. Um ihn doch noch zu gewinnen, wollen Ingenieure die Ozeane düngen, den Himmel verspiegeln und Kohlendioxid versteinern. Sind sie verrückt?

VON CLAUS HECKING, MALTE HENK
UND WOLFGANG UCHATIUS

In Island haben sie es geschafft, den gefährlichsten Stoff der Welt in Stein zu verwandeln. Er liegt in einer mit Folie ausgekleideten Holzkiste in einer Lagerhalle am Stadtrand von Reykjavík. Länglich ist er, der Stein, dunkel, nicht besonders groß. Ein wenig erinnert er an einen Faustkeil, an das erste Werkzeug des Menschen. Ein Überbleibsel einer längst vergangenen Zeit.

In Wahrheit ist er eine Botschaft aus der Zukunft.

Man kann den Stein in die Hand nehmen, kann mit den Fingern sanft über seine glatte Oberfläche streichen, kann sein Gewicht prüfen, die Temperatur fühlen, er ist schwer, aber nicht schwerer als andere Steine, kalt, aber nicht kälter als andere Steine. Der Unterschied spielt

So, glauben Forscher, könnte die Rettung des Weltklimas funktionieren

Künstliche Bäume
holen das Kohlendioxid
aus der Luft

Dünger für die Meere. Eisen wird ins
Wasser gekippt. Dadurch wachsen
vermehrt Algen – sie nehmen CO_2 auf

Chemische Substanzen,
von Flugzeugen
verteilt, bilden eine
schützende Decke um
den Planeten – sie
spiegelt Sonnenlicht
ins All zurück

Weiße Hausdächer
und weiße Straßen
reflektieren das
Sonnenlicht
und halten die
Städte kühl

Das CO_2 aus Kraftwerken wird ins
Erdinnere gepumpt. Dort verwandelt
es sich – in Stein

© Illustration: Cyprian Lothringer

sich im Kopf des Betrachters ab. Die Isländerin, die die Tür zur Lagerhalle aufgeschlossen hat, lächelt den Stein an. »Irgendwo da drin ist es«,
sagt sie.

Das Kohlendioxid.

Die Verbindung eines Kohlenstoffatoms mit zwei Sauerstoffatomen,
auch CO_2 genannt, ist ein Grundstoff des Lebens. Der Mensch und alle
Tiere atmen es aus, Pflanzen atmen es ein. Es wäre ein stabiler Kreislauf,
hätte der Mensch es beim Atmen belassen und nicht angefangen, Öl,
Gas und Kohle zu verbrennen. So erzeugt er mehr, viel mehr CO_2, als
alle Pflanzen der Welt einatmen können. Die überschüssigen Moleküle
reichern sich in der Atmosphäre an, sie legen sich wie eine dicke Decke

um die Welt. Eine Decke, die verhindert, dass Wärme ins All entweicht. Weshalb nun Polkappen schmelzen und Meeresspiegel steigen, immer häufiger Wirbelstürme über die Erde fegen und Hitzewellen das Wasser aus den Äckern ziehen.

Arsen ist giftiger, Fluor-Antimonsäure ätzender, Nitroglycerin explosiver. Aber wohl keine Substanz wird das Leben des Menschen in den kommenden Jahrzehnten so sehr verändern wie das Kohlendioxid.

Es sei denn, es wird rechtzeitig zu Stein.

Eine halbe Stunde Fahrt von der Lagerhalle in Reykjavík entfernt endet ein einsamer Highway in einer windumtosten Ende-der-Welt-Landschaft. Ein Lavafeld, baumlos und schwarz, überzogen mit dünnem Moos und gelbem Gras, eingehüllt in Schwefeldämpfe. Die Erde brummt, die Erde stinkt, durch den Rauch erkennt man die Gebäude eines Kraftwerks. Das Unternehmen Orkuveita Reykjavíkur, übersetzt: Reykjavík-Energie, holt hier Wasserdampf aus dem Boden. Der Wasserdampf lässt sich in Strom und Wärme für die Isländer verwandeln, das ist gut. Aber mit dem Dampf kommt auch CO_2 aus der Tiefe der Erde nach oben, das ist schlecht.

Das Gute ist ohne das Schlechte nicht zu haben, so schien es bis vor Kurzem. Dann kamen Wissenschaftler hierher, aus Frankreich und Amerika und von der Universität in Reykjavík. Sie ließen sich die Anlage zeigen, entwarfen Pläne, diskutierten über Pipelines und Bohrtiefen, über diesen unerhörten Plan, der womöglich die Welt retten kann, zumindest ein kleines bisschen, und der in einem ersten Schritt schlicht darin besteht, das frei werdende Kohlendioxid mit Wasser zu mischen.

Heute kann man auf dem Lavafeld eine Art Metallzelt betreten, etwas abgelegen von den Hallen des Kraftwerks trotzt es den Kräften der Natur wie eine Schutzstation auf dem Mond. Drinnen sieht man stählerne Pumpen und gläserne Rohre, durch die das klare, saure Gemisch aus CO_2 und Wasser in den porös-schwarzen Steinboden strömt.

Was dort unten, in anderthalb Kilometer Tiefe, geschieht, lässt sich nicht besichtigen, nur beschreiben. Das Gemisch sammelt sich in unzähligen kleinen Hohlräumen und löst Mineralien aus dem Gestein, die sich mit dem Kohlendioxid verbinden, es verfestigen und verwandeln. In Kalkstein. Der Beweis, in Probebohrungen aus dem Boden geholt, liegt hundertfach in der Lagerhalle in Reykjavík. Vor allem aber liegt er dort unten, in den Eingeweiden der Erde.

So haben es die Isländer fertiggebracht, das größte Problem der Menschheit dort zu verstauen, wo es niemanden stört, jedenfalls einen kleinen Teil davon.

Eigentlich ganz einfach.

Am 12. Dezember 2015 trafen sich Delegierte aus allen Ländern der Erde in Paris zur 21. Weltklimakonferenz. Dort ereignete sich etwas, das nach dem langjährigen Stillstand der Klimadiplomatie als Überraschung erscheinen musste: Die Staaten einigten sich auf einen Beschluss. Die weltweite Durchschnittstemperatur soll gegenüber der vorindustriellen Zeit um »deutlich weniger als zwei Grad« steigen. Das ist das Bestreben, festgeschrieben im Pariser Klimaschutzabkommen.

Man kann den Vertrag von Paris als Anlass zur Zuversicht werten. Die Welt mag daran scheitern, den Krieg in Syrien zu beenden, sie mag streiten über Freihandelsabkommen und Flüchtlingskrisen, aber, immerhin, sie ist sich einig, wenn es darum geht, das einzige wahrhaft globale Problem der Menschheit zu bekämpfen.

Man kann in dem Abkommen aber auch ein Dokument des Zuspätkommens sehen. Ein 32 Seiten knappes Schriftstück, das viel von seiner Kraft verliert, wenn man die Nachricht im Kopf hat, die 2016 in einigen Zeitungen und Nachrichtenportalen stand, aber nur ganz klein. Sie enthielt ein merkwürdiges Drei-Buchstaben-Kürzel: ppm, es steht für *parts per million,* Teile pro eine Million Moleküle. In ppm geben die Klimaforscher an, wie viel Kohlendioxid sich über der Erde angesammelt hat, es ist der Wert, an dem sich ablesen lässt, wie dick die Decke in der Atmosphäre ist. Als die Menschheit vor 250 Jahren begann, großflächig Kohle zu verfeuern, lag er bei 280 ppm.

In der Meldung stand, dass der Wert, historisch gesehen, im Jahresverlauf schwankt. Im September ist er am niedrigsten, weil den Sommer über viele Pflanzen wachsen, die Pflanzen holen CO_2 aus der Luft. In jedem September der vergangenen 800.000 Jahre lag der Wert unter 400 ppm. Außer im September 2016. In diesem Herbst hat die CO_2-Konzentration in der Atmosphäre zum ersten Mal die 400-ppm-Marke überschritten.

Die Decke ist jetzt ziemlich dick.

Sie ist so dick, dass die Menschheit, wenn sie tatsächlich das im Vertrag von Paris festgeschriebene Zwei-Grad-Ziel erreichen will, nur noch etwa 20 Jahre lang Öl, Gas und Kohle auf dem derzeitigen Niveau verbrennen darf. Danach müsste von einem Moment auf den anderen der Verbrauch fossiler Brennstoffe auf null sinken, und zwar für immer. So hat es der IPCC, der Klimarat der Vereinten Nationen, berechnet. Milliarden Menschen in Asien müssten dann ihren Strom ausschließlich aus Sonnen- und Windenergie beziehen. Hunderte Millionen Amerikaner und Europäer müssten ihre Autos verschrotten. Zehntausende Flugzeuge dürften nicht mehr mit Kerosin fliegen, sondern mit – ja, womit eigentlich? Und Saudi-Arabien mit seinem unermesslichen Ölreichtum wäre pleite.

Seit der Erfindung des Faustkeils kannte die Geschichte des Menschen nur ein Entwicklungsziel: mehr! Mehr Essen, mehr Häuser, mehr Wohlstand, mehr Leben. Jetzt, 1,8 Millionen Jahre später, soll auf einmal, innerhalb kürzester Zeit, eine Wende zum Weniger gelingen? All die Asiaten und Afrikaner, die gerade den Mangel überwinden, sollen sich jetzt schon wieder einschränken?

Nicht sehr wahrscheinlich.

Also weiter Kohlendioxid erzeugen, die Decke verdicken, die Erde erhitzen? Auch keine Lösung.

Es ist diese Ausweglosigkeit, die neue Ideen gebiert. Ideen, die weit über den Bau neuer Wind- und Sonnenkraftwerke hinausgehen. Ideen, die anders sind als alles, was bisher auf sämtlichen Klimakonferenzen der Welt diskutiert wurde. Verrückter, radikaler, mitunter: gefährlicher.

Manche der mysteriös anmutenden Phänomene sind bereits Wirklichkeit geworden, meist an abgelegenen Orten wie einem Wasserwirbel im Südpolarmeer, einem kanadischen Fjord oder dem Lavafeld bei Reykjavík. Andere existieren nur in den Köpfen von Wissenschaftlern. Alle aber sind sie menschengemacht, erdacht als Antwort auf eine Frage, die die Welt künftig von Jahr zu Jahr mehr beschäftigen wird: Ist eine hitzefreie Zivilisation möglich?

Edda Sif Aradóttir, Ingenieurin in der Forschungsabteilung von Orkuveita Reykjavíkur, absolviert den Rundgang über die Vulkanlandschaft des Kraftwerks inzwischen so routiniert, als erkläre sie in einem Museum die Dauerausstellung. Sie hat ständig Besucher, sie ist eine Fremdenführerin in Sachen Zukunft der Menschheit. Kamerateams filmen das klare CO_2-Wasser auf seinem Weg in die Tiefe, Künstler wollen die fertigen Steine in ihre Werke einbauen. Ihnen allen erklärt Edda Sif Aradóttir jedes Mal geduldig, dass die Steine gar keine Wundersteine sind. Dass es hier um simple Chemie geht, um Reaktionsformeln, die in Schulbüchern stehen. Um das Beschleunigen eines natürlichen Prozesses. Kohlendioxid lässt sich in Stein verwandeln. Das wusste die Wissenschaft schon sehr lange. Aber es braucht Zeit, Jahrzehnte, womöglich gar Jahrhunderte. So war der Kenntnisstand, die Vermutung, als die Forscher in Island mit ihrem »CarbFix«-Experiment begonnen. Dann zeigte sich: Die Gesetze der Chemie wirken schneller als erwartet.

Nach 550 Tagen setzten die Wissenschaftler den Bohrer an, holten Gestein hoch, untersuchten es, gingen Molekülspuren nach – und entdeckten das CO_2 aus dem Kraftwerk. Jubel, Freude, Sensation. Weniger als zwei Jahre genügen, um das Klimagas in ungefährlichen Kalkstein zu transformieren.

Anfangs lief die Versteinerungsmaschine nur im Testbetrieb, inzwischen pumpen Edda Sif Aradóttirs Kollegen in diesem Kraftwerk schon ein Viertel des CO_2-Ausstoßes in den Boden. Neue große Kraftwerke dieser Art werden die Technik jetzt übernehmen. Das Klimagas kommt wieder dorthin, wo es herkam. »Wir können uns hier Richtung null Emissionen bewegen«, sagt Edda Sif Aradóttir. »Das ist möglich.«

Auch das CO_2, das in deutschen Kohlekraftwerken entsteht, könnte man nach der isländischen Methode loswerden. Natürlich geht das nicht ohne Kosten, für jede versteinerte Tonne CO_2 fallen in Island etwa 25 Euro an. Man hört dies und fängt an zu rechnen: Deutschland hat im vergangenen Jahr 908 Millionen Tonnen Kohlendioxid ausgestoßen. Würde man sie unter die Erde pumpen und versteinern, würde das knapp 23 Milliarden Euro kosten. Nicht billig, aber machbar, im Moment gibt der deutsche Staat im Jahr fast genauso viel für den Bau und Erhalt von Straßen, Wasserwegen, Schienen und Datenleitungen aus.

Das Problem ist ein anderes, man erkennt es, wenn man in Island das Metallzelt mit den Pumpen und Rohren wieder verlässt und ins Freie tritt, hinaus auf das Lavagestein, das sich über den Boden zieht, schwarz und körnig. Geologen nennen es Basalt, im Unterschied zu anderen Gesteinsarten ist es reich an Magnesium, Kalzium und Eisen, und da fängt es an, schwierig zu werden, denn es sind diese Mineralien, mit denen das Kohlendioxid reagiert. Die Basaltvorkommen auf der Erde aber sind ungleich verteilt. Indien zum Beispiel hat sehr viel davon, dorthin könnten die Isländer ihre Technologie exportieren. In Mitteleuropa dagegen gibt es nicht so viel Basalt, dafür umso mehr in Sibirien und auf dem Meeresgrund, aber dort leben keine Menschen, dort stehen keine Kraftwerke.

Es ist wie mit der Sonne. Das Licht, das auf die Sahara fällt, würde theoretisch genügen, um die Menschheit auf alle Zeiten mit sauberer Energie zu versorgen. Dummerweise lebt ein großer Teil der Menschheit ziemlich weit von der Sahara entfernt.

Die Forscher und Tüftler dieser Welt werden weiter nachdenken müssen.

Wird heute über den Klimawandel diskutiert, ist meist von zwei Berufen die Rede: dem Politiker und dem Manager. Ersterer habe die Aufgabe, internationale Bündnisse zu schmieden und schärfere Gesetze zu verabschieden. Letzterem obliege es, neue Märkte für umweltfreundliche Produkte zu erschließen. Das ist nicht falsch. Doch die wichtigste Rolle im Kampf gegen den Klimawandel hat ein anderer.

Der Ingenieur.

Vielleicht war es Gott, der die Welt erschuf. Der Mensch als Ingenieur aber hat sie gestaltet. Er brachte das Rad in die Welt und die Dampfmaschine und verband beides zur Lokomotive. Er entdeckte die Elektrizität und die Glühlampe und nahm der Dunkelheit ihren Schrecken. Er ließ den Traum vom Fliegen Wirklichkeit werden und sorgte dafür, dass Raumfahrer den Mond betraten. Die Geschichte der Zivilisation ist eine erst langsame, dann immer schneller werdende Abfolge von Innovationen.

Die Tragik des menschlichen Schöpfergeistes liegt darin, dass er Himmel und Erde stärker veränderte, als es je zu ahnen war. Kein Erfinder hat geplant, die Welt zu erwärmen, es ist eben passiert, weil fast jede der glückspendenden Neuerungen den Energiebedarf der Zivilisation erhöhte. So wurde die Decke in der Atmosphäre dicker und dicker, und die Natur geriet aus ihrem Gleichgewicht. Die Ozeane und die Flüsse, die Wälder und Wüsten, Seen und Gebirge, sogar die Eisflächen an den Polen – der Klimawandel hat jeden Punkt des Globus erfasst. Kein Lebewesen auf der Welt, das nicht unter dem Einfluss des Menschen stünde. Früher waren es die Kräfte der Natur, die auf der Erde herrschten, und sonst nichts. Doch das ist vorbei. Weshalb Wissenschaftler inzwischen von einem neuen Erdzeitalter sprechen, dem Anthropozän. Dem Menschenzeitalter.

Man kann den Klimawandel daher auch als eine Art Kräftemessen sehen, als Kampf zwischen der Natur und ihrem vermeintlichen Bezwinger. Als ultimative Aufgabe an den Ingenieur: Zeig, dass du wirklich die Natur beherrschst. Denk dir etwas aus, das es ermöglicht, das Kohlendioxid aus der Luft zu holen und die wärmende Decke aufzutrennen.

Als das Schiff am 21. Januar 2004 aus dem Hafen von Kapstadt an der Südspitze Afrikas ausläuft, hat es satellitengestützte Geräte an Bord, mit deren Hilfe Victor Smetacek jederzeit erkennen kann, wo sie sich befinden. Doch Smetacek braucht die Apparaturen nicht, um zu sehen, dass sie sich der Antarktis nähern. Es genügt ihm, sich an die Reling zu stellen und hinauszublicken auf die Wellen und die Gischt und dabei auf das Schimmern des Ozeans zu achten. Er ist auf der Suche nach blauem Wasser.

Victor Smetacek ist von Deutschland nach Südafrika geflogen und an Bord dieses Schiffes gegangen, an dessen Bug in großen weißen Buchstaben das deutsche Wort Polarstern steht. Die *Polarstern* ist das Expeditionsschiff des Alfred-Wegener-Instituts für Polar- und Meeresforschung in Bremerhaven, für das Smetacek arbeitet. Er ist hier, um eine Forschungsfahrt zu leiten, bei der es um eine ungewöhnliche Frage geht: Lässt sich das Polarmeer fruchtbar machen?

Schaut man von einem Schiff aufs Meer hinaus, kann man es leicht für eine homogene Wassermasse halten, aber das ist ein Irrtum. Das Meer ist wie das Land, es gibt Gebiete mit vielen und Gebiete mit wenigen Nährstoffen, mit vielen und mit wenigen Lebewesen. An der Küste Südafrikas war das Wasser türkisgrün und voller Pflanzen und Fische. Im Südpolarmeer, wohin Smetacek jetzt unterwegs ist, ist der Ozean blau. Blau ist die Farbe der Meereswüsten.

53 Wissenschaftler nehmen an der Expedition teil. Sie haben nicht nur Messgeräte und Mikroskope an Bord, sondern auch mehrere Hundert Säcke, gefüllt mit weißem Pulver, Eisensulfat. Sieben Tonnen sind es, die sie ins Meer kippen, jetzt, da sie einen Wasserwirbel nahe der Antarktis gefunden haben. Eisenpartikel, die dort hineinfallen, verteilen sich nicht in der großen Weite, sie verbleiben auf engem Raum, rotieren mit dem Wasser um eine unsichtbare Achse, bis sie aufgesogen werden von einer Pflanze, die hier im Polarmeer lebt. Der Kieselalge.

Man darf sich Kieselalgen nicht vorstellen wie jene Algen, die man von den Stränden des Mittelmeers oder der Nordsee her kennt, nicht wie Meerespflanzen, die grün und grasartig im Wasser hängen. Kieselalgen sind für das menschliche Auge unsichtbar, es sind winzige, einzellige Lebewesen, die erst unter dem Mikroskop eine zarte, unwirkliche Schönheit entfalten, wie Schneekristalle.

Was Kieselalgen mit Gras und Bäumen gemeinsam haben: Auch sie wandeln Kohlendioxid in Sauerstoff um, sogar besonders viel davon. Wissenschaftler schätzen, dass etwa die Hälfte allen Sauerstoffes auf der Erde von Meerespflanzen wie der Kieselalge gebildet wird, dem sogenannten Phytoplankton. Die grüne Lunge der Erde ist nicht der Regenwald. Es ist die Kieselalge.

Kieselalgen brauchen Eisen, um zu leben und sich zu vermehren. In Meereswüsten wie dem Südpolarmeer gibt es zu wenig davon, die Kieselalgen kümmern vor sich hin. Wenn es gelänge, das Wachstum dieser Algen durch die Zugabe von Eisen anzuregen, dann wäre das, als würde man Abermilliarden winzige Maschinen ins Wasser setzen, die das Kohlendioxid aus der Atmosphäre ziehen. Die Decke würde dünner, die Erde kühler. Schon Jahre vor Victor Smetaceks Expedition arbeitete der amerikanische Ozeanwissenschaftler John Martin diesen Zusammenhang heraus. Martin sagte: »Gebt mir einen halben Tanker voller Eisen, und ich beschere euch die nächste Eiszeit.«

Deshalb ist Victor Smetacek ins Polarmeer gefahren. Er will herausfinden, ob John Martin recht hatte. Smetacek will den Ozean düngen, mit Eisen.

Anderthalb Tage lang lässt Smetacek das Pulver ins Meer kippen, dann sind die Säcke leer. Eisiger Wind peitscht die Wellen auf, die

Gischt schlägt über das Schiff. Den Wissenschaftlern bleibt jetzt nichts anderes, als das Wasser zu beobachten und Proben zu nehmen, immer wieder, bis sie ein Ergebnis sehen.

Sie müssen nicht lange warten. Tatsächlich, die Kieselalgen wachsen. Sie sprießen wie Narzissen im Frühling, nach dreieinhalb Wochen hat sich ihre Menge verfünffacht, so zeigen es die Messgeräte der *Polarstern,* so sieht es Victor Smetacek, als er im Schiffsbauch durch das Mikroskop auf die Wasserproben schaut. Die Wüste lebt, das Meer blüht.

Zwölf Jahre später, im Herbst 2016, sitzt Victor Smetacek im Arbeitszimmer seines Hauses in Bremerhaven und erzählt, weshalb seine Forschungsfahrt ein großer Erfolg und dennoch der Anfang einer Niederlage war. Er ist jetzt 70 Jahre alt und längst in Pension, aber er liebt die Natur seit seiner Kindheit, das Leben von Tieren und Pflanzen begeistert ihn, daran hat sich nichts geändert. In seinem Garten, der so groß ist wie ein kleiner Wald, zieht Smetacek 20 verschiedene Bambusarten, auf der Festplatte seines Computers verwahrt er Hunderte Aufnahmen winziger Lebewesen, Bilder von Ruderfußkrebsen sind darunter und natürlich Fotos von Kieselalgen.

Smetacek fand damals nicht nur heraus, dass das Eisen die Algen in großer Zahl wachsen ließ, er stellte auch fest, dass die ausgewachsenen und abgestorbenen Algen auf den Meeresboden absanken. Das aufgenommene Kohlendioxid nahmen sie mit. Es war wie bei der Versteinerungsmaschine in Island, das CO_2 war auf einmal an einem Ort verstaut, wo es keinen Schaden anrichtet.

Natürlich war damit noch nicht bewiesen, dass das Düngen der Meere den Klimawandel bremsen kann. Andere Studien hatten andere Ergebnisse geliefert, weitere Messungen waren nötig. Doch als Smetacek im Jahr 2009 erneut mit der *Polarstern* aufbricht, entzündet sich ein Streit zwischen dem Bundesforschungsministerium, das für das Experiment plädiert, und dem Bundesumweltministerium, das dagegen ist. Nach drei Wochen der Unklarheit darf Smetacek seinen Versuch zu Ende führen, aber nicht am geplanten Ort, sondern weiter nördlich, wo es kaum Kieselsäure im Wasser gibt und daher auch keine Kieselalgen.

Inzwischen ist die großflächige Düngung der Ozeane im Rahmen eines internationalen Vertrages zum Schutz der Meere sogar völkerrechtlich verboten worden. Naturschützer haben die Entscheidung begrüßt. Sie fürchten, das Ökosystem Ozean könne ins Ungleichgewicht geraten, wenn in den Meereswüsten auf einmal Algen wachsen.

Man kann das so sehen. Allerdings muss man an dieser Stelle eine weitere bedeutsame Erfindung der Menschheitsgeschichte erwähnen: das Haber-Bosch-Verfahren. Die deutschen Chemiker Fritz Haber und Carl Bosch fanden Anfang des 20. Jahrhunderts einen Weg, den in der Luft enthaltenen Stickstoff in Ammoniak umzuwandeln. Das Verfahren, ursprünglich dazu genutzt, Sprengstoff herzustellen, taugt auch für eine friedliche Anwendung: die Produktion von Stickstoffdünger.

Heute bringen die Bauern der Welt jedes Jahr 100 Millionen Tonnen solchen Düngers auf ihren Äckern aus. Auch dies ist ein massiver Eingriff in das Ökosystem. Die kultivierte, gedüngte Erde aber ist eine Realität, an die sich der Mensch längst gewöhnt hat. Warum sollte er nicht auch das Meer düngen?

Weil dann der Anreiz sinkt, die CO_2-Emissionen zu senken! Weil die Menschheit dann womöglich immer so weitermacht! So lautet ein zweites Argument von Naturschützern. Auch dies ist eine Meinung, die man vertreten kann. Sie läuft darauf hinaus, dass es beim Kampf gegen den Klimawandel darum geht, die Welt von der Notwendigkeit des Verzichts zu überzeugen.

Dieser Konflikt zwischen Öko-Aktivisten und Ingenieuren ist in Wahrheit ein Streit zwischen Idealisten und Pragmatikern. Die Idealisten sagen: Wir müssen den modernen westlichen Lebensstil überwinden und zurückfinden in eine Welt, die mit weniger Komfort auskommt.

Die Pragmatiker entgegnen: Verzicht lässt sich nicht befehlen. Wir können nicht darauf hoffen, dass die Menschen bereit sind, ein autofreies Leben zu führen.

Auch an diesem Morgen ist Adrian Corless im Westen Kanadas mit seinem schwarzen Nissan-Infiniti-Sportwagen 60 Kilometer zur Arbeit gefahren. »Wenn uns dieses Projekt gelingt«, sagt Corless, »kann ich in Zukunft immer in dieses Auto steigen, ohne schlechtes Gewissen.«

Das Projekt heißt Carbon Engineering, ein kleines Unternehmen, das daran arbeitet, Kohlendioxid neu zu definieren. CO_2 ist gar kein gefährlicher, unsichtbarer Müll, den es an möglichst entfernten Orten abzulagern gilt. Es ist wertvolles Material, das man weiterverarbeiten kann zu dem begehrtesten Produkt der Welt: Treibstoff.

Mehr als eine Milliarde Autos gibt es auf der Welt. Dazu kommen Diesellokomotiven, Jumbojets, Sportflugzeuge, Containerschiffe und Kreuzfahrtschiffe. Sie alle fahren, fliegen, schwimmen mit Öl. Zwar präsentieren mittlerweile fast alle Automobilhersteller in ihren Verkaufsräumen auch Elektrofahrzeuge. Aber die verkaufen sich schlecht. Die Reichweite ist zu niedrig, die Batterie zu schwer, das Öl-Auto ist praktischer.

Und das Elektrocontainerschiff? Der Elektrojumbojet für 400 Passagiere? Die existieren noch nicht einmal. Was es aber bald geben könnte, ist – der CO_2-Dieselkraftstoff.

Adrian Corless, 50, steht auf dem Fabrikgelände am Ufer eines Fjords nördlich der kanadischen Stadt Vancouver. Er ist der Chef von Carbon Engineering und ausgestattet mit dem Optimismus eines Mannes, der an das menschlich Machbare glaubt. Corless greift in einen weißen Plastiksack, holt eine Handvoll gelb-weißer Krümel heraus und strahlt, als habe er Gold gefunden. »Sehen Sie, das haben wir produziert.«

Denn das ist die Geschäftsidee, an der Adrian Corless herumtüftelt. Die kleinen Krümel, die er in der Hand hält, waren einmal Kohlendioxid. Eine lärmende Maschine auf dem Fabrikgelände hat das Gas aus der Luft geholt, ein Reaktor hat es chemisch aufbereitet und verfestigt. In einem nächsten Schritt wird das CO_2 in Diesel verwandelt.

Das Konzept basiert auf dem Ansatz eines in den USA lehrenden deutschen Physikers. Dieser hatte die Idee, riesige, bis zu 60 Meter hohe Gebilde aus Stahl und Chemie in die Natur zu stellen: Unten eine lange Stange, wie ein Stamm, oben Metallstreben und Membranen, wie Äste, so ragen sie in den Wind. Künstliche Bäume nannte er seine Konstruktionen, weil sie wie ihre natürlichen Vorbilder in der Lage sind, CO_2 aus der Luft zu filtern. Carbon Engineering hat die Idee fortgeführt, indem es das gesammelte Kohlendioxid weiterverarbeitet. 100 Millionen Dollar, sagt Corless, werde die neue Fabrik kosten. Viel Geld, aber Geld ist nicht das Problem von Carbon Engineering. Einer der beiden Hauptanteilseigner des Unternehmens ist der Multimilliardär und Microsoft-Gründer Bill Gates.

Autos, Flugzeuge, Schiffe blasen CO_2 in die Luft – Unternehmen wie Carbon Engineering holen es wieder heraus und verwandeln es in neuen Kraftstoff. Öl braucht niemand mehr. Es wäre eine neue, moderne Form des Kohlendioxidkreislaufs. Zumindest fast. Denn um CO_2 in Kraftstoff zu verwandeln, braucht man Strom, sogar ziemlich viel davon. Aber Strom mithilfe von Wind- und Sonnenenergie klimaneutral herzustellen ist viel einfacher, als Autos, Schiffe oder Flugzeuge CO_2-frei anzutreiben.

Wenn Adrian Corless am Abend nach Hause fährt, sieht er im Rückspiegel die Berge am Rande des Fjords. Früher waren sie weiß vom Schnee, heute sind sie grau vom Fels, der unter dem Schnee zum Vorschein kommt. Auch in Kanada schmelzen die Gletscher.

Es gibt einen englischen Begriff für all die technischen Ansätze, das Klima zu reparieren: Geoengineering. Gemeint ist der Versuch, wie ein Ingenieur in die geochemischen Kreisläufe der Erde einzugreifen, um die Erderwärmung zu stoppen. So komplex und vielschichtig das Klima, so unterschiedlich sind auch die Ansätze der Klima-Ingenieure.

Rund um die Welt droht die Auslöschung der Korallen, weil das Kohlendioxid die Meere saurer und wärmer macht? Auf Hawaii versuchen Biologen, Exemplare zu züchten, die dagegen resistent sind. Am Ende könnten Korallen zu Kunstwesen werden, so wie die Superkühe mit den riesigen Eutern in deutschen Ställen.

In den Vereinigten Arabischen Emiraten fällt kaum noch Regen? 2016 hat einer der führenden deutschen Wetterforscher von der Regierung in Abu Dhabi anderthalb Millionen Dollar bekommen. Auftrag: ein System zu entwickeln, das Wolken vorhersagt, wenn der Himmel noch blau ist. Damit rechtzeitig Flugzeuge aufsteigen können, um per chemische »Wolkenimpfung« Niederschlag zu erzeugen. Außerdem sollen die deutschen Forscher herausfinden, ob künstliche Berge und Dünen oder Hunderte Meter hohe Wälle die Wolken an die richtigen Orte lenken könnten. Ziel: Wetter auf Bestellung, Regen als Designprodukt.

Wären Wolken nicht auch über dem Meer sinnvoll, um Sonnenlicht zu reflektieren und die Ozeane abzukühlen? An der University of Edinburgh bastelt ein Professor an Booten, auf denen vertikale Rotoren das Meerwasser nach oben in den Himmel sprühen, eine Art Wolken-Doping. Andere Forscher machen sich Gedanken darüber, ob es nicht hilfreich wäre, so viele Hausdächer und Straßen wie möglich hell anzustreichen, um noch mehr Sonnenlicht zu reflektieren.

Ja, jeder dieser Ansätze birgt die Gefahr, als Wir-haben-doch-noch-Zeit-Ausrede zu dienen, als Rechtfertigung für Regierungschefs, den schwierigen Umstieg auf erneuerbare Energien noch ein wenig aufzuschieben. Inzwischen aber gibt es kaum noch Klimaforscher, die der Meinung wären, dass Zwei-Grad-Ziel sei allein durch mehr Windräder und weniger Autofahrten zu erreichen.

Jahrzehntelang hat die Umweltbewegung versucht, die Welt aufzurütteln. Sie hat ihr Fotos mit traurigen Eisbären präsentiert und Hilferufe von Menschen, die auf versinkenden Inseln leben. Vergeblich. Die CO_2-Emissionen stiegen weiter und weiter. Mit der Folge, dass mittlerweile auch der Weltklimarat IPCC sogenannte negative Emissionen für fast unausweichlich hält – der Fachbegriff dafür, der Atmosphäre auf künstliche Weise Kohlendioxid zu entziehen, ob durch gedüngte Meere, künstliche Bäume oder Versteinerungsmaschinen. Anders sei das Pariser Abkommen gar nicht zu erfüllen. Selbst wenn jedes Land jetzt eine Energiewende beschlösse: Es wäre nicht genug.

Die Politiker und Delegierten, die auf Weltklimakonferenzen verhandeln, schweigen meist zu diesem Thema. Das ist bequem. Aber wenn sich die Öffentlichkeit nicht mit den Ideen der Klima-Ingenieure befassen will, wenn einer wie Victor Smetacek bei seiner Arbeit behindert wird, dann steigt die Wahrscheinlichkeit, dass es bei kleinen Eingriffen bleibt, die am Ende wenig bewirken. Dann ist es irgendwann zu spät. Dann ist vielleicht nur noch Zeit für den radikalsten, den am weitesten reichenden Umbau der Erde.

Wenn David Keith irgendwo auf der Welt einen Vortrag hält, an einer Universität oder bei einer Konferenz, kann es passieren, dass die Zuhörer hinterher zu ihm kommen und sagen: So verrückt sind Sie ja gar nicht! Keith hat sich damit abgefunden, dass man ihn für einen Spinner hält, wenn man seine Idee nur aus der Ferne kennt. Die Öffentlichkeit hat ihm eine Rolle zugewiesen, so ist das eben.

Es ist keine neue Rolle.

Spätestens seit der Erfindung der Atombombe ist der wahnsinnige Wissenschaftler eine Grundfigur der modernen Zivilisation, unzählige

Male beschrieben in Romanen und Kinofilmen. Der verblendete, skrupellose Forscher. Der Professor mit dem wirren Haar und den wirren Plänen, die am Ende die Welt in den Abgrund stürzen. Er ist das Gegenbild zum Ingenieur als Weltenschöpfer, die Sündenbockfantasie einer Epoche, die sich schuldig fühlt.

Das Problem dabei liegt darin, dass man es immer erst hinterher weiß. War dieser Mann, es sind ja fast immer Männer, verrückt – oder seiner Zeit voraus? Ein Weltenschöpfer – oder ein Weltenzerstörer? Ist David Keith verblendet?

Auch an diesem Abend hält er einen Vortrag, diesmal hat er ein Heimspiel. Keith ist Professor für Angewandte Physik an der berühmtesten Universität der Welt, er arbeitet in einem prächtigen Backsteingebäude mit Säulenportal. Junge Leute trudeln herein, Erstsemester auf der Suche nach einem Hauptfach, Fortgeschrittene auf der Suche nach einem Dissertationsthema. Einige tragen Mützen und Pullover mit Aufdruck. Studentenstolz in Großbuchstaben: HARVARD.

In wenigen Monaten will David Keith ein großes Forschungsprojekt beginnen. Mit Klimawissenschaftlern und Soziologen, Ingenieuren und Juristen. Keith hat Mitarbeiter eingestellt, hat Geld eingeworben, mehrere Millionen Dollar. Jetzt braucht er nur noch schlaue Studenten, die sich für seine Idee begeistern.

Sie blicken zu ihm nach vorn, halb skeptisch, halb neugierig. Keith ist ein hagerer Mann Anfang fünfzig, Vollbart und Brille, Jeans und offenes Hemd. Er redet schnell, gehetzt fast.»Ich arbeite daran, wie man bewusst das Klima manipulieren könnte«, sagt Keith. Er drückt eine Taste auf seinem Laptop, hinter ihm an der Wand erscheint eine Illustration: die Erde, umhüllt von Wolkenmassen, darüber die Schwärze des Weltalls. Die Studenten sehen einen Ballon auf seinem Weg in die Höhe.

Das ist die Idee des Harvard-Professors David Keith: Er möchte so einen Ballon aufsteigen lassen, der 25 Kilometer über dem Erdboden chemische Substanzen freisetzt, vielleicht Schwefelsäure, vielleicht Kalziumkarbonat, vielleicht etwas ganz anderes. Zunächst nur geringe Mengen, zu Forschungszwecken. Später vielleicht eine Million Tonnen im Jahr, dafür bräuchte man dann keinen Ballon, sondern eine Flugzeugflotte. Die Substanzen würden sich in kurzer Zeit um die ganze Erde verteilen. Gleichmäßig über alle Meere und Kontinente, über den Pazifik, den Südpol, das Amazonasbecken, Europa. Sie würden wie Glasscherben einen Teil des Sonnenlichts reflektieren und zurück in den Weltraum schicken. Wie unzählige winzige Spiegel, installiert, um einen überhitzten Planeten zu kühlen.

David Keith will einen Gegen-Klimawandel in Gang setzen. Um die Erde liegt eine Decke aus CO_2, die immer dicker wird? Dann muss man eine zweite Decke konstruieren, die die Sonnenstrahlen abhält. Die eine Decke wärmt die Erde, die andere kühlt sie ab. Das ist die Hoffnung. »Wenn ihr jetzt denkt, die Idee ist total irre, dann unterbrecht mich bitte«, sagt David Keith. Die Studenten bleiben still.

David Keith ist selber ein bisschen wie ein Spiegel, in ihm erkennt man den ganzen Streit um die Klima-Ingenieure. Man muss an dieser Stelle darauf hinweisen, dass er längst kein Außenseiter mehr ist. Die amerikanische National Academy of Sciences und andere staatliche Forschungsorganisationen sowie wichtige Umweltschutzgruppen haben sich inzwischen vorsichtig für derartige Experimente ausgesprochen. Es gibt Hunderte Forschungsarbeiten, die mithilfe von Computersimulationen die Folgen eines bewusst ausgelösten Gegen-Klimawandels zu berechnen versuchen. Vor allem aber gab es da diesen einen Tag, an dem der Pinatubo die Idee des David Keith Wirklichkeit werden ließ.

Der Pinatubo ist ein Vulkan auf den Philippinen. Jahrhundertelang dachten die Menschen, die an seinen Flanken siedelten, er sei erloschen. Bis zum Frühjahr 1991. Im April erwacht der Pinatubo, Anfang Juni erste Eruptionen, am 15. Juni der große Ausbruch: Tag, der zur Nacht wird; Ascheregen noch in der weit entfernten Hauptstadt Manila; eine mehr als 30 Kilometer aufragende Wolke, mächtig wie ein Atompilz. Schwefeldioxid schießt mit archaischer Wucht nach oben. Wird zu Schwefelsäure, gerät in Form winziger Tröpfchen in eine Umlaufbahn weit über der Erde. Dort verteilen sich die Tröpfchen rund um den Globus. Lauter kleine Spiegelsplitter. Lauter kleine Sonnenreflektoren.

Es dauerte damals nicht lange, dann wurde es kühler. 1992 sanken die Durchschnittstemperaturen um 0,5 Grad Celsius. Überall auf der Welt. Der Pinatubo zwang den Klimawandel, eine Pause einzulegen. Die Pause dauerte länger als ein Jahr. Dann hatte sich die

Schwefeldecke aufgelöst, und die Temperaturkurven in den Messstationen stiegen wieder.

In Harvard hat David Keith seinen Vortrag beendet. Er hat die Studenten durch das Labor geführt, eine Wunderkammer voller optischer Instrumente, Kabel und Rohre, kleiner und großer Messgeräte, in der Keith daran herumtüftelt, die beste Substanz für seinen Feldversuch zu identifizieren. Die Studenten verabschieden sich, später werden sich einige bei Keith melden und sagen, dass sie gern bei diesem Projekt mitarbeiten möchten. Vielleicht wird einer von ihnen in 20, 30 Jahren eine Flugzeugflotte steuern, die für die Temperaturregelung des Planeten zuständig ist.

Im Oktober war David Keith in China. Er hat mit Forscherkollegen und Funktionären gesprochen und sein Konzept vorgestellt. Keith weiß um die Risiken, er beschreibt sie in jedem Vortrag: Ein Staat könnte eigenmächtig zur Tat schreiten – die Folgen aber müssten alle Länder der Welt tragen. Vielleicht würde die Natur anders reagieren als in den Computermodellen vorhergesagt, vielleicht würde irgendwo in Asien der Monsunzyklus gestört. Wie beim Original-Klimawandel ließe auch der Gegen-Klimawandel kein Lebewesen auf der Erde unberührt. Und die Masse der reflektierenden Substanzen bräuchte jährlich Nachschub. Bräche das Kühlprogramm zusammen, zum Beispiel wegen einer politischen Krise, würde die isolierende Decke mit einem Mal verschwinden. Die Erde würde einen Hitzeschock erleiden.

Deshalb reist David Keith um die Welt: Er will eine Diskussion in Gang bringen. Längst hätte er seinen Versuchsballon in die Stratosphäre senden können, aber er möchte ein internationales Forschungsprojekt, er möchte Einigkeit. So wie die Länder der Welt den Vertrag von Paris beschlossen haben, so sollen sie den Start des Gegen-Klimawandels beschließen.

Keith sagt, auch ihm wäre es am liebsten, man müsste über so etwas wie künstliche Vulkanausbrüche gar nicht erst nachdenken. Aber es existiere eben kein gefahrloser Weg in die Zukunft mehr. Es gebe nur noch die Wahl zwischen einer riskanten Überhitzung und dem ebenfalls riskanten Versuch, sie aufzuhalten. Vielleicht liegt im Einfach-Weitermachen die größere Gefahr.

Man kann es auch so sagen: Schaut man sich an, was die Menschheit bisher mit dem Klima angestellt hat, wirkt David Keith noch ziemlich vernünftig.

HINTER DER GESCHICHTE

Ausgangsfrage: Am 12. Dezember 2015 beschloss die Welt unter großem Jubel in Paris ein Abkommen zum Klimaschutz. Es wird immer deutlicher: Konventionelle Methoden reichen wohl nicht, um die Ziele zu erfüllen. Ingenieure wollen den Klimawandel mit technischen Eingriffen in die Gestalt der Erde bekämpfen. Ist das möglich und wünschenswert?

Recherche: Natürlich sind *ZEIT*-Redakteure keine besseren Menschen als der Rest der Welt, natürlich folgt auch der Journalismus den Regeln unserer auf CO_2-Verbrauch beruhenden Zivilisation. Die Autoren haben sich entschieden, an die Schauplätze dieses Dossiers zu reisen – auch wenn sie dafür in nahezu allen Fällen ins Flugzeug steigen mussten.

Literatur: Einen guten Überblick über das Thema Geoengineering liefert der »EuTRACE«-Bericht, den das Potsdamer Forschungsinstitut IASS mit Partnern veröffentlicht hat (auf Englisch, kostenlos im Internet). Kritik am Geoengineering formuliert Naomi Klein in ihrem Buch »Die Entscheidung: Kapitalismus vs. Klima«. Weitere Bücher: »Klimaschock« von Gernot Wagner und Martin L. Weitzman, »The Planet Remade« von Oliver Morton (in englischer Sprache).

WIE GEHT ES DEM WASSER?

WAS WIR WISSEN

Den Ozeanen geht buchstäblich die Luft aus, die Todeszonen werden immer größer. Und unter Wasser regeneriert sich das Ökosystem besonders langsam

VON TIM KALVELAGE

H enderson Island ist eine unbewohnte Koralleninsel im Süd-pazifik und liegt 5000 Kilometer vom nächsten Festland ent-fernt. Sie ist Unesco-Welterbe, wegen der einst unberührten Natur. Heute ist der ökologische Fußabdruck des Menschen auf Henderson Island unübersehbar – die Strände der Insel sind von viel Müll bedeckt: Bis zu 670 Plastikteile pro Quadratmeter haben Wissenschaftler hier im Sommer 2015 gefunden. Hochgerechnet sind das fast 18 Tonnen auf ei-ner Insel, die weniger als halb so groß ist wie Sylt. Strömungen verfrach-ten den Müll über den Ozean bis hierher.

Plastikabfälle gehören zu den wohl bekanntesten Plagen im Ozean. Die langlebigen Kunststoffteile werden vom Wind verweht, von Schif-fen entsorgt und von Flüssen weitergetragen; Millionen Tonnen ge-langen jedes Jahr in die Meere, vor allem an den Küsten Chinas und Südostasiens. Ein großer Teil davon konzentriert sich im Nordpazifik. Allein dort treiben auf der vierfachen Fläche Deutschlands schätzungs-weise 80.000 Tonnen Plastik, Tendenz steigend. Besonders tückisch sind die ungezählten »Geisternetze« aus Kunststoff, die von Fischern entsorgt oder verloren wurden und unter der Oberfläche zur tödlichen Falle für Schildkröten, Haie und Wale werden. Selbst die Nordsee ist vermüllt: Seevögel verheddern sich dort in Nylonschnüren oder verhungern, während ihr Magen voller Plastikteile steckt.

Die meisten Teilchen sind allerdings winzig, weniger als fünf Millimeter groß: Mikroplastik. Etwa 2.000.000.000.000 (zwei Billionen) davon sollen hochgerechnet im pazifischen Müllstrudel umherwirbeln. Selbst die abgeschiedensten Regionen sind damit bereits belastet. Forscher haben Synthetikfasern in Krabben, Seegurken und Seefedern in der Tiefsee gefunden. Im Eis der Arktis hat die Meeresbiologin Ilka Peeken vom Alfred-Wegener-Institut in Bremerhaven stellenweise 12.000 Plastikpartikel pro Liter gezählt. Fast alle waren kleiner als ein Haar. »Mikroplastik kann sich in der Nahrungskette anreichern«, warnt die Wissenschaftlerin. Und könnte über die Tiere irgendwann auf unseren Tellern landen.

Die Meere sind nicht nur ein Endlager für Müll, auch der Abbau von Rohstoffen schadet ihnen. Für die ganze Welt offensichtlich wurde das 2010, als die Bohrinsel *Deepwater Horizon* explodierte. Drei Monate lang strömten täglich fast zehn Millionen Liter Öl in 1500 Meter Tiefe in den Golf von Mexiko. Ein Großteil erreichte die Oberfläche und verschmutzte weite Teile der Südküste der USA. Zehntausende Seevögel starben. Mehr als 300 Millionen Liter Öl verteilten sich in der Tiefsee und zerstörten jahrtausendealte Kaltwasser-Korallenriffe.

Die meisten Probleme treten allerdings nicht so offen zutage. Vieles, was der Mensch den Ozeanen antut, ist auf den ersten Blick unsichtbar.

Das hat damit zu tun, dass Wasser 70 Prozent der Erde bedeckt. Die durchschnittliche Tiefe beträgt 3500 Meter, der Marianengraben ist sogar elf Kilometer tief. Die Wassermenge ist so gigantisch, dass man lange annahm, die Ressourcen der Meere und ihre Kraft, Müll und Schadstoffe aller Art zu absorbieren, seien unerschöpflich. Tatsächlich belastet der Mensch die Ozeane immer weiter – teils bis über die Grenzen ihrer natürlichen Regenerationsfähigkeit hinaus. Die Aussichten für die Zukunft sind wenig ermutigend. Vor allem der Klimawandel, aber auch die anderen von Menschen verursachten Probleme werden ihre Wirkung auf die Chemie und Biologie der Meere erst in den nächsten Jahrzehnten voll entfalten.

Das können Nährstoffe aller Art sein, aber auch CO_2 oder die Wärme, die verschiedene Treibhausgase in der Atmosphäre zurückhalten. Die Folgen für die Umwelt sind gravierend – und sie treten in unterschiedlicher Form an unterschiedlichen Orten zutage. So ist beispielsweise am australischen Great-Barrier-Riff, dem größten lebenden Bauwerk der Erde, während der vergangenen Jahrzehnte die Hälfte aller Korallen verschwunden. Verantwortlich ist in erster Linie die Erderwärmung. Inzwischen werden die Küstengewässer Australiens regelmäßig von Hitzewellen heimgesucht. Besonders schlimm war es 2016, als mehr als 60 Prozent des Riffs wegen der ungewöhnlich hohen Temperaturen von Korallenbleiche geschädigt wurden.

Für alle tropischen Riffe hat der Klimawandel ähnliche Folgen. Die Hitzewellen in den Ozeanen erhöhen die Temperatur des ohnehin wärmer werdenden Meerwassers noch mal um einige Grad Celsius. Unter solchen Bedingungen schmeißen Korallen ihre lebenswichtigen Untermieter raus, die sogenannten Symbionten. Und seit Anfang der 1980er-Jahre hat sich die Anzahl extrem heißer Tage in den Weltmeeren verdoppelt. Hitzewellen, die über Wochen oder Monate anhalten, sind häufig mit dem Klimaphänomen El Niño verknüpft und verursachen weltweite Massenbleichen an Korallenriffen.

Viele Korallen sind auch deshalb anfällig für erhöhte Temperaturen, weil sie ohnehin schon gestresst sind. Etwa durch einen zu hohen Nährstoffgehalt des Wassers, der Algenwachstum begünstigt. Am Great-Barrier-Riff führt das unter anderem zur Vermehrung von Seesternen, die wie Heuschrecken über Korallen herfallen und weite Teile des Riffs zerstören.

Der hohe Nährstoffgehalt ist auf eine Überlastung mit Stickstoff und Phosphat in vielen Küstengewässern zurückzuführen. Ursache ist vor allem die Landwirtschaft; global ist der Verbrauch von Düngemitteln seit Mitte des 20. Jahrhunderts um das Zehnfache gestiegen. Ein erheblicher Teil des Düngers wird aus Böden ausgewaschen und gelangt schließlich ins Meer. Die Folgen: Algenblüten und ein hoher Sauerstoffverbrauch durch Bakterien, die tote Algen zersetzen. So entstehen sauerstoffarme

Todeszonen mit einer geringen Artenvielfalt. Mehr als 500 davon wurden seit 1950 weltweit dokumentiert, und Forscher vermuten eine hohe Dunkelziffer.

In einigen Regionen erstrecken sich diese Todeszonen Tausende Kilometer weit in den offenen Ozean. Zum Beispiel vor Westafrika oder der Westküste Südamerikas. Die Gewässer dort sind auf natürliche Weise nährstoffreich und gehören zu den ergiebigsten Fischgründen der Welt. Zugleich enthalten die tieferen Wasserschichten dort keinen Sauerstoff. Doch infolge des Klimawandels expandieren die Todeszonen immer weiter – in den letzten 50 Jahren etwa um die Größe der Europäischen Union. Weil sich das Meer aufheizt, löst sich zudem weniger Sauerstoff im Meerwasser, und die Schichtung nimmt zu. »Das warme Oberflächenwasser liegt wie ein Deckel auf dem Ozean«, erklärt der Meeresforscher Andreas Oschlies vom Geomar Helmholtz-Zentrum für Ozeanforschung in Kiel.

Weil den Ozeanen die Luft ausgeht, schrumpft nicht nur der Lebensraum vieler Tiere. Die Veränderungen führen bisweilen auch dazu, dass der Gehalt an Schwefelwasserstoff steigt, der für Fische giftig ist. Zugleich produzieren die Ozeane mehr Lachgas – ein extrem starkes Treibhausgas, das die Atmosphäre weiter aufheizt.

Bislang wirken die Ozeane wie eine Art Puffer, sie schlucken beispielsweise gut ein Viertel aller CO_2-Emissionen der Menschen. Doch bei diesem Prozess entsteht Kohlensäure, die das Kalkskelett der Korallen angreift. Beeinträchtigt sind davon auch einzellige Kalkalgen, die große Mengen Kohlenstoff binden und in die Tiefsee verfrachten – und die darüber hinaus eine wichtige Nahrungsgrundlage für andere Meeresbewohner sind.

Die wiederum werden auch von anderer Seite durch den Menschen geschädigt: in Form der industriellen Fischerei. Seit den 1990er-Jahren sinkt die globale Fangmenge. Auf der Jagd nach den verbliebenen Beständen wird immer tiefer und in immer entlegeneren Regionen gefischt, oft mehr, als sich auf natürliche Weise regenerieren kann. Gleichzeitig geht jeder zehnte Fisch als Beifang wieder über Bord, weil er wirtschaftlich nicht interessant ist. Die Folgen – von illegaler wie legaler Fischerei – reichen bis zur Ausrottung. Kurz davor steht etwa der Kalifornische

Schweinswal. Die letzten 30 lebenden Tiere werden wahrscheinlich in den Stellnetzen mexikanischer Fischer den Tod finden. Als erste größere Walart könnten die bis zu 18 Meter langen Atlantischen Nordkaper bald aussterben.

Große Schäden richten Grundschleppnetze an, mit denen der Meeresboden umgepflügt und in leblose Wüsten verwandelt wird. In größerer Tiefe erholen sich Ökosysteme nur langsam, sagt der Meeresökologe Boris Worm von der Dalhousie-Universität im kanadischen Halifax: »Bei steinigen Böden mit reichhaltigem Bewuchs kann es Jahrzehnte dauern.«

WAS WIR NICHT WISSEN

Viele Meereslebewesen wird die Menschheit gar nicht erst kennenlernen – weil sie vorher von ihr ausgerottet werden

VON TIM KALVELAGE

Die Tiefen der Meere gehören zu den am wenigsten erforschten Regionen der Erde. Unzählige Arten und ihre Funktionen im Ökosystem sind bis heute noch nicht entdeckt. Das erschwert es natürlich abzuschätzen, wie in der Zukunft die Ozeane aussehen. Hinzu kommen die gewaltige Ausdehnung der Meere und die Unzugänglichkeit vieler Hochseegebiete. Oft fehlt es an Daten und Langzeitbeobachtungen, um genaue Aussagen zu treffen über die Folgen von Verschmutzung oder Klimawandel.

So sind alle Angaben über die Menge an Plastik in den Meeren Schätzungen oder Hochrechnungen. Niemand weiß genau, wie viel dort herumtreibt und wo genau. Fest steht allein, dass, gemessen an der Menge, die jährlich in die Ozeane gelangt, deutlich mehr Müll sichtbar an der Oberfläche treiben müsste. Viele Plastikteile sinken vermutlich zum Meeresgrund, liegen an Stränden begraben oder befinden sich in den Mägen von Seevögeln, Fischen und Meeressäugern. Auch das sind allerdings Annahmen. Ungeklärt ist darüber hinaus, wie man die Ozeane wieder vom Müll befreien könnte. Der Niederländer Boyan Slat will die Meeresoberfläche mithilfe treibender Barrieren von Plastik befreien. Bei einem Test Ende 2018 wurde auf hoher See jedoch deutlich weniger Müll eingesammelt als erhofft. Zudem brach ein Stück des Prototyps ab. Selbst wenn The Ocean Cleanup erfolgreich sein sollte: Nur ein Bruchteil des Mülls treibt an der Oberfläche, der Großteil verteilt sich über mehrere Kilometer Wassersäule oder liegt am Ozeangrund.

Unbekannt ist auch, wie der Artenschutz im Meer sichergestellt werden soll. Laut UN-Biodiversitätsabkommen sollen zum Erhalt der Artenvielfalt bis 2020 zehn Prozent der Meeresfläche zum Schutzgebiet werden. Zum einen hinken viele Länder dieser Vorgabe hinterher, zum anderen dürfte die Zielgröße kaum ausreichen. Ein Beispiel: Zwar gelten knapp 30 Prozent der EU-Küstengewässer als geschützt, doch auf gut der Hälfte dieser Fläche werden noch Grundschleppnetze eingesetzt. Auch decken sich global ausgewiesene Meeresschutzgebiete kaum mit den Verbreitungsgebieten vieler bedrohter Arten. Eine Reduktion der Beifänge könnte ebenfalls zu deren Erhalt beitragen. Doch es mangelt an technischen Lösungen. »Wir können nur die besonders ›schmutzigen‹ Fangmethoden stark einschränken«, sagt der Wissenschaftler Boris Worm von der kanadischen Dalhousie-Universität.

Dass sauberes Meerwasser wichtig ist für die biologische Vielfalt, steht fest. Ebenso dass der Sauerstoffgehalt ein guter Indikator dafür ist. Unklar ist jedoch, ob sich sauerstoffarme Todeszonen zurückbilden können – und wenn ja, unter welchen Bedingungen. In einigen Fällen ist das geschehen. Etwa in der Chesapeake Bay, der größten Flussmündung der USA. Dort blühen heute Seegraswiesen, wo einst kaum Leben war. In der Ostsee hingegen wächst die Todeszone, obwohl die Nährstoffzufuhr seit Ende der 1980er-Jahre sogar halbiert wurde. Die Zusammenhänge sind bis heute noch nicht ganz verstanden. Forscher vermuten, dass chemisch-biologische Prozesse den Sauerstoffverlust verstärken und so verhindern, dass sich die Ostsee regeneriert.

Die größte Unbekannte ist jedoch die globale Erwärmung, weil niemand weiß, wie stark sich unser Planet noch aufheizen wird. Selbst wenn die Menschheit schon morgen aufhörte, fossile Brennstoffe zu verfeuern, würden sich die Erde und die Ozeane noch Jahrzehnte erwärmen.

Damit wird auch der Sauerstoffverlust im Ozean voranschreiten. In welchem Ausmaß, lässt sich jedoch nicht beziffern. Die Folgen könnten gravierend sein: In Regionen ohne Sauerstoff laufen mikrobielle Prozesse ab, die den Nährstoffhaushalt des gesamten Ozeans kontrollieren. »Die Ausdehnung der Todeszonen könnte die Produktivität der Meere langfristig verändern«, so Andreas Oschlies vom Geomar Helmholtz-Zentrum für Ozeanforschung in Kiel.

Die Meere erwärmen sich immer schneller. Unklar ist, ob etwa Korallen genügend Zeit verbleibt, sich an die neuen Lebensbedingungen anzupassen. Schon heute erholen sich die meisten Riffe nach einer Korallenbleiche nicht. Und je höher die Temperatur im Ozean steigt, desto höher ist die Wahrscheinlichkeit für noch größere Hitzewellen in immer kürzeren Abständen. Werden Korallen das 21. Jahrhundert überleben? Verena Schoepf, die am australischen ARC Centre of Excellence for Coral Reef Studies forscht, sagt: »Hoffnung besteht für Korallen, die hohe und schwankende Wassertemperaturen gewohnt sind.« Für alle anderen kaum. Mühevoll herangezogene Korallensetzlinge werden die Riffe vermutlich nicht retten können.

Die Tiefsee schließlich bleibt das große Rätsel. Vom Grund der Meere haben Wissenschaftler erst einen Bruchteil erkundet. Viele unentdeckte Arten werden hier vermutet, und einige könnten verschwinden, bevor sie überhaupt entdeckt worden sind. Denn am Grund der Ozeane liegen Erze, die begehrte Metalle wie Kobalt, Kupfer, Gold oder Zink enthalten. Staaten und Unternehmen wollen die Bodenschätze abbauen, erste Tests laufen bereits. Welche Schäden der Tiefseebergbau in den betroffenen Gebieten verursachen würde, ist unvorhersehbar. Vermutlich bräuchten sie Jahrhunderte, um sich zu erholen. Konkrete Vereinbarungen zum Schutz und zum Erhalt des Ökosystems Tiefsee fehlen bislang. Anders als Metalle haben am Meeresgrund lebende Seegurken, Kraken oder Korallen keinen ökonomischen Wert, der klar in Euro zu beziffern wäre.

»WIR LEBEN, ALS HÄTTEN WIR FÜNF PLANETEN ZUR VERFÜGUNG«

Zu wenig sauberes Wasser: Sind die Bauern schuld?
Oder die verwöhnten Verbraucher?
Der Aktivist Benjamin Adrion streitet mit dem
Bauernvertreter Hubertus Paetow

EIN INTERVIEW MIT BENJAMIN ADRION UND HUBERTUS PAETOW

DIE ZEIT: Herr Adrion, Herr Paetow, warum haben so viele Menschen auf der Welt keinen Zugang zu gutem Wasser?

Benjamin Adrion: Es sind weniger als vor zehn Jahren, aber das Problem ist immer noch riesig. Weltweit haben 582 Millionen Menschen kein sicheres und sauberes Trinkwasser. Im Afrika südlich der Sahara und in Asien gibt es die größten Probleme. Dort herrscht Wasserstress, viele Menschen kämpfen um das Überleben. Aber auch im Mittleren Osten oder in Nordafrika ist die Lage schlecht. Dieser Zustand ließe sich beheben – die nötigen Mittel sind vorhanden in Wirtschaft, Gesellschaft und Politik.

ZEIT: Woher kommt die Wasserknappheit?

Adrion: Das hat verschiedene Ursachen wie zum Beispiel den Klimawandel, das Bevölkerungswachstum und den riesigen ökologischen Fußabdruck unserer Wohlstandsgesellschaft. Wir leben, als hätten wir fünf Planeten zur Verfügung.

ZEIT: Welche Rolle spielt die Landwirtschaft?

Adrion: Ich bin ja teilweise auf einem landwirtschaftlichen Betrieb groß geworden und schätze Bauern, weil sie uns mit Lebensmitteln versorgen. Aber die Landwirtschaft verbraucht weltweit 70 Prozent des Wassers. Vor allem die industrielle Landwirtschaft ist problematisch.

Hubertus Paetow: Da gibt es aber große Unterschiede. Deutsche Landwirte verbrauchen keine 70 Prozent des Wassers, sondern gerade mal 14 Prozent. Und das im Wesentlichen für die Tierhaltung, nicht zur Bewässerung von Ackerflächen, weil es bei uns ja viel regnet. In anderen Ländern der Welt fehlt der Regen. Dann müssen Bauern Fluss- oder Grundwasser nehmen, weil sie sonst keine Nahrungsmittel produzieren können.

Adrion: Die sie anschließend in reiche Länder exportieren.

Paetow: Wenn wir Lebensmittel aus dem Ausland importieren, führen wir indirekt natürlich auch das Wasser ein, das dort für den Anbau verwendet wurde. Das nennt man virtuelles Wasser. Insgesamt haben wir auf der Welt genug Wasser, um die Menschheit zu ernähren. Es ist nur zeitlich und räumlich ungleich verteilt und wird höchst unterschiedlich genutzt. In Israel beispielsweise ist Wasser knapp, der Bedarf an Nahrungsmitteln aber groß. Die Bewässerungssysteme dort sind hocheffizient und versorgen die Pflanzen tröpfchenweise. In den Vereinigten Staaten hingegen stehen oft riesige Anlagen auf den Äckern, aus denen das Wasser läuft und zur Hälfte verdunstet.

Adrion: Letztlich entscheiden die Verbraucher. Wenn wir Fleisch, Kaffee, Rosen oder andere Produkte kaufen, die mit viel Wasser produziert wurden, sind wir alle mitverantwortlich.

ZEIT: Können Sie das konkreter machen?

Adrion: Der gesamte Produktionsprozess für eine Tasse Kaffee kostet bis zu 120 Liter Wasser. Und in Äthiopien, dem Ursprungsland des Kaffees, ist es sehr trocken. Kommt der Kaffee im Hamburger Hafen an, wurde vorher für ihn eine riesige Menge Wasser in Äthiopien verbraucht. Äthiopien ist seit der Gründung von Viva con Agua vor nunmehr zwölf Jahren ein Schwerpunktland unserer Projektaktivitäten.

Paetow: Schon beim Einkauf sollten Verbraucher erkennen können, wie viel virtuelles Wasser in einem Lebensmittel steckt. Das kann ziemlich viel sein, auch beim Rindfleisch.

Adrion: Richtig, da sind es bis zu 15.000 Liter pro Kilo. Und die industrielle Tierverarbeitung bedient den absurden Fleischkonsum in den Wohlstandsgesellschaften. Weltweit vertilgen wir Menschen jedes Jahr wahnsinnige 60 Milliarden Nutztiere!

Paetow: Die Zahl scheint mir arg hoch gegriffen. Ich halte ja selbst Schweine. Die Deutschen essen jedes Jahr pro Kopf 59 Kilo Fleisch. Das entspricht grob dem, was an Fleisch aus einem normalen Schwein verwendet wird. Wenn die Zahl von 60 Milliarden Tieren stimmt, muss irgendwer auf der Welt sehr gewaltig reinhauen.

Adrion: Geflügel steht in der Statistik weit vorne. Hühner sind viel kleiner und leichter als Schweine.

Paetow: Ich gebe zu, dass es sehr viele Tiere sind. Trotzdem kann niemand auf der Straße sagen, wie viel virtuelles Wasser in dem Burger steckt, den er gerade bei McDonald's gegessen hat. Mit einer Kennzeichnung hätte jeder die Chance, etwas gegen die globale Wasserverschwendung zu tun.

Adrion: Das Bewusstsein für Wasser ist hierzulande unterentwickelt. Die CO_2-Belastung einer Flugreise kann jeder durch Zahlungen an Initiativen wie Atmosfair ausgleichen – ein entsprechendes Projekt für wasserneutralen Konsum bräuchte man dringend. Zu den Themen in Deutschland gehört aber auch die Belastung des Wassers mit Nitrat und anderen Schadstoffen aus der Landwirtschaft.

ZEIT: Die auch mit Viehhaltung zu tun haben. Millionen Nutztiere produzieren Gülle und belasten das Grundwasser mit Nitrat.

Paetow: In Deutschland fallen jährlich 200 Millionen Tonnen Gülle an. Das ist stickstoffhaltiger Dünger für den Acker, beim Abbau entsteht teilweise Nitrat. Auf die gesamte landwirtschaftliche Fläche bezogen ist die Menge aber nicht kritisch. Das Problem ist, dass die Tierhaltung auf wenige Regionen wie das Oldenburger Münsterland konzentriert ist und dass dort eher zu viel Gülle anfällt. Anderswo, etwa in Mecklenburg, werden die Nährstoffe im Ackerbau dringend gebraucht. Um Nitratkonzentrationen aus der Landwirtschaft in bestimmten Gebieten zu verringern, könnte die Tierhaltung stärker über die Flache verteilt werden.

ZEIT: Herr Adrion, Sie füllen selbst Mineralwasser ab. Spüren Sie die Belastung mit Nitrat?

Adrion: Unsere Quelle hat keine Probleme damit. Aber schon aus Prinzip sollte Grundwasser nicht mit Nitrat belastet sein.

ZEIT: Umweltverbände haben mal überschlagen, dass dadurch jährliche Kosten von bis zu 25 Milliarden Euro entstehen, weil das Trinkwasser aufwendig gereinigt werden muss.

Paetow: Diesen Wert halte ich nur bezogen auf die landwirtschaftlichen Einträge als zu hoch gegriffen. Das wären mehr als 6 Euro pro Kubikmeter. Meines Wissens kostet die Aufbereitung bei hohen Nitratgehalten um die 50 Cent pro Kubikmeter.

Adrion: Es gibt unterschiedliche Zahlen, für völlig abwegig halte ich diese aber nicht. So etwas geschieht eben, wenn Landwirtschaft und Industrie aus Profitinteresse auf eine Ressource zurückgreifen und die Kosten den künftigen Generationen aufbürden. In diesem Fall durch höhere Wasserpreise, die es geben wird. Es braucht Anreize, damit die Bauern die Belastungen reduzieren.

ZEIT: Sollen Landwirte bezahlen, wenn sie das Grundwasser mit Nitrat belasten?

Adrion: Ja, sonst zahlt der Verbraucher das allein über seine Wasserrechnung. Was industrielle Landwirtschaft und Massentierhaltung zur Nitratbelastung beitragen, sollten sie auch ausgleichen.

Paetow: Schon heute kann man das Verhältnis von Düngung zur Fläche und zu anderen Größen abbilden. Damit lässt sich ausrechnen, wer das Wasser belastet. Aber das ist sehr individuell. Durch einen Lehmboden sickert 300 Jahre lang kein Nitrat, bei Sandboden geht das ganz schnell. Sollten wir einzelne Landwirte für die Qualität ihrer Böden bezahlen lassen? Besser wäre es, die heutige Agrarforderung umzustellen und an gesellschaftlichen Zielen auszurichten.

ZEIT: Wie das?

Paetow: Öffentliches Geld für öffentliche Güter! Jeder Landwirt sollte seine Düngeeffizienz überprüfen lassen. Wer da gut abschneidet, bekommt Fördermittel.

Adrion: Aus globaler Sicht ist es allerdings ein Luxusproblem, wenn unsere Wasserrechnungen etwas steigen. In anderen Ländern müssen die Menschen das Wasser für ihre Familien aus dreckigen Flüssen schöpfen. Im Mittleren Osten und in Nordafrika werden heute sogar schon fossile Wasservorkommen angezapft, die sich nicht wieder regenerieren. Das gibt ein Drama, wenn die zur Neige gehen. Wir müssen etwas dagegen unternehmen. Schon heute werden wir mit den Auswirkungen konfrontiert, zum Beispiel im Rahmen der sogenannten Flüchtlingskrise.

ZEIT: Auch hier ließe sich mit Geld steuern. Man könnte etwa die Großverbraucher in der Landwirtschaft für die Wassernutzung bezahlen lassen. Eine gute Idee?

Paetow: In Deutschland ist das längst so. Bauern können nur in seltenen Fällen Wasser entnehmen, ohne dafür zu zahlen.

ZEIT: Wie viel zahlen Sie?

Paetow: Ungefähr zwei Cent pro Kubikmeter. Und das für Wasser aus meinem eigenen Brunnen auf meinem eigenen Acker! Generell ist ein solcher Preis aber ein gutes Instrument, um effiziente Verfahren zu fördern. Das gilt auch für afrikanische Kaffeeproduzenten, und das sind teilweise echte Großunternehmen. Solange Wasser nichts kostet, haben sie keinen Anreiz, sparsam zu arbeiten.

ZEIT: Ist das alles?

Paetow: In vielen Ländern fehlen stabile politische Verhältnisse, Korruption ist weit verbreitet. Eine moderne Präzisionsbewässerungsanlage kostet aber Tausende von Dollar. Die investiert niemand, wenn er fürchten muss, dass ihm morgen jemand sein Grundstück wegnimmt. Unsichere politische Verhältnisse führen immer zu einer kurzsichtigen Wirtschaftsweise. Deswegen muss Entwicklungshilfe nicht nur technische Lösungen im Blick haben, sondern auch Marktwirtschaft und Politik.

Adrion: Wenn es nur so einfach wäre! Bei unseren Brunnenbau-Projekten in Äthiopien haben wir die Erfahrung gemacht, dass wir vor allem die Menschen einbeziehen müssen, die direkt davon profitieren. Ich störe mich an der Idee, man müsse dort von außen gute Regierungsarbeit hinbringen. Entscheidend sind die Selbstheilungskräfte der Menschen und Systeme vor Ort. Bei den Brunnen dort muss auch jeder einen kleinen Beitrag für die Nutzung beisteuern. Das soll das Verantwortungsgefühl stärken für dieses Stück eigener Infrastruktur, damit der Brunnen gepflegt und erhalten wird. So entsteht Nachhaltigkeit im lokalen Kontext.

ZEIT: Sie finden es also auch richtig, dem Wasser einen Preis zu geben?

Adrion: Ja. Bei Gemeinschaftsgütern ist die kommerzielle Nutzung über einen angemessenen Preis zu regeln. Das halte ich für vernünftig.

ZEIT: Als der Nahrungsmittelkonzern Nestlé vor Jahren mal einen Preis für Wasser gefordert hat, gab es einen Aufschrei der Aktivisten. Als Menschenrecht müsse Wasser kostenlos bleiben.

Adrion: Wasser zum Leben muss zugänglich und für jeden erschwinglich sein! Die industrielle Landwirtschaft hingegen darf gern für übermäßigen Bedarf zur Kasse gebeten werden.

Paetow: Die Unterscheidung zwischen industrieller und nicht industrieller Landwirtschaft finde ich schwierig. Es geht doch nicht darum, Wasser so teuer zu machen, dass Menschen ihren täglichen Bedarf nicht decken können. Der Preis sollte nur eine Lenkungsfunktion ausüben.

ZEIT: Lassen sich Landwirte denn lenken? Im trockenen Sommer 2018 forderten viele Staatshilfe.

Paetow: Die Forderung einiger Landwirte nach staatlicher Hilfe war unglücklich. Trockene Jahre mit schlechter Ernte sind nichts ganz Neues. Landwirtschaft ist eine Unternehmeraufgabe, und dazu gehört Risikovorsorge. Übersteht ein Betrieb ein trockenes Jahr nicht, muss er sich auch fragen, ob er vorausschauend geplant hat. Es ist allerdings auch nicht fair, den Bauern die Schuld für den Klimawandel zuzuschieben. In Deutschland ist die Landwirtschaft für gerade mal sieben Prozent der Treibhausgase verantwortlich.

Benjamin Adrion ist ein ehemaliger deutscher Fußballspieler, der unter anderem beim VfB Stuttgart und FC St. Pauli spielte. 2008 beendete er seine Fußballkarriere endgültig. Bereits 2005 rief er das Projekt Viva con Agua de Sankt Pauli ins Leben, nachdem er im Wintertrainingslager auf Kuba die Verhältnisse vor Ort selbst gesehen hatte. Ziel dieses Projekts ist der Zugang zu sauberem Trinkwasser und sanitärer Grundversorgung für alle Menschen. Am 5. Oktober 2009 wurde Benjamin Adrion für sein Engagement mit dem Bundesverdienstkreuz am Bande ausgezeichnet, obwohl er zum Zeitpunkt der Verleihung das normalerweise erforderliche Mindestalter von 40 Jahren noch nicht erreicht hatte.

Hubertus Paetow ist ein deutscher Landwirt und Agrarfunktionär. Seit 2018 ist er Präsident der Deutschen Landwirtschafts-Gesellschaft (DLG). Darüber hinaus engagiert er sich in mehreren Fachorganisationen u.a. als Vorstandsmitglied im Anklamer Anbauerverband für Zuckerrüben e.V., als stellvertretender Vorsitzender im Familienbetriebe Land und Forst e.V. und in der Kommunalpolitik. In der DLG war er ab 2015 Vizepräsident und Vorsitzender des DLG-Testzentrums Technik und Betriebsmittel. Zudem ist er seit vielen Jahren aktiv in verschiedenen DLG-Fachausschüssen wie dem DLG-Ausschuss für Betriebsführung und als Vorsitzender des DLG-Ausschusses für Digitalisierung, Arbeitswirtschaft und Prozesstechnik tätig.

DAS GESPRÄCH FÜHRTEN MARCUS ROHWETTER
UND KOLJA RUDZIO

TROPFEN FÜR TROPFEN

VON ANNE GERDES UND MARCUS ROHWETTER

»Die Generalversammlung erkennt das Recht auf einwandfreies und sauberes Trinkwasser und Sanitärversorgung als ein Menschenrecht an«

GENERALVERSAMMLUNG DER UN, RESOLUTION 64/292 SOM 28. JULI 2010

Viel Salzwasser

Wo sich das Wasser auf der Erde befindet

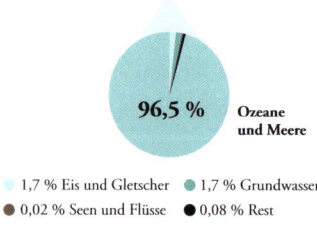

96,5 % Ozeane und Meere

- 1,7 % Eis und Gletscher
- 1,7 % Grundwasser
- 0,02 % Seen und Flüsse
- 0,08 % Rest

Quelle: FAO

Wenig Frischwasser

Anteil der globalen Wassermenge, der für Menschen nutzbar und zugänglich ist

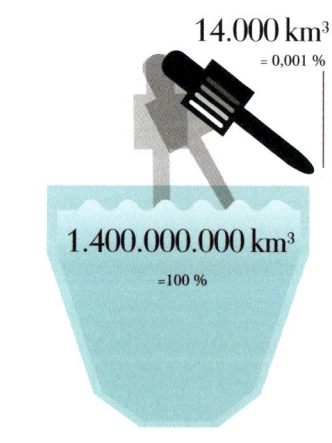

14.000 km³
= 0,001 %

1.400.000.000 km³
= 100 %

Quelle: FAO

Schädliches Kohlendioxid

Wie große Mengen des Treibhausgases den pH-Wert des Wassers verändern und den Meerestieren schaden

Weiterhin gelangt zu viel CO_2 in die Atmosphäre

Saureres Wasser greift zum Beispiel das Kalkskelett von Korallen an

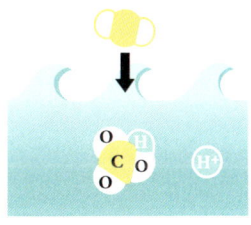

Wasser kann CO_2 aufnehmen. Dabei entstehen Wasserstoff-Ionen

Viele Meerestiere werden ihrer Nahrungsgrundlage beraubt

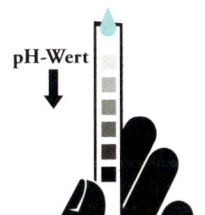

Die Wasserstoff-Ionen senken den pH-Wert. Das Wasser wird sauer

Leitung oder Brunnen

Wie Menschen an ihr Trinkwasser gelangen

159 Millionen Menschen trinken direkt aus Flüssen, Seen oder Kanälen

423 Millionen verwenden einfaches Brunnenwasser

für 263 Millionen ist sicheres Wasser mehr als 30 Minuten entfernt

1,3 Milliarden Menschen erreichen sauberes Wasser in weniger als 30 Minuten

5,2 Milliarden Menschen haben jederzeit einen direkten Zugang zu sauberem Trinkwasser

Quelle: Washdata (Unicef/WHO)

Strudel aus Plastik

Kunststoffabfälle gibt es in allen Ozeanen.
Das Ausmaß ist jedoch schwer zu
bestimmen, weil Forscher wenig exakte
Daten haben und viel mit Annahmen
arbeiten

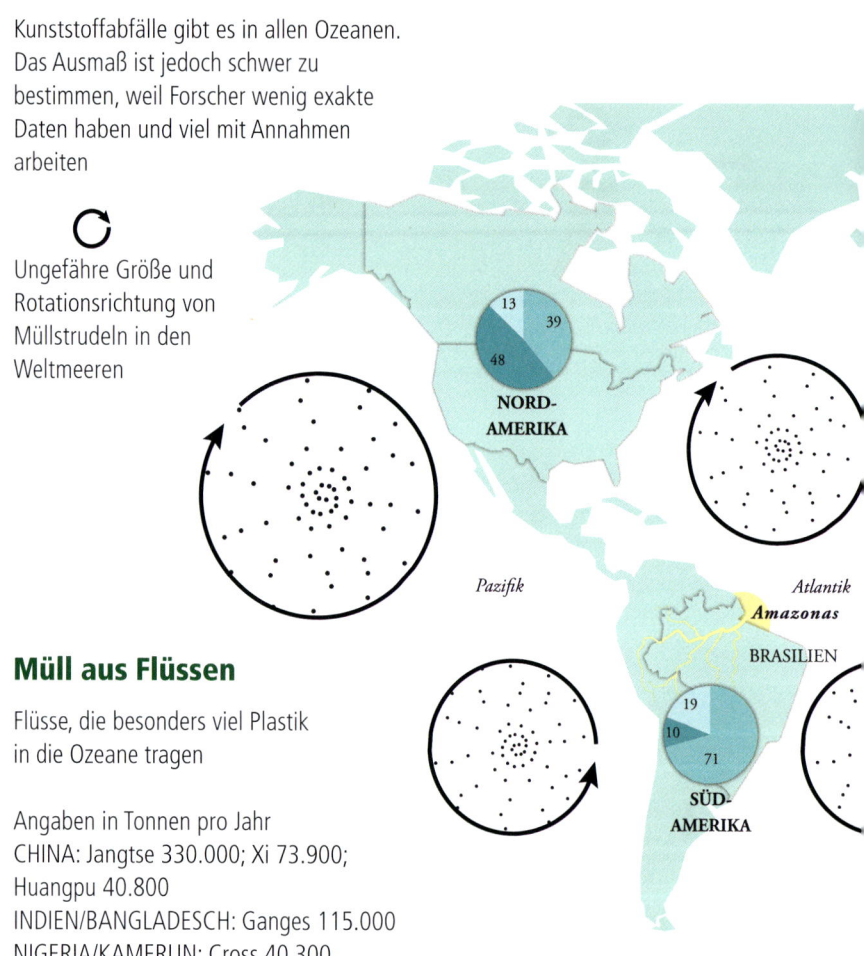

Ungefähre Größe und
Rotationsrichtung von
Müllstrudeln in den
Weltmeeren

NORD-
AMERIKA

Pazifik

Atlantik
Amazonas

BRASILIEN

SÜD-
AMERIKA

Müll aus Flüssen

Flüsse, die besonders viel Plastik
in die Ozeane tragen

Angaben in Tonnen pro Jahr
CHINA: Jangtse 330.000; Xi 73.900;
Huangpu 40.800
INDIEN/BANGLADESCH: Ganges 115.000
NIGERIA/KAMERUN: Cross 40.300
INDONESIEN: Brantas 38.900; Solo 32.500
BRASILIEN/KOLUMBIEN/PERU: Amazonas 38.900

Quelle: Lebreton et. al.: »River plastic emissions to the world's oceans«, 2017

80

**Prozent
des Plastiks im Meer
wurden ursprünglich
an Land entsorgt**

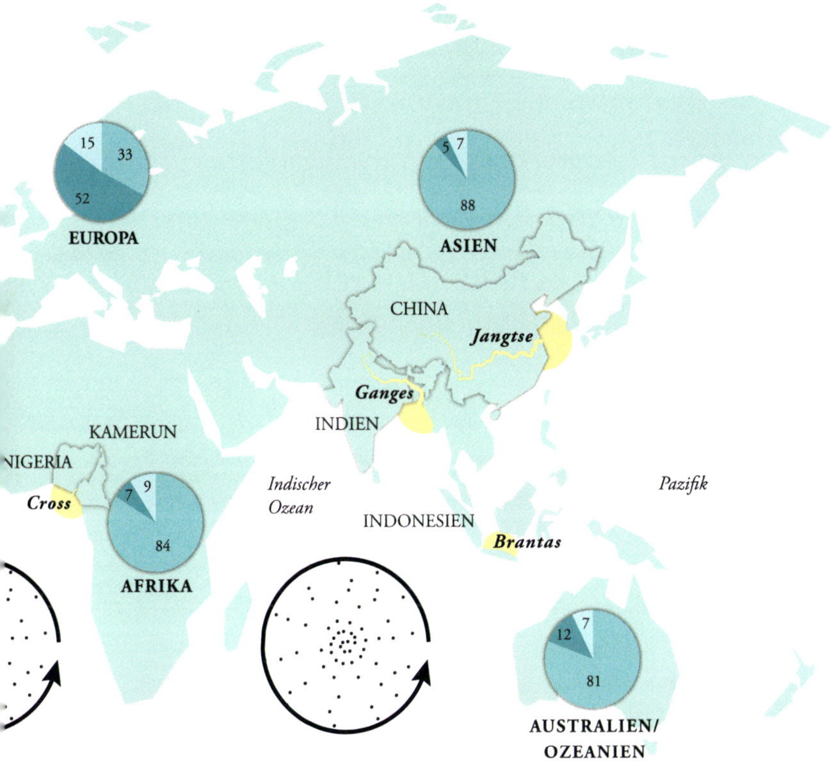

EUROPA

15 33
52

ASIEN

5 7
88

CHINA

Jangtse

Ganges

INDIEN

KAMERUN

NIGERIA

Cross

AFRIKA

7 9
84

Indischer
Ozean

INDONESIEN

Brantas

Pazifik

AUSTRALIEN/
OZEANIEN

7
12
81

Bewässern und Trinken

Weltweit wird das meiste Wasser
für die Landwirtschaft benötigt. In
weiter entwickelten Regionen wird
die Industrie größter Verbraucher

Quellen: FAO (Verbrauch), Geomar (Müllstrudel)

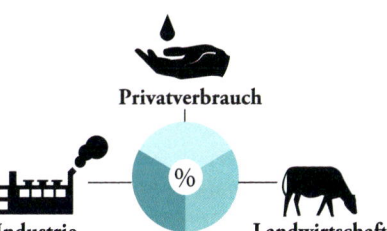

Privatverbrauch

Industrie   %   Landwirtschaft

IM PLASTIK GEFANGEN

Wir sind Weltmeister im Recyceln. Trotzdem ist die Nordsee voller Kunststoffmüll. Die alten Tüten, Flaschen und Verpackungen töten Vögel und Fische. Am Ende landet das Plastik, zu unsichtbaren Teilchen zerrieben, in unserem Essen. Wie kommt der Müll ins Meer?

VON ROLAND KIRBACH

Ein paar Hundert Meter vom Nordseestrand entfernt steht der Biologe Nils Guse vor einem großen Metalltisch, auf dem zwei verendete Eissturmvögel liegen. Die Wellen haben die toten Tiere an Land getragen, jetzt will ihnen Guse die Mägen aufschneiden.

Eissturmvögel sind etwa so groß wie Krähen, sie haben grau-weißes Gefieder und leben fast das ganze Jahr über auf hoher See. Sie ernähren sich von Fischen und Krebsen, von Schnecken und Quallen. Alles, was sie fressen, stammt aus dem Meer.

Guse zieht sich einen weißen Overall und ein Paar Handschuhe über, er betrachtet die beiden toten Vögel, hebt sie hoch und dreht sie um. Sie sind stark abgemagert. Guse greift zum Skalpell und schneidet den Bauch eines Vogels auf. Keinerlei Fett. Die Brustmuskeln verkümmert. Der Vogel, sagt Guse, muss seine eigenen Muskeln verbrannt ha-

ben, weil er keine Nahrung mehr bekam. Guse öffnet den Bauchraum, er findet den Magen, kaum größer als ein Tischtennisball, er schneidet ihn auf.

Ein Tier, das verhungert, stirbt daran, dass es nichts in den Magen bekommt, normalerweise. Der Magen des Eissturmvogels auf Guses Seziertisch aber ist randvoll. Guse holt ein Gewirr aus kleinen Nylonfäden heraus, ein Stückchen Styropor, eine Ecke hellgrünen Schaumstoffs, einen dunkelgrünen Kunststoffsplitter, zwei Fetzen Folie.

Auch der Magen des zweiten Vogels ist voller Plastik. Schwarze und weiße Kunststoffpartikel, kurze Fäden, ein Nylonknäuel.

Die beiden Tiere sind nicht verhungert, weil ihre Mägen leer waren, sondern weil keine Nahrung mehr hineinpasste, echte Nahrung. Sie fraßen das bunte, unverdauliche Plastik, weil sie es für Beute hielten. So starben sie mit vollem Bauch.

Nils Guse arbeitet für das Forschungs- und Technologiezentrum Westküste im schleswig-holsteinischen Büsum. »Der Eissturmvogel als Indikator für die Plastikmüllbelastung der Nordsee« – so heißt sein Forschungsprojekt. Guse und seine Kollegen arbeiten mit niederländischen Wissenschaftlern zusammen, die bereits Langzeitdaten ermittelt haben. Das Ergebnis: 97 Prozent aller Eissturmvögel in der Nordsee haben Plastikmüll im Magen. Der durchschnittliche Mageninhalt enthält 30 Partikel.

»Das ist die Hinterlassenschaft des Homo sapiens«, sagt Nils Guse. »Wir leben im Plastozän.«

Plastik ist das umgangssprachliche Wort für Kunststoff, in der Regel wird es aus Rohöl hergestellt. Bakelit war 1907 der erste industriell gefertigte Kunststoff. Es folgten Nylon, Zelluloid, Cellophan, Resopal, Polyester, Styropor. Richtig in Fahrt kam die Kunststoffproduktion nach dem Zweiten Weltkrieg. Nach Angaben der Industrie wurden im Jahr 1950 weltweit eine Million Tonnen Plastik fabriziert, heute sind es rund 300 Millionen Tonnen im Jahr.

Wir leben längst in einer Plastikwelt. In unseren Häusern sorgen Dämmstoffe, Fensterrahmen und Bodenbeläge aus Plastik für warme Räume. In unseren Autos senken Stoßdämpfer, Armaturentafeln und Motorabdeckungen aus Kunststoff das Gewicht. In unseren Supermärkten halten Verpackungen aus Plastik die Ware frisch. Aus Plastik werden Tennisschläger, Laufschuhe, Yogamatten und Fußbälle gefertigt, Kugelschreiber, Schreibtischlampen, Couchtische und Gartenstühle, Gehhilfen, Hüftgelenke und Armprothesen. Plastik steckt in Smartphones, Kühlschränken und Flachbildschirmen, in Kaffeemaschinen, Fotoapparaten und Lautsprecherboxen. Plastik ist, irgendwie, in fast allem. Auch im Meer.

Ende der neunziger Jahre durchquerte der amerikanische Segler und Meeresforscher Charles J. Moore den Nordpazifik und entdeckte eine Art schwimmende Mülldeponie, so groß wie Mitteleuropa, eine riesige Ansammlung von Plastikteilen, die unentwegt zwischen Asien und Nordamerika im Kreis herumtreibt, in Gang gehalten von Wind und Erdrotation. Später fanden Wissenschaftler weitere solcher Müllstrudel – im Atlantik, im Südpazifik, im Indischen Ozean.

Der Müll im Meer – das war eine gruselige Geschichte, erzählt in Ausstellungen, Dokumentarfilmen und Zeitungsreportagen. Doch es schien auch eine Geschichte zu sein, die sich weit entfernt von Europa abspielte, vor den Küsten der Dritten Welt.

Inzwischen aber taucht auch in der Deutschen Bucht immer mehr Müll auf. Schätzungen zufolge enthält die Nordsee mittlerweile 700.000 Kubikmeter Plastikmüll.

Die Müllstrudel im Pazifik entstanden, weil die Anrainerstaaten seit Jahrzehnten ihren Abfall ins Meer werfen. Allein die neue Wirtschaftsmacht China entsorgt jedes Jahr zwischen 1,3 und 3,5 Millionen Tonnen Kunststoff im Pazifik, wie kürzlich eine Gruppe von Wissenschaftlern in der Zeitschrift *Science* berichtete. Zweitgrößter Verursacher von Plastikmüll ist Indonesien, gefolgt von den Philippinen, Vietnam und Sri Lanka. In all diesen Ländern werden mehr als 80 Prozent des gesamten Abfalls »falsch gehandhabt«, wie die Forscher es ausdrücken. Soll heißen: Der Müll wird direkt ins Meer gekippt oder auf Deponien gelagert, von wo der Wind die Plastiktüten und Plastikfetzen in Flüsse oder gleich ins Meer weht.

Deutschland verhält sich im Vergleich dazu sehr viel umweltbewusster. Im Land des Grünen Punkts und des Gelben Sacks landet heute kaum noch Abfall auf Deponien. Fast der gesamte Plastikmüll wird eingeschmolzen und neu verarbeitet oder mit dem Restmüll verbrannt. Auch die meisten übrigen Anrainerstaaten der Nordsee wie die Niederlande, Dänemark und Schweden verbrennen den Großteil ihres Kunststoffmülls.

Wie also kommt all das Plastik in die Nordsee?

Eine erste Antwort führt in die Vergangenheit. Ein Grund, weshalb Kunststoffe heute vielerorts Holz, Leder und Metalle ersetzt haben, ist ihre Haltbarkeit. Plastik vermodert nicht, es verrottet nicht, es zerfällt nicht oder jedenfalls nur sehr, sehr langsam. Die Plastikteilchen, die der Biologe Nils Guse in den Mägen der toten Eissturmvögel findet, sind oft Jahrzehnte alt, sie mögen irgendwann als Einwegfeuerzeug oder Frischhaltefolie in die Welt gekommen sein, vielleicht lange bevor in Deutschland irgendjemand von Plastikrecycling sprach. Eine Einkaufstüte schwimmt 10 bis 20 Jahre lang im Meer, bis sie vollständig zerrieben ist, ein Styroporbecher braucht 50 Jahre, um zu zerbröseln. Eine PET-Flasche zerfällt erst innerhalb von 450 Jahren, eine Angelschnur in 600 Jahren. Das jedenfalls haben Schätzungen ergeben, es dauert ja noch mehr als 400 Jahre, bis die erste PET-Flasche ihren möglichen Zerfallszeitpunkt erreicht hat. Selbst wenn einige EU-Staaten Plastiktüten stärker besteuern oder sogar verbieten sollten, werden noch auf Jahre hinaus unzählige Tüten im Meer herumschwimmen.

Welchen Schaden das zähe Altplastik anrichtet, lässt sich auf Helgoland besichtigen. Jedes Frühjahr kommen Meeresvögel wie Basstölpel,

Eissturmvögel und Lummen, die ansonsten nur auf hoher See leben, auf die Insel, um zu brüten. Bis zu 20.000 Vögel sitzen dann auf dem berühmten roten Lummenfelsen aus Buntsandstein oder nebenan auf der Langen Anna, einer frei stehenden Felsnadel. Sie bauen sich Nester aus Seetang und Algen. Doch seit einigen Jahren haben immer mehr Nester auf Helgoland ungewöhnliche Farben. Schon von Weitem leuchten sie rot, grün, gelb, blau. Was die Vögel für Tang und Algen halten, sind in Wahrheit Plastikfetzen und Kunststofffäden, die schwer reißen. Verfängt sich ein Vogel darin, verendet er.

Eine Rettung der Vögel scheitert an dem porösen Buntsandstein. Zu groß ist die Gefahr, dass Kletterer abstürzen. So erreicht kein Helfer die Tiere, und die Vogelkadaver hängen oft jahrelang in den Netzen.

Im Frühjahr und Sommer kommen viele Touristen nach Helgoland. Der Biologe Guse, der nicht nur in Büsum, sondern auch auf der Insel arbeitet, sagt, mancher Besucher erleide einen regelrechten Schock, wenn er sehe, wie sich die Vögel selbst strangulieren. Auch frisch geschlüpfte Küken verheddern sich immer wieder. Die Jungvögel machen ihre ersten Flugversuche, verfangen sich in den Fäden und verenden. Viele Meeresvögel aber brüten nur ein einziges Küken im Jahr aus. Stirbt es, entfällt der Nachwuchs für ein ganzes Jahr.

Der Müll in der Nordsee habe inzwischen zu »Verlusten in der Biodiversität« geführt, konstatiert das Umweltbundesamt, das heißt, zu einer Verringerung der Artenvielfalt. Es sind nicht nur Vögel, denen das Plastik zum Verhängnis wird, sondern auch Seehunde, Kegelrobben, Schweinswale und zahlreiche Fischarten.

Ende der fünfziger Jahre, als die globale Plastikproduktion massiv zu steigen begann, setzte der Siegeszug einer weiteren menschlichen Erfindung ein, des Schiffscontainers. Der ist aus Metall, nicht aus Kunststoff, trotzdem hat er viel mit dem Plastikmüll im Meer zu tun.

Der Container erleichterte den Warentransport und senkte die Frachtpreise. Er sorgte dafür, dass die Welt von heute nicht nur eine Plastikwelt, sondern auch eine Transportwelt ist. Fotokameras, Spielzeug und T-Shirts werden aus Japan, China und Bangladesch über die Weltmeere nach Deutschland verschifft. Der globale Seeverkehr hat sich in den vergangenen Jahren vervielfacht – und damit auch der Kunststoffabfall. Denn so, wie es für Unternehmen günstiger ist, Flachbildschirme aus Asien nach Deutschland zu verfrachten, als sie in Deutschland zu produzieren, so ist es für Schiffsbesatzungen günstiger, ihren Müll ins Meer zu werfen, als ihn auf dem Festland zu entsorgen.

Und so wie es aus Sicht des einzelnen Kapitäns keinen großen Schaden anrichten kann, wenn ein zusätzlicher alter Plastikkanister in diese riesige Wassermasse fällt, wächst doch die inzwischen ebenfalls riesige Masse an Müll immer weiter, wenn sehr viele Schiffe mit sehr vielen Kapitänen unterwegs sind, die so denken.

Die Nordsee mit ihren Großhäfen in Rotterdam und Hamburg ist heute eines der meistbefahrenen Meere der Welt. Es ist daher keine Überraschung, dass das Umweltbundesamt zu dem Ergebnis kommt, ein Großteil des Mülls, der an deutschen Nordseestränden gefunden wird, stamme »sehr wahrscheinlich aus der Schifffahrt«. Eine Wissenschaftlerin der Universität Hamburg fand heraus, dass dort, wo besonders viele Schiffe fahren, auch besonders viel Müll im Wasser treibt.

Kunststoff im Wasser

Es dauert schätzungsweise 450 Jahre, bis eine **PET-Flasche** vollständig zerfallen ist

Jeder Deutsche verbraucht im Schnitt 71 **Plastiktüten** pro Jahr

Etliche Meeresvögel bauen ihre Nester aus alten **Fischernetzen** – oft eine tödliche Falle

Ein Kleidungsstück aus **Synthetikstoff** verliert pro Waschgang bis zu 1900 Fasern

Viele Kosmetika vom Duschgel bis zur Bodylotion enthalten winzige **Plastikpartikel**

© Illustrationen von Winnie Rosina Schwarz

Vor einigen Jahren hat das Nationalparkamt Schleswig-Holsteinisches Wattenmeer mit einem sogenannten Spülsaum-Monitoring an der Nordseeküste begonnen. Mitarbeiter des Amts erfassen, was die Wellen ans Ufer spülen. Auch an den Küsten anderer Nordsee-Anrainerstaaten sind regelmäßig Müllsucher unterwegs. Im Durchschnitt finden sich je 100 Meter Strand 712 Müllteile, von großen, sperrigen wie Bierkästen über Flip-Flops und Zahnbürsten bis hin zu winzigen Plastikteilchen, die mit bloßem Auge kaum zu erkennen sind. Man kann nicht behaupten, dass der Welt die Verschmutzung der Meere gleichgültig wäre. Schon 1983 trat das »Internationale Übereinkommen zur Verhütung der Meeresverschmutzung durch Schiffe« in Kraft, das sogenannte Marpol-Abkommen. Die meisten Staaten der Erde haben es unterzeichnet, auch große Müllverursacher wie China, Indonesien und die Philippinen.

Das Abkommen wurde mehrfach erweitert, die Nordsee ist heute als belastetes »Sondergebiet« ausgewiesen, ebenso wie zum Beispiel das Mittelmeer und die Karibik. In diese Meere darf mittlerweile keinerlei Müll mehr entsorgt werden – außer unbehandelten Lebensmittelabfällen, und auch dies nur mit einem Mindestabstand zur Küste von zwölf Seemeilen. Der Müll aus den Schiffen muss an Land gebracht werden – das ist die Wirklichkeit, wie die Völkergemeinschaft sie sich vorstellt.

Doch die Zahl von 712 Müllteilen je 100 Meter Nordseeküste hat sich trotz des Verbots nicht verringert. Sowohl das Marpol-Abkommen als auch weitere Vorschriften, etwa zur Entsorgung von Schiffsmüll in den Häfen, »haben bisher zu keiner Reduktion des an der Küste angeschwemmten Mülls geführt«, kritisiert das Umweltbundesamt. Zwischen der Regel und der Realität klafft eine große Lücke.

Ein Mittwochmorgen im Hamburger Hafen. Im Kommissariat 2 der Wasserschutzpolizei, einem zweigeschossigen Bürocontainer, gehen zwei Beamte die Liste der Schiffe durch, die am Tag zuvor eingelaufen sind. Die Wasserschutzpolizei ist gewissermaßen der Exekutor des Marpol-Abkommens vor Ort. Jeden Tag wählt sie ein Schiff aus, das sie kontrolliert. Macht 365 Schiffe im Jahr – von knapp 10.000 Schiffen, die den Hamburger Hafen jedes Jahr anlaufen.

An diesem Tag entscheiden sich die beiden Beamten für einen Bananenfrachter, der unter der Flagge der Bahamas fährt. Vor zwei Monaten hat er den Hafen Puerto Bolivar in Ecuador verlassen. Als die Polizisten die schmale, steile Gangway nach oben steigen, laden die philippinischen Seeleute gerade Bananenkisten aus. Oben führt der Erste Offizier, ein junger Pole, den Beamten die Abfallbehälter vor: Hausmüll, Plastikmüll, Lebensmittelabfälle. Saubere Mülltrennung, wie in einer deutschen Reihenhaussiedlung. Aber wer weiß, ob wirklich der gesamte Müll in den Behältern gelandet ist? Wer weiß, was auf den rund 9600 Schiffen im Hamburger Hafen geschieht, die nicht von der Polizei kontrolliert werden?

Die Beamten auf dem Bananenfrachter blättern im sogenannten Müllbehandlungsplan, in dem die Schiffsbesatzung dokumentieren soll, welchen Abfall sie auf welche Weise entsorgt hat. Die Zahlen wirken verdächtig. Die Polizisten vermuten, dass die Seeleute auf dem Schiff unerlaubterweise Müll verbrannt haben, um sich die Entsorgung im Hafen zu sparen. Sie verhängen ein Bußgeld von 35 Euro, was der Erste Offizier ohne Zögern akzeptiert. Die Polizisten stellen eine Quittung aus, dann gehen sie von Bord. Kontrolle beendet.

140 Kilometer weiter nördlich, an der Küste des Seebads St. Peter-Ording, steht Johannes Mahnsen, der Chef der Strandreinigung, und lässt den Blick über die Wellen schweifen. Schiffskontrollen? Da kann er nur lachen! »Hier wird alles angeschwemmt«, sagt er. »Die Seeleute kippen alles über Bord, was sie loswerden wollen.« Neulich erst lag wieder ein Fernsehapparat am Strand.

Wenn der Nord-Ostsee-Kanal gesperrt ist, zum Beispiel weil eine Schleuse nicht mehr funktioniert, merken sie das hier sofort. Dann kommen mehr Schiffe als sonst an der Küste vorbei, und es wird mehr Müll angespült. Den Übernachtungszahlen nach ist St. Peter-Ording das beliebteste Seebad Schleswig-Holsteins. Sein wertvollstes Gut ist der Strand, angeblich der größte an der ganzen Nordsee – »fünfmal so breit wie die Pariser Champs-Élysées, knapp viermal so lang wie der Ku'damm in Berlin«, wirbt der Ort. Drei Viertel der Gäste kommen wegen dieses Strands, sagt die Tourismus-Chefin. Wegen des Sandstrands, nicht wegen des Plastikstrands.

Jeden Morgen, bevor die Urlauber sich in ihre Strandkörbe setzen und ihre Handtücher auf dem Sand ausbreiten, sammeln die Männer von der Strandreinigung den neu angeschwemmten Müll ein. Vor Kurzem hat die Strandreinigung eine spezielle Maschine angeschafft. 70.000 Euro hat der Beach Tech 2000 gekostet, er sieht ein wenig aus wie eine Erntemaschine, nur dass er nicht Kartoffeln aus dem Boden holt, sondern Müll. Johannes Mahnsen sieht dem Traktor hinterher, der das hellblaue Gefährt über den Strand zieht. 22.000 Quadratmeter Sand reinigt der Beach Tech 2000 laut Hersteller pro Stunde, auch kleine, nur zentimetergroße Plastiksplitter sortiert er aus.

Zweimal im Jahr, am »Strandreinigungs-Aktionstag«, gehen in St. Peter-Ording zusätzlich die Einheimischen gemeinsam mit Urlaubern los und suchen nach weiterem Müll. Sie finden genug. Beim letzten Mal trugen sie 1260 Kubikmeter Abfall zusammen, das entspricht etwa dem Volumen von 36 Standard-Schiffscontainern – voll mit Plastikteilen, Styroporresten, Tetrapaks, Blechdosen, Schuhen, Glasflaschen und Fischernetzen. Diesmal war auch ein Unterkiefergebiss dabei.

Danach war der Strand wieder sauber.

Oder zumindest sah er so aus.

Johannes Mahnsen schaut nach unten, auf den Boden zu seinen Füßen. Kein Müll ist zu sehen, da sind nur winzige Sandkörnchen, weiß, silbrig, beige, grün. Grün? Ja, grün. Bei genauem Hinschauen erkennt man auch blaue und rote Partikel, das kann kein Sand sein.

»Mikroplastik«, sagt Mahnsen.

Unter diesen Begriff fallen alle Kunststoffstücke, die kleiner sind als fünf Millimeter. Winzige Teilchen. Vom Wasser herangetragen, bleiben sie liegen und vermischen sich mit dem Sand. Oft ist das Mikroplastik mit bloßem Auge kaum zu erkennen.

Überall an der Nordsee werden die Urlauber auch in diesem Sommer wieder über die weiten weißen Strände laufen. Sie werden die Körnchen unter ihren Füßen und zwischen ihren Zehen fühlen, sie werden kaum ahnen, dass es nicht nur Sand ist, was sie da spüren. Die Kunststoffteilchen sind das, was vom Plastik übrig blieb. Zerborstene Benzinkanister und zerbrochene Getränkeflaschen, zersplitterte Kugelschreiber und zerrissene Fischernetze. Die Sonnenstrahlen machen die Kunststoffteile spröde, die Sandkörner zerreiben sie, die Wellen schleifen sie glatt, aber auch dann sind sie nicht verschwunden, es bleibt das Mikroplastik übrig.

Inzwischen haben Wissenschaftler neben dem zerbröselten Altplastik noch weitere Quellen für die winzigen Partikel gefunden. Das Mikroplastik stammt nicht nur aus der Vergangenheit, es kommt auch aus der Gegenwart, zum Beispiel aus einer Einkaufspassage in der Kölner Innenstadt, wo in orangeroten Buchstaben der Schriftzug »Globetrotter« an einer alten Fassade hängt.

Es gibt in diesem Geschäft ein großes Wasserbecken, in dem man die neuesten Kajaks und Taucheranzüge ausprobieren kann. In einer Kältekammer mit schweren Eisquadern testen Kunden bei minus 20 Grad, wie gut Daunenjacken und Thermohosen isolieren. An einer künstlichen Felswand probiert eine junge Frau verschiedene Kletterschuhe aus.

Vier Stockwerke, 7000 Quadratmeter Verkaufsfläche: Die Kölner Niederlassung von Globetrotter nennt sich »Erlebnisfiliale«, sie ist nach Angaben des Unternehmens »der größte Outdoor-Store Europas«.

Globetrotter ist eine Kaufhauskette für Wanderer, Bergsteiger, Kletterer, Radfahrer, Paddler. Für Menschen, die gerne draußen sind und die Natur lieben. Es ist nur so, dass Plastik die Natur ein wenig angenehmer macht.

Alexander Szameit ist stellvertretender Leiter der Kölner Globetrotter-Filiale. Er sagt, seit Hape Kerkelings Bestseller *Ich bin dann mal weg* sei Pilgern »der große Renner«. Nicht so sehr als spirituelles Erlebnis, sondern »als Slow-Travel-Sport«. Früher waren Pilger zufrieden mit Hosen und Pullovern aus Baumwolle und Wolle, heute tragen sie Fleecejacken und Fleecepullover aus Polyester, denn die sind langlebig, warm und trotzdem leicht. Auch die Wanderhosen sind heute aus Kunstfasern, genau wie die T-Shirts, die Unterhemden, die Halstücher. Die Kleidung müsse schnell trocknen und pflegeleicht sein, sagt Szameit. »Kunstfasern sind in diesen Punkten Baumwolle überlegen.« Dank Plastik wird Slow Travelling zum Easy Travelling.

Szameit nimmt eine Alpinjacke für Bergsteiger vom Kleiderständer. Sie besteht aus drei Kunststoffschichten: außen Polyamid, in der Mitte eine Membran aus wasserdichtem Goretex, innen Polyester. Wasserdicht, leicht, atmungsaktiv. Wenn sie schmutzig ist, stopft man sie – wie die Kleidungsstücke aus Baumwolle – in die Waschmaschine. Und genau da beginnt das Problem. Jedes Mal, wenn eine Jacke, eine Hose, ein T-Shirt aus Kunstfasern gewaschen wird, werden ein paar Fussel abgerieben, winzige Teilchen von Plastikfäden. Nach einer Studie von Wissenschaftlern mehrerer angelsächsischer Universitäten verliert ein Kleidungsstück aus Kunstfasern bei einem einzigen Waschgang bis zu 1900 Fasern. Die Partikel fließen mit dem Abwasser in die Kanalisation und von dort in die Flüsse. Die Klärwerke halten nur einen Teil von ihnen auf, wie eine Untersuchung des Alfred-Wegener-Instituts in Bremerhaven ergab. Die Wissenschaftler des Instituts beschäftigen sich mit Polar- und Meeresforschung. Sie kamen zu dem Schluss: Die Partikel sind zu klein. Die Flüsse tragen sie ins Meer.

Auch Wollpullover und Baumwollhemden verlieren Fasern, nur sind diese biologisch abbaubar. Die Kunststofffasern aber bleiben, auch wenn sie niemand sieht.

Längst sind nicht nur Sporthemden, Outdoorjacken und Badehosen aus Kunstfasern. In Jeans und T-Shirts aus Baumwolle wird heute oftmals Elastan eingearbeitet, das lässt sie enger am Körper anliegen. Viskose sorgt dafür, dass Sommerkleider fließend fallen. Polyacryl macht Jacken wasserdicht. Selbst Pullover aus Wolle enthalten oft zusätzlich Polyester, so bleiben sie besser in Form.

Nicht weit von der Kölner Globetrotter-Filiale steht eine Drogerie, wie es sie in jeder deutschen Fußgängerzone, in jeder Innenstadt gibt. Die Regale sind voll mit Shampoos, Puder, Gesichtsreiniger, Lidschatten, Lippenstiften, Bodylotions, Duschgels und Sonnencremes. Alles Produkte, die nicht nur in Plastik verpackt sind, sondern oft auch Plastik enthalten.

Da ist der Lipgloss »Perfect Stay 8h« von Astor, von dem Heidi Klum in der Werbung sagt: »Ich kann nicht glauben, wie lange er hält, ohne erneut aufgetragen werden zu müssen.«

Da ist das Shampoo »Elvital Total Repair« von L'Oréal mit einer »Formel mit Ceramid und Pro-Keratin«.

Da ist die »Mango Mambo Dusche« von Balea, der Hausmarke der Drogeriemarktkette dm, auf der gelben Packung steht: »Mit exotischem Mango-Duft.«

Von Mikroplastik, von winzigen Kunststoffkügelchen steht nichts auf den Packungen, den Internetseiten und Werbeplakaten. Dabei sind sie seit Jahren wichtiger Bestandteil von Kosmetik- und Pflegeprodukten. In Gesichts- und Körperpeelings dienen die Plastikpartikel als Schleifmittel zur Entfernung von toten Hautzellen und überschüssigem Talg. Die Hersteller von Shampoos benutzen sie als Filmbildner, in Gesichtscremes fungieren sie als Bindemittel. Die Kunden schmieren sich das Plastik auf die Haut, sie waschen es ab, so gelangen die winzigen Partikel ins Abwasser.

Der Bund für Umwelt und Naturschutz Deutschland (BUND) hat einen Einkaufsratgeber veröffentlicht, in dem er Kosmetika aufzählt, die Mikroplastik enthalten. 643 Produkte stehen auf der Liste und fast alle bekannten Markennamen: Avon, Balea, Clinique, Garnier, L'Oréal, Nivea, Shiseido, The Body Shop, Vichy, Yves Rocher.

Der Ratgeber wurde schon über 400.000-mal aus dem Internet heruntergeladen, sagt Nadja Ziebarth, die Meeresschutz-Beauftragte des BUND. Viele Menschen hätten weitere Kosmetikprodukte mit Mikroplastik gemeldet.

Der öffentliche Pranger hat inzwischen Wirkung gezeigt. Die Zahnpasta-Produzenten setzten mittlerweile keine Plastikkügelchen mehr ein, sagt Nadja Ziebarth. Ihr sei keine Zahnpasta bekannt, die noch Mikropartikel enthalte.

Auch eine Reihe von bisher mikroplastikhaltigen Kosmetikprodukten sollen bald ohne diese Stoffe auskommen. Von der Ankündigung der Hersteller bis zur Umsetzung dauert es mitunter allerdings eine Weile. Die Leiterin der PR-Abteilung von Yves Rocher etwa sagt, man habe »bereits im Frühjahr 2014 entschieden, die Verwendung von Mikroplastik in unseren Peeling-Produkten einzustellen«.

Die »Weihnachts-Edition« 2014 von Yves Rocher jedoch, so hat Nadja Ziebarth vom BUND bei Kontrollkäufen festgestellt, enthielt immer noch Mikroplastik.

Schon vor etwas mehr als vierzehn Jahren bemerkte der britische Meeresbiologe Richard Thompson von der Universität Plymouth in Südwestengland, dass immer mehr Kleinstplastik durch die Meere trieb. Thompson verglich alte und neue Wasserproben aus dem Nordatlantik und stellte fest: Die Menge des Mikroplastiks im Meer hatte sich verdreifacht. Dann sah er sich die Entwicklung der weltweiten Kunststoffproduktion an und stellte fest: Sie war ähnlich stark gestiegen.

Inzwischen entdecken Forscher die Mikropartikel in allen Weltmeeren. Mancherorts finden die Wissenschaftler bis zu 1770 Plastikpartikelchen in einem Liter Wasser.

Kleine Würmer, Krebse, Schnecken, Meerasseln, sie alle schlucken die Teilchen – Tiere, die dann wiederum von Fischen gefressen werden. So gelangt der Kunststoff in die Nahrungskette. Im Kot von Seehunden, Kegelrobben und Schweinswalen, in den Därmen von Dorschen und Makrelen, in den Körpern von Miesmuscheln und Strandkrabben – überall haben Wissenschaftler das Mikroplastik schon nachgewiesen. Wie gefährlich können die winzigen Partikel einem Lebewesen werden? Darüber ist noch sehr wenig bekannt. »Wir stehen ganz am Anfang der Erkenntnis«, sagt der Biologe Lars Gutow vom Alfred-Wegener-Institut in Bremerhaven. Gutow hat im vergangenen Jahr an einer Studie mitgearbeitet, die herausfinden sollte, wie Meerasseln der Gattung Idotea emarginata auf das Mikroplastik reagieren. Die Forscher zerbröselten Kunststoffgranulat, zerschnitten Fäden aus Polyacryl und vermischten die winzigen Stückchen mit Algenfutter, das die Asseln zu fressen bekamen. Das Ergebnis: Die Konzentration des Plastiks in den Ausscheidungen war genauso hoch wie im Futter, die Asseln haben alle Partikel wieder ausgeschieden. In der Verdauungsdrüse der Tiere, wo die Aufnahme von Nährstoffen stattfindet, war kein Mikroplastik nachzuweisen. Wachstum und Lebensdauer der Tiere änderten sich nicht.

Kann man also Entwarnung geben? Keineswegs. Denn in einer anderen Studie fand eine von Gutows Kolleginnen am Alfred-Wegener-Institut heraus, dass zum Beispiel Miesmuscheln die Plastikpartikel nicht einfach wieder ausscheiden. Sie lagern sie, anders als die Asseln, im Körper ein, wo sie Entzündungen auslösen. Offenbar reagieren verschiedene Organismen sehr unterschiedlich auf die Fremdstoffe aus dem Meerwasser.

Die Frage ist, was sie im Menschen anrichten. Der Mensch bringt das Plastik in die Welt, als nützliches, praktisches Produkt, über die Nahrungskette kommt es in winziger Form, ohne dass er es merkt, zu ihm zurück.

Und manchmal bringt es noch etwas mit.

Denn die Plastikpartikel, auch dies haben Wissenschaftler heraus-gefunden, haben eine bemerkenswerte Eigenschaft: Sie reichern sich im Wasser mit dort vorhandenen Schadstoffen an, die an ihnen haften bleiben wie Kleber. An Kunststoffteilchen gefunden wurden etwa Gifte wie Dichlordiphenyltrichlorethan (DDT) sowie polychlorierte Biphe-nyle (PCB) und polycyclische aromatische Kohlenwasserstoffe (PAK), allesamt krebserregend. Wird das Mikroplastik von Meerestieren auf-genommen, gelangen nicht nur die Kunststoffkrümel in die Nahrungs-kette, sondern auch diese Schadstoffe.

»Unser Leben wäre heute ohne Plastik nicht mehr vorstellbar, unser Lebensstandard, unsere Sicherheit«, sagt der Biologe Lars Gutow vom Alfred-Wegener-Institut. »Wir haben ein riesiges Naturexperiment ge-startet.« Es ist das Experiment des Plastozäns.

UNSER TÄGLICH WASSER

Wie Kaffeetrinken Durst erzeugt, warum niemand
Krieg um Wasser führt – und auf welche Weise
trockene Länder sich selbst helfen können

VON FRANK DRIESCHNER

1. Wasser – was ist das Problem?

Wenn der Bundesbürger D. aufgestanden ist, ausgiebig geduscht und sich zum Frühstück eine Tasse Kaffee gekocht hat, dann hat er, ökologisch gesehen, womöglich bereits etwas falsch gemacht. Frage: Was?

Kleiner Hinweis: Es hat mit seinem Wasserverbrauch zu tun.

Die Dusche ist nicht das Problem, selbst wenn D. sich zwanzig Liter Wasser über den Kopf hat rieseln lassen. Allenfalls der Energieverbrauch für das Erwärmen des Duschwassers wäre da zu bemängeln.

Nein, es ist der Kaffee, der die Ökobilanz dieses Morgens ruiniert: 125 Milliliter Flüssigkeit – zu deren Herstellung aber 140 Liter Wasser verbraucht wurden. Nicht in Deutschland, wo Wasser in guter Qualität so reichlich zur Verfügung steht, dass D. auch gern noch etwas länger hätte duschen können. Kaffee ist ein Importprodukt; zum Teil kommt er aus Ländern in Südostasien und Afrika, die beträchtlichen Wassermangel leiden – auch darum, weil sie ihr knappes Wasser zur Bewässerung von Kaffeeplantagen verwenden. Diesen Mangel hat D. soeben verschärft.

2. Stehlen wir den Armen das Wasser?

1300 Liter Wasser für ein Kilo Weizen, 2700 Liter für ein Baumwoll-T-Shirt, 5000 Liter für ein Steak – solche Zahlen legen den Verdacht nahe, die Bewohner reicher Länder raubten den Armen der Welt das Wasser. Im Detail sind solche Angaben natürlich angreifbar, weil die Art des Ackerbaus und der Viehzucht sich von Region zu Region unterscheiden. Unzweifelhaft aber wird zur Herstellung vieler ganz alltäglicher Produkte viel Wasser verbraucht.

»Virtuelles Wasser«, so nennt der Umweltforscher John Anthony Allan, der Erfinder des Konzepts, dieses in Lebensmitteln und anderen Waren verborgene Wasser.

Nicht alle trockenen Länder exportieren virtuelles Wasser, einige aber tun es. Australien beispielsweise, dessen Inland zu den trockensten Regionen der Welt zählt, führt in großem Umfang Obst, Wein und Fleisch aus – mit Blick auf den Wasserhaushalt des Landes ein deutlicher Hinweis auf einen regionalen Missstand. Sogar Syrien exportiert Weizen. Dieses Problem betrifft allerdings nicht nur unter- und wenig entwickelte Länder. Orangen aus Israel und Tomaten aus Spanien sind nicht weniger problematisch.

Aber verschärft der Lebensstil der Deutschen nun das Problem? Das lässt sich kaum bestreiten. Deutschland, das selbst weit davon entfernt ist, jemals Wassernot zu leiden, gehört dennoch weltweit zu den zehn größten Importeuren virtuellen Wassers, was nach Angaben der in Wasserfragen zuständigen UN-Organisation Unesco vor allem am Import wasserintensiver Agrarprodukte wie Kaffee, Tee und Kakao liegt.

3. Duschen ohne Ende – kein Problem?

Erinnert sich noch jemand an den Ziegelstein im Spülkasten? Das war ein Wasserspartipp aus den siebziger Jahren, der ökologisch bewussten Zeitgenossen beim Wassersparen helfen sollte. Inzwischen hat die Spartaste den Ziegelstein ersetzt, moderne Geschirrspüler brauchen halb so viel Wasser wie Geräte aus den achtziger Jahren. Und Perfektionisten waschen ihre Kleidung mit Regenwasser oder bereiten ihr Dusch- und

Abwaschwasser in privaten Minikläranlagen zu Brauchwasser auf, mit dem sie ihre Blumen gießen und das Auto putzen.

In Deutschland, wo das Leitungswasser teurer ist als überall sonst, kann solche Sparsamkeit sich auszahlen. Mit den globalen Wasserproblemen aber hat das nichts zu tun. Mitteleuropa gehört zu den humiden Gebieten der Erde, in denen der regelmäßige Regen die Talsperren und Grundwasserreservoirs immer wieder auffüllt. Allenfalls am Rand einer Großstadt kann es geschehen, dass ein sinkender Grundwasserspiegel die Pflanzen in Mitleidenschaft zieht und das Bild der Landschaft verändert. In den Dürreregionen der Welt dagegen könnten die Menschen ihren trockengefallenen Brunnen und den durch Fäkalien verseuchten Flüssen selbst dann keinen zusätzlichen Tropfen Trinkwasser entnehmen, wenn es den Europäern gelänge, ihren Wasserverbrauch zu halbieren.

In manchen Städten Deutschlands hat die Leidenschaft fürs Wassersparen inzwischen Folgen, die alle weiteren Bemühungen ad absurdum führen: Die Fließgeschwindigkeit in den für höhere Verbräuche ausgelegten Leitungsnetzen hat sich so weit verringert, dass auf dem Weg vom Wasserwerk zum Wasserhahn im Trinkwasser Keime wachsen. Wo das geschieht, sind die Wasserwerke gezwungen, die Rohre mit Trinkwasser zu spülen.

4. Gibt es eine globale Wasserkrise?

Spanien streitet um das Wasser des Ebro, Argentinien droht eine Missernte, Palästinenser im Westjordanland beklagen das Versiegen ihrer Brunnen, amerikanische Wissenschaftler sagen eine wachsende Zahl von Nierensteinerkrankungen im heißen und trockenen Südosten der USA voraus, und in Kalifornien beklagt Gouverneur Schwarzenegger, dass sich die Waldbrandsaison inzwischen über das ganze Jahr erstrecke. Längst kommen Nachrichten über Wassermangel nicht mehr nur aus Gegenden wie der südlich der Sahara gelegenen Sahelzone.

Gibt es also eine globale Wasserkrise?

Wer das Ausmaß des weltweiten Wassermangels zur Kenntnis nimmt, der wird das kaum bestreiten. Die Zahlen sprengen das Vorstellungsvermögen. 1,2 Milliarden Menschen ohne sichere Trinkwasserversorgung. 2,6 Milliarden Menschen, deren Abwässer nicht geklärt wird.

5000 Kinder an jedem einzelnen Tag, die infolge von Wassermangel an Diarrhö und anderen Krankheiten elend sterben.

Dennoch könnte man einwenden, es gebe nicht eine große Wasserkrise, sondern viele kleine. Auch wenn die Israelis den Palästinensern das Wasser abgraben, hat das doch nichts mit der Austrocknung des Aralsees zu tun. Las Vegas mag zu viel Wasser verbrauchen, aber nicht darum entsteht in Spanien die erste Wüste Europas. Und wenn im trockenen Indianerland in Arizona ein Kohlekonzern das Grundwasser abpumpt, um zermahlene Kohle damit als Schlamm durch Röhren zu pumpen, dann verschärft das die Not der Indianer, aber schadet im Übrigen niemandem.

Zwei Phänomene aber gibt es, die aus den vielen kleinen Wassernöten der Welt eine große Krise machen: den Klimawandel – und den Handel mit virtuellem Wasser zulasten ohnehin schon trockener Regionen. Dem natürlichen Stoffwechsel der Erde, der fortwährend Wasser als Luftfeuchtigkeit aus den äquatornahen Weltmeeren in die höheren und niedrigeren Breiten befördert, haben die Menschen ein zweites System globaler Wasserströme hinzugefügt: den Handel mit wasserintensiven Produkten. Nun werden sie dieses virtuelle Kanalsystem einsetzen müssen, um den Schaden zu verringern, den sie dem natürlichen Wasserhaushalt der Erde zugefügt haben.

5. Wird es Krieg ums Wasser geben?

Der Vietnamkrieg hat die Arbeit des Mekong-Komitees so wenig unterbrochen, wie der Krieg zwischen Israel und Jordanien die geheimen »Picknicktisch-Gespräche« über die Nutzung des Jordanwassers verhinderte. Die Indus-Kommission stellte auch während zweier Kriege zwischen Indien und Pakistan ihre Arbeit nicht ein. Flüsse mögen Länder trennen, doch selbst im Krieg verbinden sie die verfeindeten Völker.

Dass es so ist, ist seit Langem bekannt; dennoch vergeht kaum eine internationale Problemkonferenz ohne neuerliche Warnung vor den Kriegen der Zukunft, die nicht nur am, sondern um Wasser geführt werden würden. Am besten sind solche Warnungen wohl als hilflose Versuche zu deuten, ein Gefühl für die Dringlichkeit eines Problems zu erzeugen, das in weiten Teilen der Welt völlig unbekannt ist.

Bislang aber hat niemand oder fast niemand je um Wasser Krieg geführt; lediglich im Nahostkonflikt, in dem bekanntlich jede Frage umstritten ist, herrscht unter den Fachleuten Uneinigkeit darüber, ob der Streit um Wasser zu den Kriegsursachen zu zählen sei.

Für die überwiegend friedliche Lösung von Wasserkonflikten gibt es eine Reihe einleuchtender Ursachen. Strategisch gesehen, hat das flussaufwärts gelegene Land stets die Oberhand. Selbst wenn eine flussabwärts gelegene Macht militärisch weit überlegen sein sollte, argumentiert der amerikanische Wasserexperte Aaron T. Wolf, könnte ein flussaufwärts gelegener Kontrahent mühelos Vergeltung üben, indem er das Wasser verseuchte.

Wichtiger als dieses Argument dürften die Früchte der Zusammenarbeit sein, auf die Anlieger gemeinsam genutzter Gewässer bei aller Konkurrenz nicht verzichten wollen. Flussaufwärts gelegene Dämme können nicht nur Strom erzeugen, sondern zugleich den Wasserstand im Unterlauf regulieren – ein großer Nutzen für alle Beteiligten. Weltweit regeln daher mehr als 3600 Abkommen den Umgang mit dem Wasser grenzüberschreitender Flüsse. Unkooperatives Verhalten, andererseits, rächt sich selbst ohne absichtliche Vergeltung. Als Indien vor einigen Jahren das Wasser aus einem Arm des Ganges nach Kalkutta umleitete, um damit dort den Hafenschlick ins Meer zu spülen, waren die ökologischen Folgen im benachbarten Bangladesch katastrophal. Die Fluchtwelle aber, die daraufhin einsetzte, suchte auch etliche indische Städte heim.

Und schließlich gibt es ein einleuchtendes ökonomisches Argument gegen den Krieg ums Wasser: Er lohnt sich nicht. »Für die Kosten einer Woche Krieg«, zitiert Aaron T. Wolf einen israelischen Militärexperten, »könnte man fünf Meerwasserentsalzungsanlagen bauen.« Oder man könnte, würde Anthony Allan hinzufügen, virtuelles Wasser kaufen.

6. Was können wir tun – politisch?

Das virtuelle Wasser, das sich in Lebensmitteln verbirgt, kann die Not verschärfen, es kann aber auch ein Instrument sein, Krisen zu entspannen. Trockene Länder können virtuelles Wasser importieren, und sie tun es bereits. Viele Länder in Nordafrika und im Nahen und Mittleren Osten führen virtuelles Wasser in Form von Getreide ein; in Israel und Jordanien beträgt der Anteil des Importgetreides sogar etwa 90 Prozent.

Dass Deutschland Kaffee, Tee und Kakao aus trockenen Regionen einführt, wäre weniger schlimm, wenn es im Gegenzug Getreide exportierte. Das könnte es auch – gäbe es nicht die europäische Agrarpolitik. Vier Millionen Hektar fruchtbaren Landes mitten in einem natürlichen Grüngürtel der Erde hat die EU auf Kosten der Steuerzahler dem Ackerbau entzogen. Hier könnte Weizen wachsen, der die Not in trockenen Erdteilen lindert.

Europa braucht eine andere Agrarpolitik – das ist eine erste Antwort auf die Frage nach den Möglichkeiten der Politik. Zwei weitere Antworten liegen nahe: Alles, was den Klimawandel verlangsamt, trägt dazu bei, die Wasserkrise zu entschärfen. Hilfreich ist schließlich auch jede Form von politischem Druck auf die Eliten in den armen und trockenen Ländern, der sie dazu bewegt, ihre eigenen Möglichkeiten, Wasser zu sparen, endlich zu nutzen.

7. Was können wir tun – technisch?

Mikrofilter können trinkbares Wasser aus den schmutzigsten Quellen gewinnen, mit Tröpfchenbewässerung durch Rohre können Bauern die Wurzeln ihrer Pflanzen versorgen, fast ohne dass Wasser durch Verdunstung verloren geht. In Zisternen und unterirdischen Speichern können die Bewohner trockener Regionen Regenwasser auffangen und für Dürrezeiten aufbewahren. Und Solarstrom aus der Sahara könnte Meerwasserentsalzungsanlagen für die zunehmend trockene Küste des Maghreb betreiben. Möglich ist vieles, wenn man es sich leisten kann – und wenn man es will.

Der Verein BORDA hat seine Geschäftsstelle in einem Gewerbegebiet in der Bremer Neustadt. BORDA bedeutet Bremen Overseas Research and Development Association. Diese kleine Hilfsorganisation entwickelt seit über 30 Jahren Kläranlagen, simple Gebilde, die den Verhältnissen in heißen trockenen Ländern angepasst sind. Sie kommen ohne bewegliche Teile und Elektrizität aus, sind wartungsarm, und dennoch schaffen sie es, menschliche Fäkalien allein mit Sonnenkraft in Kompost zu verwandeln und das Spülwasser der Toiletten so weit aufzubereiten, dass es zur Bewässerung taugt. Nebenbei entsteht so viel Biogas, dass, beispielsweise, eine Schule mit einer Kläranlage dieser Bauart ihre Küche betreiben kann.

Auf den ersten Blick ist das genial, auf den zweiten Blick ist es ein Skandal. Die BORDA-Anlagen werden durch keinerlei Patent geschützt, jeder könnte sie nachbauen. Wie kommt es, dass sich diese Technik nicht längst weltweit durchgesetzt hat?

Der Mangel an Kläranlagen ist ein Problem von globaler Dimension, denn vielerorts ist die Wasserkrise eine Abwasserkrise. Die Flüsse, die Chinas Städte durchströmen, sind oftmals fließende Kloaken, deren Wasser nicht einmal zur Bewässerung von Feldern taugt, geschweige denn als Trinkwasser. Und in den Elendszonen rund um die wachsenden Megacitys der Welt verseucht eine ungeklärte Brühe aus menschlichen Fäkalien das Grundwasser.

Ein Blick auf die Karte im Bremer BORDA-Büro: Tansania, Sambia und Simbabwe weisen Fähnchen auf, ebenso Afghanistan, Indonesien, die Philippinen, aber auch Südafrika und sogar die Atommächte Indien und China.

Wie ist das möglich? Das reiche China ist auf deutsche Entwicklungshilfe angewiesen, um mitten im glitzernden Stadtteil Shanghai-Pudong, mit seinem neuen Flughafen und dem Transrapid, eine einzelne Lowtech-Kläranlage zu errichten, wie es sie längst zu Millionen geben müsste. Warum versagt diese aufgeklärte Diktatur dermaßen, obwohl ihr die Lebensbedingungen ihrer Armen angeblich so am Herzen liegen? Und warum machen es die aufstrebenden Demokratien Indien und Südafrika nicht besser?

Der Grund ist die blinde Orientierung an westlichen Vorbildern – an Vorbildern also, die in regenreichen Ländern entwickelt wurden und nur dort sinnvoll sind.

Die Chinesen, sagt der stellvertretende BORDA-Chef Stephan Reuter, seien durchaus imstande, gut funktionierende Kläranlagen zu konstruieren. Sie seien daran nur nicht interessiert. Die BORDA-Anlage in Shanghai konnte Reuters Angaben zufolge nur aus einem Grund entstehen: weil sie als deutsches Importprodukt prestigeträchtig genug ist, um die lokalen Granden der KP zu beeindrucken.

In Indien liegen die Dinge ähnlich. Selbst in den Slums, sagt Reuters indischer Partner Kunal Kumar, Kreisdirektor im Bezirk Jalgaon, legten die Bewohner gewöhnlich mehr Wert auf Fernseher und Kühlschränke als auf einen halbwegs hygienischen Umgang mit ihrem Abwasser. Und in Südafrika muss Reuters lokaler Partner Chris Buckley, Umweltforscher in Durban, mit dem Image des Ökospinners leben. Kein Wunder, sagt er selbst – drei Generationen südafrikanischer Ingenieure seien mit amerikanischen Lehrbüchern groß geworden. Aus ihrer Sicht muss eine Kläranlage so aussehen und funktionieren wie in den USA und in Europa. Sie muss, mit anderen Worten, groß, teuer und wartungsintensiv sein und viel Energie verbrauchen.

WIE GEHT
ES DEM
BODEN?

WAS WIR WISSEN

Allein in Deutschland gehen jeden Tag
60 Hektar an wertvollen Böden verloren.
Sie wieder fruchtbar zu machen kann
Generationen dauern

VON CHRISTIANE GREFE UND URS WILLMANN

Böden gelten in der urbanen Kultur meist als Dreck – auch deshalb wurden sie politisch so lange vernachlässigt. Und ein globales Drama wurde übersehen: Fruchtbare Erde verweht und vertrocknet, sie versalzt und wird vergiftet.

Rund ein Drittel des Weidelandes und ein Viertel der Äcker- und Waldböden sind bereits stark beeinträchtigt worden. Jedes Jahr gehen weltweit 10 Millionen Hektar Äcker verloren – die Fläche von 15 Millionen Fußballfeldern. Sie verwandeln sich in Ödland, das für die Erzeugung von Lebensmitteln kaum mehr taugt. Böden werden zu Wüsten, oder sie werden zubetoniert mit Straßen, Parkplätzen und Gebäuden. Allein in Deutschland werden täglich rund 60 Hektar Forst- und Landwirtschaftsareal zu Siedlungs- und Verkehrsflächen.

Dieser Schwund, warnt Maria Flachsbarth, Staatssekretärin im Bundesentwicklungsministerium, erschwere eine der größten Aufgaben der Menschheit: die wachsende Weltbevölkerung zu ernähren.

»Pedosphäre« nennen die Experten jene Haut der Erdkruste: die Sphäre zu unseren Füßen. Sie ist der Urgrund allen Lebens, überdies eine Schaltzentrale des irdischen Wasserhaushalts, und neuerdings gilt sie als zentral im Kampf gegen den Klimawandel. Die Böden der Erde bringen alles zusammen. Sie verbinden Gestein und Atmosphäre, Luft und Wasser, Raum und Zeit, Leben und Tod. Die Grundsubstanz jedes Bodens ist mineralisch. Gestein verwittert und zerfällt in Bruchstücke; deren Partikel vermischen sich mit neu gebildeten Mineralen. Je nach Körnergröße entwickeln sich verschiedene Bodenarten: Im Ton messen die einzelnen Körner höchstens 0,002 Millimeter; größer sind sie im Schluff; und Sandkörner haben einen Durchmesser von bis zu zwei Millimetern. Hinzu kommt der Humus, bestehend aus all den toten organischen Substanzen, die der Boden von abgestorbenen Pflanzen und Tieren erbt. Erst durch Humus kann Boden fruchtbar werden.

Abermilliarden Überlebenskünstler arbeiten im Innern der irdischen Haut permanent daran, alles Tote ins Leben zurückzuführen. Die Wiederauferstehung ist das Werk rastloser Lebewesen: Mikroben und Pilze, Termiten, Spinnen, Asseln, Larven und Mäuse wühlen, atmen, jagen oder essen – und sie alle verdauen.

Stellt man sich diesen Recyclingbetrieb vor, machen allein die Zahlen schwindlig: Auf einer Waldfläche von einem Hektar Größe, also einem Quadrat mit hundert Meter Kantenlänge, halten 15 Tonnen mehrzelliger Tiere den Nahrungskreislauf in Schwung (Säuger und Vögel nicht mitgezählt). Und in einem einzigen Kubikmeter wandeln eine Million Wimperntierchen, ebenso viele Fadenwürmer, hundert Millionen Algen, hundert Milliarden Pilze, 30 Billionen Bakterien jeden Krümel organischen Materials in anorganischen Pflanzendünger um: Die Verdauungsleistung dieses Mikrokosmos schafft jene Nährstoffe, die Gras zum Wachsen bringen.

Biologischer Superstar im Untergrund ist der Regenwurm. Es gibt ihn in rund 7000 Arten, 46 davon leben in deutschen Böden. Bis zu acht Meter tief gräbt der Regenwurm seine Gänge für Wasser und Luft. Unter einem Quadratmeter Wiese kann er Tunnels mit einer Gesamtlänge von einem Kilometer bauen. Pflanzen fällt es leichter, Wurzeln ins so gelockerte Erdreich zu treiben. Dort zehren sie auch gleich noch von nährstoffreichen Bodenkrümeln, den Ausscheidungen des Wurms.

Pilze nutzen die gedüngten Labyrinthe ebenfalls. Sie bauen dort Netzwerke aus Fadengespinsten auf, die wiederum den Untergrund zu einem stabilen Gewebe verbinden. Darin setzen die einzelnen Spezies auf Symbiosen. In der Mykorrhiza etwa profitieren Pilze an den Wurzeln vom organischen Pflanzenmaterial und revanchieren sich für jede Kohlenhydratlieferung unter anderem mit Stickstoff und Phosphaten. Zuweilen ekeln sie auch noch Schädlinge und Krankheiten weg. In einem großen Bericht zur Mikrobenwelt der Pedosphäre schwärmt die Akademie der Amerikanischen Mikrobiologen:»Unter unseren Füßen werden unzählige höchst lebendige Gespräche geführt.«

Wie das unterirdische Leben, so tragen auch Wasser, Luft und das unruhige Erdinnere zum steten Wandel bei. Sie verleihen der Erde ihre bunte Haut: fruchtbare, humusreiche Schwarzerde, sauren und nährstoffarmen Podsol, nassen Stauwasserboden, braunen Auenboden, feuerroten Ferralsol oder aus vulkanischen Aschen fabrizierten Andosol – oft schwarz wie die Nacht. Diese Vielfalt bringt auch die Fülle der Pflanzen- und Tierarten hervor.

Und doch wird sie weltweit malträtiert. Von Indien über den Hambacher Forst bis nach Kolumbien und Kanada wird Land für Rohstoffe aufgebrochen. Radioaktivität und Chemikalien vergiften dann die Böden. Industriegebiete dehnen sich aus. Abholzung beschleunigt Erosion. Und die Urbanisierung frisst in Entwicklungs- und Schwellenländern oft ausgerechnet das fruchtbarste Schwemmland an den Küsten und die für Bauern wertvollen Schwarzerden weg.

Doch auch die Landwirtschaft selbst zehrt von ihrem eigenen Fundament, oft infolge von Armut und um wachsende Familien zu ernähren. In Afrika ist das Erdreich schon aufgrund seiner langen Ausnutzung unterernährt. Auf 85 Prozent der Flächen mangelt es an Stickstoff, Phosphat und Kalium. Pro Hektar werden im Durchschnitt nur gerade acht Kilogramm Mineraldünger eingesetzt – 93 sind es weltweit. Im Gegensatz dazu leiden die Böden in vielen reichen Ländern an zu viel synthetischer Chemie und Gülle, an zu wenig organischem Material aus Pflanzenresten oder Mist. Diese Fehlernährung, sagt die Bodenökologin Andrea Beste, Beraterin der Grünen, sei ähnlich unausgewogen »wie bei Menschen, die viel Zucker, aber zu wenig Vitamine und Ballaststoffe essen«.

Wo noch keine Hightech-Reifen ihren Druck verringern, verdichten schwere Landmaschinen die Böden; wo noch keine fein dosierte Tröpfchenbefeuchtung eingeführt wurde, lässt ein Übermaß an Kunstdünger und Bewässerung sie versalzen. In der Folge trocknen sie leichter aus. Und trockene Böden werden leichter verweht oder fortgeschwemmt. Fatal ist das, weil die Erneuerung dieser Lebensressource historischer Zeiträume bedarf. »Es braucht manchmal Jahrtausende, um einen fruchtbaren Oberboden entstehen zu lassen«, sagt die Hamburger Bodenökologin Eva-Maria Pfeiffer, »aber nur wenige Stunden eines starken Regens oder Sturms, um ihn unwiderruflich zu verlieren« – die empfindlichen Böden gehören zu den ersten Opfern des Klimawandels. Und paradoxerweise übt just der Versuch, die Erderwärmung mit Energiepflanzen und nachwachsenden Rohstoffen zu stoppen, weiteren Druck auf die strapazierten Böden aus.

All das führt zu Knappheit. Und die erzeugt global eine Gier auf fruchtbare Flächen. Dies wiederum spitzt eine der grundsätzlichsten Fragen überhaupt zu: Wem gehört die Welt? Ist doch das Land bereits heute höchst ungleich verteilt. Jedem Erdenbürger stünden rechnerisch rund 2000 Quadratmeter zur Verfügung. Ein deutscher Konsument aber beansprucht mehr als das Doppelte. Die Hälfte seiner Lebensmittel wächst anderswo, Futtermittel werden aus Nord- und Südamerika importiert, aus Asien und Afrika Öl und exotische Früchte.

Deren Anbau verdrängt die Kleinbauern. Wer Land bewirtschaftet, das ihm nicht selbst gehört, und bei Pacht oder Preis nicht mithalten kann, wird häufig von Plantagenbetreibern verjagt – auf schlechtere Böden oder dorthin, wo schon andere leben. Die Konkurrenz unter den Armen sei Ursache für Hunger und Flucht, und sie schüre Kriege, sagt Monique Barbut, die das Wüstensekretariat der Vereinten Nationen in Bonn leitet: »Die Menschen kämpfen dann mit ihren Nachbarn – oder sie ziehen weg.«

Aufgeschreckt von Gewalt und Migration, befassen sich Politiker intensiver mit Landrechten und Böden. Dabei treibt sie eine neuere Erkenntnis an: Landwirte sind nicht nur Opfer des Treibhauseffekts, sondern sie heizen ihn auch selbst mit an – je nachdem, wie sie den Boden bestellen.

Ackerbau und Viehzucht sind global für rund 15 Prozent der Klimagas-Emissionen verantwortlich. Weitere 15 Prozent entfallen auf Entwaldung und die Umwandlung von Grünland und Feuchtgebieten in Agrarflächen. Besonders Moorböden sind hochbedeutsam. Werden sie trockengelegt und bewirtschaftet, entweichen neben Kohlendioxid auch Methan und Lachgas. Intakte Moore hingegen kühlen ihre Umgebung und binden enorme Mengen Kohlenstoff. Feuchtgebiete wiederherzustellen sollte daher im Klimaschutz Priorität haben, fordert der Greifswalder Ökologe Hans Joosten: »Moor muss nass.« Doch auch andere gesunde Böden speichern Kohlenstoff – weltweit geschätzt doppelt so viel wie alle Wälder und die Atmosphäre zusammen. Würden Bauern nur einen Teil ihrer Emissionen einlagern, böten sie einen Beitrag zur Eindämmung des Klimawandels.

Deswegen wurde mit dem UN-Klimaabkommen von Paris die »4-Promille-Initiative« gestartet. Die Idee der französischen Regierung ist nach dem Anliegen benannt, den Vorrat an organischer Substanz im Boden jedes Jahr um 0,4 Prozent zu erhöhen. Das soll unter anderem mithilfe verkohlter Pflanzenreste erreicht werden. Andere zielen mit »regenerativer Landwirtschaft« gleich auf dreifachen Nutzen: CO_2 soll in wachsenden Humusschichten gebunden werden, was zugleich die Bodenfruchtbarkeit verbessern und bei der Anpassung an den Klimawandel helfen würde.

Da die Vitalisierung des Bodens von vielen Faktoren abhängt – von Bodenart, Gestein und Klima, vom Gelände und vom verfügbaren Wasser –, lauten die Rezepte lokal ganz unterschiedlich: Dämme bauen. Terrassen anlegen. Angepasste Mischkulturen, Bäume und Sträucher pflanzen. In früheren Prärien und Tundren wieder tief wurzelnde Gräser wachsen lassen. Nutztiere aus den Ställen auf die Weiden stellen.

Was vor Ort dem Boden konkret hilft? Das könnten Biobauern wissen. In der bislang umfassendsten Vergleichsstudie zu konventionellem und ökologischem Anbau haben Forscher des Thünen-Instituts gezeigt: Ökolandwirte haben am ehesten Erfahrung damit, Pflanzen ohne chemische Nachhilfe Kraft aus dem Boden holen zu lassen – und ihn zugleich zu erneuern.

WAS WIR NICHT WISSEN

Komplizierter Mikrokosmos:
Selbst der Regenwurm hat noch Geheimnisse

VON CHRISTIANE GREFE UND URS WILLMANN

Wir wissen mehr über die Bewegung der Himmelskörper als über den Boden unter unseren Füßen«, schrieb schon Leonardo da Vinci. Da ist noch immer viel dran. Der unterirdische Kosmos aus unzähligen pflanzlichen, tierischen, bakteriellen oder zu den Pilzen zählenden Arten ist hochkomplex – und als System wenig erforscht.

In den vergangenen Jahren wurden zwar neue globale Informationssysteme angelegt, die Satellitendaten und lokale Messungen miteinander kombinieren. (Besonders bei den afrikanischen Böden gab es enormen Nachholbedarf an verlässlichen Daten.) Trotzdem klaffen noch große, grundlegende Lücken. Angaben zum Gehalt an Humus oder Phosphor etwa sind oft Annäherungen, weil er lokal variiert und auch unterschiedlich gemessen wird.

Vieles hatten die Forscher über physikalische und chemische Vorgänge im Erdreich gelernt, sagt die Bodenökologin Eva-Maria Pfeiffer. Doch Lehrstühle für Bodenkunde seien abgebaut worden, »deshalb weiß man selbst über Regenwürmer und Springschwänze noch nicht alles«, kritisiert sie. »Geschweige denn darüber, wie die zahllosen unterirdischen Lebewesen im Ökosystem zusammenarbeiten.«

Das gilt besonders für die Bodenmikroben. Deren Genome werden von Biotechnologen mit wachsendem Eifer analysiert. Sie untersuchen die Funktionen der Organismen sowie ihr Zusammenwirken untereinander und mit den angebauten Pflanzen. Biologisches »Superfood« soll zukünftig die Wurzelbakterien gezielt stimulieren. Unternehmen erhoffen sich von fitten Bodenorganismen Inspiration für neue Produkte – idealerweise für eine Landwirtschaft, die mit weniger Pestiziden und Kunstdünger auskommt.

Auch die Bedeutung des Bodens für das Weltklima gerät mehr und mehr in den Blick der Forscher. Zum Beispiel rechnen sie hoch, wie viel Methan in die Atmosphäre gelangen könnte, wenn die Permafrostgebiete auftauen. Umgekehrt wissen sie noch zu wenig darüber, wie viel Kohlendioxid der Untergrund genau aufnehmen könnte. Dies kann einerseits durch unterirdische Einlagerung (Sequestrierung) geschehen. Doch nachhaltiger wäre es, den Kosmos unter unseren Füßen überall dort zu reaktivieren, wo er beeinträchtigt oder zerstört ist – damit er ganz von selbst zusätzliches CO_2 speichern kann.

Für eine solche Erneuerung der Böden mangelt es aber weltweit noch immer an praktischem Wissen, vor allem bezogen auf die Lage vor Ort: Welche Anbausysteme können die Haut der Erde am besten wiederbeleben? Welche Rolle spielen dabei die tieferen Schichten der Böden, sozusagen die Unterhaut? Wie müssen sich Märkte und Ernährungsverhalten verändern? Bei der Präzisierung der Antworten sind nicht nur Bauern und Biologen gefragt, sondern auch Ökonomen und Sozialwissenschaftler.

»DER BODEN IST DES BAUERN WICHTIGSTES GUT« – »WENN ES SO DOCH WÄRE!«

Wer über den Zustand der Böden spricht, der muss über Landwirtschaft streiten. Was haben sich ein Bayer-Manager und ein Vordenker der Agrarökologie zu sagen?

EIN INTERVIEW MIT HELMUT SCHRAMM UND OLIVIER DE SCHUTTER

DIE ZEIT: Herr Schramm, Herr De Schutter, wann haben Sie zuletzt in der Erde gebuddelt?

Helmut Schramm: Vor ein paar Monaten, als ich in meinem Garten Buchsbäume umtopfen musste. Es ist schön, wenn man Fruchtbarkeit mit den Händen fühlt. Schon während meines Landwirtschaftsstudiums habe ich gern gepflügt. Ich liebe den Duft eines frisch gewendeten Bodens.

Olivier De Schutter: Wir betreiben mit unseren Nachbarn einen kleinen Garten mitten in Brüssel. Das tun viele von uns nicht nur wegen der Gemüseernte. Man will den Boden spüren und mit den Händen lernen. Ganz emotional.

ZEIT: Das klingt fast nach einer archaischen Liebesbeziehung. Warum lassen die Menschen dann trotzdem die Böden weltweit leiden?

Schramm: Es gibt Probleme – aber nicht überall. Der Boden ist das wichtigste Gut, das wichtigste Kapital, das ein Bauer hat. Er will ihn der nächsten Generation in einem noch besseren Zustand übergeben. Deshalb pflegt er ihn sehr gut.

De Schutter: Wenn es doch so wäre, Herr Schramm! In der Realität müssen sich die Landwirte den Marktbedingungen anpassen. Die ökonomische Logik treibt sie in einen Widerspruch zur ökologischen: Wenn die Nachfrage nach Zuckerrüben steigt, weil man daraus Biodiesel gewinnt, dann erzeugen Landwirte Rüben – auch wenn der Boden gerade etwas anderes braucht.

Schramm: Hätten Sie recht, dann würden ja nur noch Zuckerrüben angebaut. In Europa gibt es am ehesten Probleme mit Erosion. Auch hierzulande wurden früher Fehler gemacht, aber wir haben dazugelernt. Landwirte bearbeiten ihr Feld mit Konturfarming quer zum Hang. Oder sie pflügen weniger und belassen Pflanzenreste auf der Oberfläche. Sie pflanzen wieder Hecken, die den Wind abhalten. Schlimm ist vor allem, dass die Städte und der Straßenbau so viel Ackerland verschlingen.

De Schutter: Ja, die Städte üben Druck auf die Böden aus – die Landwirtschaft aber genauso. Noch immer fördern Monokulturen die Erosion. Wenn auf riesigen Äckern zwischen den Saatreihen nichts wächst, dann werden Tonnen von Erde viel leichter ausgewaschen oder verweht.

Schramm: Jetzt müssen wir erst mal klarstellen, was eine Monokultur ist. Ein großes Weizenfeld ist noch keine Monokultur, es ist lediglich ein großes Feld. Von einer Monokultur reden wir erst, wenn der Landwirt darauf Jahr für Jahr die gleiche Pflanze anbaut. Ich kenne niemanden, der das tut.

De Schutter: Ich schon. Der Druck der Nachfrage und der Preise zwingt viele Landwirte dazu, große Mengen einzelner Produkte zu erzeugen.

Schramm: Aber das tun sie in Fruchtfolgen. Man hat doch – ich gebe zu: teils durch schmerzliche Erfahrung – längst erkannt, dass unerwünschte Gräser die Ernte bedrohen, wenn Jahr für Jahr nur Weizen angebaut wird. Deshalb wechseln die Landwirte in Deutschland Weizen, Gerste und Raps ab oder Weizen, Gerste, Zuckerrübe.

De Schutter: Ich bin bei der Pflege des Bodens offenbar ehrgeiziger als Sie. Das beginnt schon damit, dass ich längere Fruchtfolgen wichtig finde. Biobauern bringen fünf, oft sieben unterschiedliche Kulturen nacheinander aufs Feld. In den agrarökologischen Anbausystemen der Zukunft wachsen außerdem viele Pflanzen gleichzeitig auf einem Acker. Wenn man sie richtig kombiniert, helfen sie sich gegenseitig bei der Abwehr schädlicher Insekten – und das ersetzt Pestizide. In solchen Mischkulturen pflanzt man auch Bäume zwischen die Ackerfrüchte, damit ihre Wurzeln die Speicherfunktion der Böden verbessern und den Nahrungspflanzen helfen, Wasser und Nährstoffe aufzunehmen. Leguminosen bringen Stickstoff in den Boden.

Schramm: Das klingt schön – ist aber leider in der Praxis unrealistisch. Es ist unwirtschaftlich, und wir haben einfach nicht die Arbeitskräfte dafür. Zeigen Sie mir mal die Leute, die für acht Euro und fünfzig Cent pro Stunde den ganzen Tag lang mit der Hand Unkraut jäten. Sie malen ein sehr romantisches Bild von der Landwirtschaft.

> *»Sie malen ein sehr romantisches Bild von der Landwirtschaft«*
> HELMUT SCHRAMM

De Schutter: Das ist keine Romantik, sondern eine Chance. In Entwicklungsländern ohnehin, denn in Kleinbauernfamilien gibt es zwar Arbeitskräfte, aber wenig Geld für Dünger und Pflanzenschutzmittel. Genauso könnten wir in Europa Jobs auf dem Land schaffen. Die Arbeiter müssten bessere Löhne kriegen – das geht, wenn wir mehr für Essen ausgeben. Und wenn die Bauern den größten Anteil des Geldes abbekommen, nicht die Supermärkte.

> *»Agrarökologie ist keine Romantik,*
> *sondern eine Chance«*
>
> OLIVIER DE SCHUTTER

ZEIT: Wir sitzen in der Zentrale von Bayer Crop Science Deutschland, hier wird an neuem Saatgut und an Pflanzenschutzmitteln geforscht. Wie beeinflusst die Agrarchemie die Böden?

De Schutter: Auf 83 Prozent der Flächen in Europa findet man Pestizidrückstände!

Schramm: Das heißt aber doch nicht, dass wir die Felder vergiften. Mit den präzisen Analyseverfahren von heute finden wir alles überall. Ich erinnere an Paracelsus: Erst die Dosis macht das Gift.

De Schutter: Paracelsus gilt, aber die Allgegenwart der Agrargifte führt dazu, dass sich Menge und Wirkung summieren. Gerade aus diesem Grund besteht bei Glyphosat der Verdacht, dass es Krebs erzeugt.

ZEIT: Dieser Streit wird in den USA gerade juristisch ausgetragen. Wir reden über Böden.

De Schutter: Im Erdreich wirkt die Anreicherung mancher Schädlings- und Unkrautvernichtungsmittel unmittelbar. Wir brauchen in der EU dringend ein Monitoring für Pestizide, denn sie können die biologische Vielfalt des Bodenlebens zerstören. Diese ist jedoch existenziell, damit organische Stoffe wie Blätter, Stroh und Mist »verdaut« werden können. Nur so bleibt der Boden auf natürliche Weise fruchtbar. Sonst muss man schwindende Fertilität mit höheren Kunstdüngergaben ausgleichen.

Schramm: Diese Sorgen müssen Sie sich nicht machen. Die Zulassungsverfahren bewerten unsere Produkte haarklein. Wir wissen genau, wie Pestizide abgebaut werden. Und ob sie Bienen, Feldvögeln, Wasserflöhen und Regenwürmern schaden.

ZEIT: Eine Studie der Leopoldina hat die Aussagekraft dieser Verfahren kürzlich infrage gestellt. Bei vielen Tests wird bezweifelt, ob sie die Wirklichkeit auf dem Acker erfassen.

Schramm: Nicht wir schreiben die Anforderungen vor, sondern die Zulassungsbehörden – nach dem jüngsten Stand der Wissenschaft. Ich widerspreche Ihrem pauschalen Vorwurf energisch: dass Landwirte, die mit modernen Technologien arbeiten, schlecht wirtschaften. Wer ökologisch anbauen will, der soll das gern tun. Aber eine mechanische Unkrautkontrolle mit Pflug und Striegel tötet Würmer, Vogelnester und Kleingetier, außerdem erntet man oft nur die Hälfte. Warum haben wir nur acht Prozent Ökobauern? Weil Bio nicht profitabel ist – außer in der Nähe großer Städte, wo Sie zahlungskräftige Kunden finden.

De Schutter: Einspruch! Der Ökoanbau setzt sich nicht schneller durch, weil sich die negativen Umweltfolgen des konventionellen Landbaus nicht in den Preisen spiegeln. Wir brauchen einen gesetzlichen Rahmen, damit der Markt die schlechte Bewirtschaftung bestraft und die gute belohnt. Studien zeigen, dass der biologische Anbau sogar mehr Erträge bringen kann als der konventionelle, besonders auf der Grundlage von Mischkulturen.

Schramm: Da müssen wir mal gegenseitig die Studien austauschen. Ich lese immer nur von niedrigeren Ernten. Eine wachsende Weltbevölkerung ökologisch zu ernähren funktioniert deshalb nicht.

De Schutter: Das Problem der Vergleiche ist, dass meist die Tonnagen einer einzelnen Hauptfrucht gezählt werden. Klar sind zehn Tonnen Mais aus Monokulturen mehr als sieben aus Mischkulturen. In diesen mag tatsächlich weniger Mais wachsen – aber dafür kommen vom gleichen Feld auch noch Bohnen und Kürbisse auf den Tisch. Solche agrarökologischen Ansätze helfen den Bauern in ärmeren Ländern, schnell mehr zu ernten.

ZEIT: Besonders in Afrika, aber auch in Europa geben Kleinbauern auf. Was kann man da tun?

De Schutter: Dieses Riesenproblem gibt es weltweit: Wer nicht wächst, kann im Wettbewerb um Märkte und Äcker nicht bestehen. In der EU steigen die Boden- und Pachtpreise vor allem als Folge einer Agrarpolitik, die Zuwendungen pro Hektar überweist – die größten Farmer kriegen am meisten Geld, die Spekulation wird angeheizt. Das muss sich dringend ändern.

Schramm: Ich finde es auch bedenklich, dass immer weniger Bauern immer mehr Land gehört. Die junge Generation steigt aus oder hat keine Chance einzusteigen. Das ist aber eine gesellschaftliche Frage, bei der wir als Unternehmen wenig tun können.

De Schutter: Sie sind da keineswegs außen vor, Herr Schramm. Nach der Fusion mit Monsanto ist Bayer der größte von nur noch vier Saatgut- und Agrochemiekonzernen. Mit Ihrem Einfluss tragen Sie eine Mitverantwortung. Die EU-Agrarförderung ist auch deshalb nicht auf Nachhaltigkeit umgestellt, weil die Konzerne das große Knappheitsnarrativ propagieren: »Wir sind in der Pflicht, die Welt zu ernähren.« Dieser Gedanke stammt aus den sechziger Jahren. Damals kam die Produktivität der Landwirtschaft dem Bevölkerungswachstum nicht hinterher. Heute sind nicht Lebensmittel knapp, sondern natürliche Ressourcen wie Wasser und Böden.

Schramm: Ich gebe Ihnen recht: Angesichts unserer Größe sollten wir bei der Problemanalyse und bei den Lösungen ganz vorne sein. Die 500

Millionen Kleinbauern, von denen viele weniger als zwei Hektar haben, brauchen Hilfe. Deshalb bieten wir ihnen Trainings zum Pflanzenbau an, von der Aussaat bis zur Vermarktung, inklusive der richtigen Anwendung von Pflanzenschutzmitteln. In Asien und Afrika konnten die Beteiligten ihr Einkommen teilweise verdreifachen. Es sind die Kleinbauern, die dem Hunger vorbeugen!

De Schutter: Für diesen Satz muss ich Ihnen danken, Herr Schramm. Dass Bayer den Wert der Kleinbauern für die Welternährung erkennt: Das ist wirklich wichtig. Jetzt wünsche ich mir von Ihnen noch die Botschaft, dass Agrarökologie die Methode des 21. Jahrhunderts ist.

Schramm: Wir stehen schon mitten in diesem Wandel. Im Rahmen unseres ForwardFarming-Programms probieren wir nachhaltige Methoden aus. Blühstreifen zum Beispiel, Bienenhotels, Lerchenfenster. Was sich in Experimenten mit Landwirten bewährt, fließt in unsere Beratung ein. Wir befassen uns außerdem intensiv mit Digitalisierung. Denn auch präzisere Daten über den aktuellen Zustand der Pflanzen und Böden helfen, mit weniger mehr zu ernten. In unserem Businessmodell der Zukunft können wir solche Daten anbieten.

ZEIT: Das bringt uns zu der wichtigen Frage: Welche Forschung brauchen die Böden?

Schramm: Wir werden weiterhin Produkte für den Pflanzenschutz entwickeln; solche, die noch verträglicher für die Umwelt sind als die jetzigen. Wir werden Schädlinge, Unkräuter und Krankheiten immer in Schach halten müssen. Mit dem Kauf von Monsanto haben wir jetzt die Gelegenheit, Pflanzen zu züchten, die widerstandsfähiger sind und weniger Chemikalien brauchen.

De Schutter: Fragt sich, wogegen sie resistent sind. Nach der Fusion mit Monsanto habe ich die Sorge, dass das neue Unternehmen vor allem solche Saatgutsorten züchtet, die zu seinen Agrarchemikalien passen. Schon bei der Paketlösung aus Mais oder Soja, die gentechnisch gegen das Unkrautvernichtungsmittel »Round-up Ready« resistent gemacht wurden, wollte Monsanto zwei Ziele erreichen: den Absatz von Saatgut *und* jenen der Herbizide steigern.

Schramm: Es stimmt, dass Monsanto mit Herbizidtoleranzen begonnen hat. Aber das war bei der Gentechnik doch nur der Anfang. Im vergangenen Jahr wären trockenheitsresistente Pflanzen nützlich gewesen. Oder was könnten Sie gegen eine Kartoffel haben, die dem Pilz der Kraut- und Knollenfäule widersteht?

ZEIT: Solche Pflanzen sollen durch neue gentechnische Verfahren wie »Crispr/Cas9« schneller entwickelt werden. Mit Genom-Editierung werden auch Mikroorganismen für die biologische Belebung der Wurzelsysteme erforscht. Eine Chance?

De Schutter: Regierungen glauben oft an technologische Zauberformeln – ich bin da total skeptisch. Bei den neuen Züchtungsverfahren ist vieles ungeklärt, etwa die Folgen für die Artenvielfalt oder die Vergabe von Patenten. Für mich ist das Schlüsselproblem die Konzentration der Wirtschaftsmacht; sie wird durch die neue Gentechnologie verschärft. Wir müssen verhindern, dass die Abhängigkeit der Bauern von einer Handvoll Anbieter noch größer wird.

Schramm: Das Gegenteil ist richtig! »Crispr/Cas9« ist relativ einfach und rechnet sich leichter, sodass mittelständische Züchter größere Chancen bekämen. Ich finde es schade, dass diese Technologie in Europa mit Gentechnikauflagen reguliert bleibt.

ZEIT: Können Sie als Agrarmanager und Sie als Leiter eines agrarpolitischen Thinktanks Pasta oder Steaks genießen, ohne an den Job zu denken?

Schramm: Ich esse gerne; nicht jeden Tag Fleisch, aber ab und zu. Und ja: Dabei bin ich stolz, dass ich zur Erzeugung guter Lebensmittel beitrage.

De Schutter: Es ist gut für Böden und alle anderen Ressourcen, wenn wir mehr pflanzliche Nahrung zu uns nehmen. Unser Fleisch wird meist mit Soja aus Südamerika erzeugt, für die tropische Wälder fallen. Ich habe es von meinem Speiseplan gestrichen.

ZEIT: Könnten wir in Zukunft auch ohne Böden auskommen, indem wir Lebensmittel auf Substraten in Gewächshäusern erzeugen? Holland radikal?

Schramm: Für Gemüse aus Treibhäusern mag es eine wachsende Nische geben, auch in den Städten. Aber Urban Gardening wird die Böden nirgendwo auf der Welt ersetzen. Wir sollten alles tun, um sie für künftige Generationen zu schützen.

De Schutter: Das kann ich voll unterschreiben, Herr Schramm! Zum Schluss möchte ich Ihnen noch einmal danken: für Aspirin. Das ist noch immer das Beste, was Bayer entwickelt hat.

Helmut Schramm (60) ist Agrarwissenschaftler. Seit Januar ist der langjährige Bayer-Manager dort President Agricultural Affairs. Auch als Präsident des Industrieverbands Agrar vertritt er die Interessen der agrochemischen Industrie.

Olivier De Schutter (50) lehrt Völkerrecht an der Universität Louvain (Löwen) in Belgien. Bis 2014 war er UN-Sonderberichterstatter für das Menschenrecht auf Nahrung. Heute leitet er IPES Food, einen Thinktank für Welternährung.

DAS GESPRÄCH FÜHRTEN CHRISTIANE GREFE
UND URS WILLMANN

DIE HAUT DER ERDE

VON ANNE GERDES, CHRISTIANE GREFE
UND URS WILLMANN

»Der Humusgeruch ist der Geruch Gottes, der Geruch der
Wiederauferstehung, der Geruch der Unsterblichkeit«

»SCHEISSKULTUR« (1979/80), FRIEDENSREICH HUNDERTWASSER

DER ÖSTERREICHISCHE KÜNSTLER UND UMWELTSCHÜTZER ZOG
EINE PARALLELE ZWISCHEN CHRISTLICHEM AUFERSTEHUNGS-
MOTIV UND NATÜRLICHEM NÄHRSTOFFKREISLAUF

Eine Hälfte Acker, ein Drittel Wald

Deutschland, aufgeteilt nach der Fläche, die verschiedene Nutzungsarten
beanspruchen

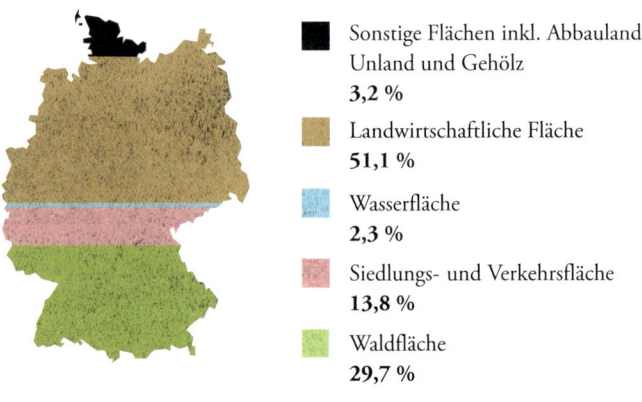

Sonstige Flächen inkl. Abbauland,
Unland und Gehölz
3,2 %

Landwirtschaftliche Fläche
51,1 %

Wasserfläche
2,3 %

Siedlungs- und Verkehrsfläche
13,8 %

Waldfläche
29,7 %

Quelle: Statistisches Bundesamt 2017

Heimat für Billionen

So viele Lebewesen bevölkern einen durchschnittlich fruchtbaren Kubikmeter Boden

30.000.000.000.000
Bakterien: Die meisten gewinnen Energie fürs Überleben, indem sie tote organische Substanz abbauen

100.000.000.000
Pilze: Als Symbionten liefern sie zum Beispiel Stickstoff – und erhalten von Pflanzen Zucker aus der Fotosynthese

100.000.000
Algen: Die meisten stammen von Süßwasseralgen ab. Im Boden dienen sie tierischen Organismen als Nahrung

1.000.000
Fadenwürmer: Sie leben in großer Vielfalt fast überall, im Wasser oder in der Erdkruste

300
Tausendfüßer: Sie fressen in der Regel Pflanzen, im Gegensatz zu den meist fleischfressenden Hundertfüßern

100
Regenwürmer: Symbol für gesunden Untergrund, mit dem Bau ihrer Gänge belüften und mischen sie den Boden

Quelle: Heinrich-Böll-Stiftung, Bund für Umwelt und Naturschutz Deutschland u. a., »Bodenatlas« (2015)

Fußballfelder

So viel Platz wird jeden Tag in Deutschland in Siedlungs- und Verkehrsflächen umgewandelt

Quelle: Umweltbundesamt 2016/Statistisches Bundesamt 2017

Große Gruben

So viele Tonnen Gestein und Erdreich werden bewegt, um eine einzige Tonne wertvolles Metall oder Kohle zu erhalten

Quelle: Wuppertal Institut/»Bodenatlas« (2015)

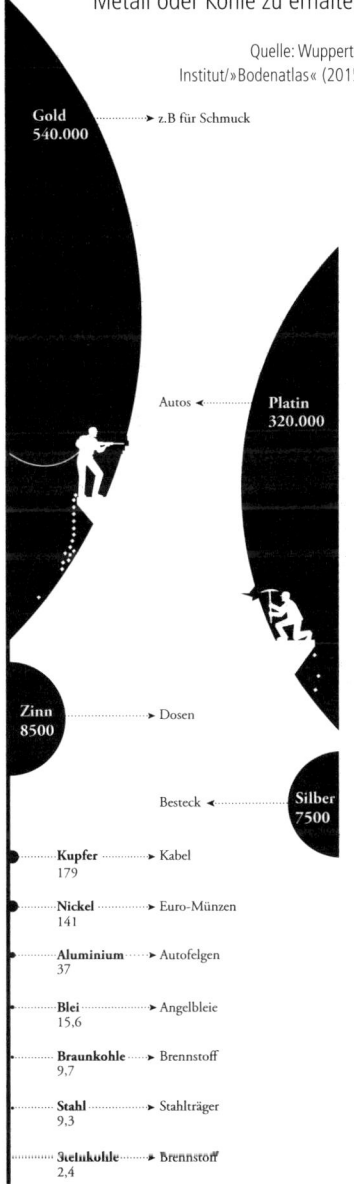

Gold
540.000 ....▶ z.B für Schmuck

Autos ◀············ Platin
320.000

Zinn
8500 ············▶ Dosen

Besteck ◀············ Silber
7500

········ Kupfer ········▶ Kabel
179

········ Nickel ········▶ Euro-Münzen
141

········ Aluminium ········▶ Autofelgen
37

········ Blei ········▶ Angelbleie
15,6

········ Braunkohle ··▶ Brennstoff
9,7

········ Stahl ········▶ Stahlträger
9,3

········ Steinkohle ··▶ Brennstoff
2,4

In allen Farben

Gestein, Feuchtigkeit, Lebewesen: Unzählige Faktoren sorgen
dafür, dass rein mineralisches Material in Jahrtausenden zu
unterschiedlichen Bodenarten wird. Eine kleine Auswahl

Andosol – aus vulkanischen Aschen bildete sich schwarzer Humus.
Der Boden vermag viel Wasser und Nährstoffe zu binden. Er kommt in
Island, Neuseeland und in der Eifel vor

Schwarzerde – exzellenter Nährstoffspeicher. Bildet die Basis
fruchtbarer Steppen (ungarische Puszta, Mittelwesten der USA) und
der Magdeburger und Hildesheimer Börde

Kalkmarsch – auf entwässerten Gebieten entlang der
Nordseeküste. Ihre Fruchtbarkeit (Getreide, Raps, Kohl) verdankt sie
den Regenwürmern, die Kalzium mögen

Podsol – solche »Bleicherde« bildete sich bei Lüneburg aus
Dünensand unter Heidekraut. Sie ist nährstoffarm. Damit sie als Acker
taugt, wird sie intensiv gedüngt

Wo CO2 gebunkert wird

So viel Kohlenstoff speichern
weltweit die unterschiedlichen
Ökosysteme

Quelle: »Bodenatlas« (2015)

Klimafaktor Moore

Sie sind mit Abstand die
leistungsfähigsten Kohlenstoffspeicher.
Obwohl sie weltweit nur einen Bruchteil
der Landfläche ausmachen, halten sie am
meisten CO_2 davon ab, in die Atmosphäre
zu entweichen. Um langfristig das Klima
zu schützen, lohnt es sich, Feuchtgebiete
wieder ihrem Urzustand anzunähern

Fläche Ökosystem
in Mio. km²

Kohlenstoff
in Mrd. t

Quelle:
»Bodenatlas« (2015)

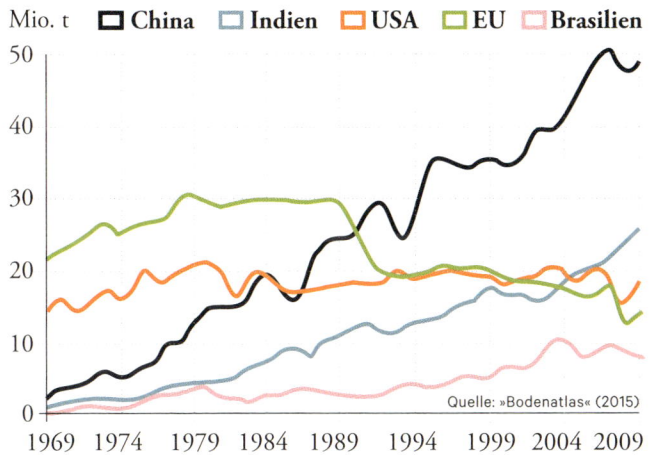

| 588 | 372 | 191 | 117 | 121 | 657 | 10 |
| 37,3 | 33,3 | 30 | 14,8 | 9,5 | 6,2 | 2 |

Wer düngt wie viel?

In Europa sinkt der Mineraldünger-Verbrauch, in China steigt er

Mio. t ■ China □ Indien □ USA □ EU □ Brasilien

Quelle: »Bodenatlas« (2015)

EIN METER MAL EIN METER ERDE

*Der amerikanische Biologe David G. Haskell hat
die Natur auf einzigartige Weise studiert: Ein Jahr
lang beobachtete er einen Quadratmeter Wald.
An diesem Ort spricht er nun über die Netzwerke
der Bäume und die Rolle des Menschen*

EIN INTERVIEW MIT DAVID G. HASKELL

David G. Haskell: Haben Sie das gehört?

DIE ZEIT: Was so klang wie ein quietschender Reifen?

Haskell: Ja, das war eine Indianermeise. Sie nisten auf dem Boden. Jetzt
ist gerade die Zeit, in der viele Zugvögel hier ankommen. Einige bleiben
hier, viele ziehen aber weiter nach Kanada, in die riesigen Nadelwälder
dort. Schauen Sie mal hier.

ZEIT: Eine Schnecke.

Haskell: Die Artenvielfalt von Landschnecken ist in dieser Gegend sehr
hoch. Die Tiere grasen den dünnen Teppich aus Algen und Pilzen ab,
der viele Oberflächen überzieht.

ZEIT: Was diese Schnecke frisst, ist für uns nicht wahrnehmbar.

Haskell: Ihre Raspelzunge ist ihr Schlüssel zur Welt. Schnecken und Menschen besitzen grundverschiedene Systeme für Wahrnehmung und Ernährung. Man könnte sagen, dass wir in getrennten Welten leben. Hier im Wald wimmelt es von Paralleluniversen, von fantastischen Netzwerken, die Lebensformen miteinander verbinden. Diese anderen Welten sind für uns kaum vorstellbar.

ZEIT: Es ist interessant, dass Sie das als »Paralleluniversum« bezeichnen. Schließlich sind wir doch jetzt gerade ein Teil davon.

Haskell: Jede Kreatur, uns Menschen eingeschlossen, lebt innerhalb ihrer eigenen sensorischen Realität. Hier, dieser Hundertfüßer: Wenn ich ihn jetzt in die Hand nehme, was riechen Sie?

ZEIT: Unangenehm. Ist das Zyanid?

Haskell: Das ist ein Teil seines Chemikaliencocktails, mit dem er sich verteidigt. Der Hundertfüßer ist giftig und deshalb so auffällig bunt gezeichnet. Er zeigt, dass er schlecht schmeckt.

ZEIT: Der Quadratmeter Wald, den Sie über ein Jahr beobachtet haben, wirkt ziemlich unspektakulär. Längst nicht so dicht und verwuchert, wie ich mir den Ort vorgestellt habe.

Haskell: Das mit dem Verwuchern ist so eine Sache. Vor nicht allzu langer Zeit muss hier ein großer Baum umgestürzt sein. Jetzt sehen Sie, dass all die jüngeren Bäume nach oben schießen, dem Licht entgegen. Licht ist hier unten die zentrale Überlebensfrage. Sehen Sie diese Pflanze dort, die Fußblätter? Was aussieht wie viele verschiedene Pflanzen, ist ein einziges Individuum. Vieles hier ist nicht so, wie es scheint. Keiner dieser Bäume ist ein Einzelkämpfer, Vertreter unterschiedlicher Arten stehen über Netzwerke von Pilzen miteinander in Kontakt. Ein Wald sieht vielleicht aus wie eine Ansammlung von Individuen. Aber das führt in die Irre. Wir müssen ihn als Netzwerk begreifen. Genau diese Idee behandle ich in meinem neuen Buch *Der Gesang der Bäume.*

ZEIT: Die meisten Theorien der Biologie, Chemie, Wirtschaft oder Religion gehen von der Idee eines Individuums aus. Die fundamentale Grundeinheit der Physik ist das Atom, in der Biologie eine Art, eine Spezies. Auch in der Religion geht es um die Entscheidungen eines Einzelnen.

Haskell: Es steckt viel Wahrheit darin, so auf die Welt zu schauen. Aber es gibt den anderen Blick, in dem diese Dinge nur temporäre Manifestationen temporärer Verbindungen eines Netzwerks sind. Und dieses Netzwerk überlebt die Zeiten und entwickelt sich. Wenn Sie diesen Baum von seinem Netzwerk abschneiden, dann stirbt er.

ZEIT: Fließen jetzt in diesem Moment Informationen durch das Wald-Netzwerk?

Haskell: Natürlich. Die Wurzeln dieses Baums hier sind über unterirdische Pilze mit vielen anderen Bäumen verbunden. Wird einer von Insekten befallen, gelangt diese Information ins gesamte Netzwerk. Als wir uns vom Auto auf den Weg gemacht haben, sind auch wir Teil davon geworden. Unsere Ankunft ist von Vogelrufen durch den Wald getragen worden, deshalb werden wir wahrscheinlich keine Füchse oder Hirsche sehen. Sie können an diesem Ort nicht unbemerkt auftauchen.

ZEIT: Wir sind hier umgeben von unzähligen Pflanzen. Warum hat jede Art eine eigene Blätterform?

Haskell: Das ist eine gute Frage. Ich habe viel Zeit damit verbracht, in der Literatur nach einer Antwort zu suchen. Was sind die Kosten und Vorteile dieser Formen? Niemand weiß das.

ZEIT: Dieser Trieb sieht aus wie eine Schnecke.

Haskell: Das ist ein Klapperschlangen-Farn. Als Forscher sein Erbgut untersuchten, haben sie entdeckt, dass die meisten Gene zur Farn-Familie gehören – aber auch einige gefunden, die für Misteln typisch sind. Dieser Parasit hat den Vorgänger des Farns parasitiert, und es kam zu einem Genaustausch über Pflanzenfamilien hinweg. Eine unscheinbare Pflanze – und so eine coole Geschichte!

ZEIT: Gewinnt der Wald Geheimnisse, wenn man mehr über ihn weiß?

Haskell: Das allermeiste, was hier vor sich geht, verstehen wir überhaupt nicht. Nehmen Sie die Waldlilien hier. Schön, unscheinbar, fragil. Doch ihre unterirdischen Teile können sehr alt werden, mehrere Jahrzehnte. Wie alt, hat man nie gemessen.

ZEIT: Sie haben sich ein Jahr lang für viele Hundert Stunden in den Wald gesetzt. Sie haben keine Erwartungen, keine Hypothesen gehabt. Aber erwächst neues Wissen nicht aus dem Abgleich zwischen Annahme und Realität?

Haskell: Ja, schon, und für mich als Hochschullehrer und Forscher funktioniert das auch so. Aber ich wollte einen Bereich haben, in dem ich einfach zuhören kann, aufmerksam sein kann, ohne eine spezielle Fragestellung. Ich möchte mich hinsetzen, schauen und aufpassen, was im Moment passiert.

ZEIT: Haben Sie sich gelangweilt?

Haskell: Hm. Ich glaube, dass Langeweile unser Freund ist. Sie ist ein Signal an meinen Geist: Zeit, zuzuhören, zu riechen, genauer hinzusehen. Das ist das Gegenteil von unserer normalen Reaktion auf Langeweile: ablenken oder weggehen.

ZEIT: Aber haben Sie sich nun gelangweilt?

Haskell: Langeweile war selten ein Problem. Dabei kann es ziemlich deprimierend hier draußen sein – etwa im Februar, wenn es feucht und kalt ist. Die Welt sieht dann flach und nicht besonders interessant aus, jedenfalls für uns Menschen. Aber wenn man darauf achtet, was andere Arten tun, entdeckt man genug Erstaunliches, in das man sich vertiefen kann.

ZEIT: Würden Sie diesen Wald eigentlich als unberührt bezeichnen?

Haskell: Das Wort ergibt wenig Sinn. Auch das Streben nach »unberührter Wildnis« im Naturschutz halte ich für den falschen Weg, über die Natur nachzudenken. Es impliziert, dass eine Welt ohne menschlichen Einfluss eine bessere ist, irgendwie purer.

ZEIT: Menschen haben einen fatalen Einfluss auf viele Ökosysteme, wir steuern auf ein massenhaftes Artensterben zu, unsere Atmosphäre erwärmt sich. Für das meiste Leben auf dem Planeten wäre das Leben ohne Menschen auf der Erde wohl besser.

Haskell: Ich sage nicht, dass es in Ordnung ist, alles zu asphaltieren, Tiere in Fabriken zu mästen, Arten auszurotten. Aber ich glaube, dass wir eine Ethik der Zusammengehörigkeit brauchen.

ZEIT: Was soll das sein?

Haskell: Nehmen wir diesen Wald. Er ist wunderschön, seine einzelnen Elemente fügen sich zu einem Ganzen, er vibriert, ist voller Leben – Menschen eingeschlossen. Hier und da befriedigen Menschen ihre Bedürfnisse, fällen etwa Bäume oder jagen. Andere Areale werden ganz in Ruhe gelassen. Dort entscheiden andere Arten, Wind und Feuer darüber, wie die Zukunft aussieht.

ZEIT: Sie ziehen also keine Grenzen zwischen Mensch und Natur.

Haskell: Menschen sind natürlich! Ein Flugzeug und ein Wolkenkratzer auch, denn sie sind aus Dingen gemacht, die aus der Erde kommen und durch den menschlichen Geist geformt sind. Und der ist ein Resultat der natürlichen Selektion. Ein Flugzeug ist so natürlich wie ein Vogelnest.

ZEIT: Noch nie hatte eine Primatenart einen so großen Einfluss auf die Erde wie wir heute, und das ist global gesehen kein guter.

Haskell: Unser Geist ist mächtig, er hat etwa herausgefunden, wie man fossile Brennstoffe nutzbar kann. Die Ethik, die wir brauchen, erreichen wir nicht, indem wir uns als Aliens auf diesem Planeten begreifen. Das würde bedeuten, dass wir unsere Natur verneinen. Hören Sie diesen Rotkardinal singen? Er macht nichts anderes als wir beide gerade. Die eine Handlung ist nicht mehr oder weniger natürlich als die andere.

ZEIT: Mit dieser Einstellung lässt sich jeder Eingriff des Menschen in die Umwelt als natürlich rechtfertigen.

Haskell: Wenn ich hier eine Kohlemine eröffnen würde, den Wald fällte und die Bäche und Flüsse stromabwärts vergiften würde: Wäre das in Ordnung? Ich glaube, dass eine Antwort nur aus der tatsächlich gelebten Beziehung zum Wald oder jedem anderen Ökosystem kommen kann. Was falsch oder richtig ist, lässt sich nicht von außen sagen. Jemand, der eine enge Beziehung zum Wald hat und mit ihm lebt, kann sagen, was ein Wald braucht. Nicht jemand, der in einem Firmen- oder Naturschutzbüro sitzt.

ZEIT: Wir leben heute in Systemen, die entkoppelt sind von natürlichen Kreisläufen wie dem Fluss von Nähr- oder Rohstoffen. Nehmen Sie das Erdöl: Wir verbrennen, ohne mittelfristig dafür zu sorgen, dass die Reserven wieder aufgefüllt werden.

Haskell: Woher kommt unser Essen? Woher die Baustoffe, aus denen unser Haus besteht? Was genau passiert mit dem Pappbecher, den wir in den Müll werfen? Kaum einer weiß das, insofern haben Sie recht. Ohne unsere Beziehungen zu unserer Umwelt und zu anderen Spezies können wir keine guten Entscheidungen treffen. Erst das Bewusstsein über die

Natur lässt Menschen weise Entscheidungen treffen. Und eine Antwort auf die Frage finden, ob wir so weitermachen wollen wie bisher oder einen anderen Pfad wählen.

ZEIT: Es gibt zu viele Menschen, die wenig Interesse haben, sich damit auseinanderzusetzen.

Haskell: Wenn unser Leben von den Konsequenzen unserer Handlungen getrennt bleibt, wird es sehr schwer, eine gute Ethik zu entwickeln. Wenn wir ignorant sind – und das sind wir –, wie sollen wir gute Entscheidungen treffen? Oder überhaupt erst wissen, worum wir uns sorgen sollen? Ignoranz ist der Feind guten Handelns.

ZEIT: Da drüben liegt ein Beispiel: ein verrottender Baumstamm. In einem bewirtschafteten Wald würde er nicht herumliegen. Was ist nun richtig?

Haskell: »Totholz« heißt das in der Sprache der Förster. Was für ein Begriff! Diesen Stamm als Verschwendung anzusehen ist nachvollziehbar, wenn man das menschliche Bedürfnis nach Holz betrachtet. Aber nicht, wenn man an einen Specht denkt, der dort Nahrung findet. Die Hälfte aller Tierarten hier ist auf irgendeine Art und Weise mit umgefallenen Bäumen assoziiert. Und das hat seinen Grund: Holz ist aus langkettigen Zuckermolekülen aufgebaut. Da drüben liegt also ein zwanzig Meter langer Kuchen, der vor sich hin rottet.

ZEIT: Es gibt wahrscheinlich wenig Menschen, die den Anblick von verrottendem Holz schön finden.

Haskell: Wer weiß, dass viele Salamander und Wildblumen und Pilze genau davon abhängen, wird einen Wald ohne verrottendes Holz unheimlich finden. Totes Holz ist der Ursprung von neuem Leben. Und das ist schön.

ZEIT: Haben wir verlernt, die vielen kleinen Wunder der Natur wahrzunehmen?

Haskell: In vielen Fällen sind wir uns gar nicht bewusst, welche fantastischen Dinge in ihr passieren. Ein Vogel, der über einen Parkplatz fliegt – dass ein Wirbeltier mit einer ähnlichen Knochenstruktur wie meiner sich aus eigener Kraft kontrolliert in die Luft erhebt und auf einem Baum landet. Das ist doch verrückt! Es gibt auch weniger offensichtliche Beispiele: Dieses Leberblümchen ist hierhin gelangt, weil irgendwann einmal eine Ameise einen Samen hierher gezogen hat. Oder hier, dieser Schmetterling, ein Tigerschwalbenschwanz …

ZEIT: Ein Beispiel für etwas, das wohl fast jeder schön findet. Warum eigentlich?

Haskell: Meine Antwort, für die ich keine Beweise habe, ist: vielleicht weil er ähnlich groß ist wie ein Gesicht. Unser Nervensystem ist adaptiert, Dinge eines bestimmtes Größenbereichs zu sehen. Ein Wal? Beeindruckend. Aber schön? Ein Bonsai hingegen? Schon eher. Überhaupt tendieren wir dazu, Dinge entweder abzulehnen oder als absolut wunderbar zu betrachten. Der Wald ist der Ort, an dem beides wahr ist: Er ist voller Grausamkeit und Schmerz, gleichzeitig steckt er voll unglaublicher Schönheit und Freude. Wie das Leben.

Mit seinem Buch »Das verborgene Leben des Waldes«, das für den Pulitzer-Preis nominiert wurde, ist Haskell vor einigen Jahren bekannt geworden. Das Waldstück, in dem er viele Hundert Stunden verbrachte, liegt nahe dem Gelände seiner Uni, der University of the South (Sewanee), in Tennessee. Würde Haskell nicht plötzlich stehen bleiben, würde man den Ort nicht erkennen: ein lichter, unscheinbarer Flecken voller Laub, umrahmt von bemoosten Steinen.

DAS GESPRÄCH FÜHRTE FRITZ HABEKUSS

PHÖNIX AUS DER ASCHE

Auf einem Versuchsfeld im Kohletagebau verfolgen Cottbuser Forscher, wie sich auf toter Materie Leben entwickelt

VON URS WILLMANN

Dem Dreck, zerbröselt man ein paar Krümel Lausitzer Boden zwischen den Fingern, sieht man nichts an. Aber er ist besiedelt. Wo der Laie nur Sand und Schmutz erblickt, ist der Forscher mit seinen Gedanken mittendrin in einem faszinierenden Kosmos. Der Forscher heißt Michael Elmer, ist Landschaftsökologe und weiß: Hier tobt das Leben.

Auf dem Versuchsgelände »Künstliches Wassereinzugsgebiet Hühnerwasser« finden er und seine Kollegen bis zu 40.000 Bodenmilben und Springschwänze pro Quadratmeter. Hier bewegen sich Horden von Schalenamöben in dünnen Wasserfilmen zwischen den Bodenpartikeln und jagen Bakterien. Pro Quadratmeter sind drei Gramm Bärtierchen und ein Gramm Fadenwürmer unterwegs: Das klingt nach wenig, aber allein diese beiden Tiergruppen stellen in dieser vermeintlichen Einöde zwei bis vier Millionen Individuen.

Im Jahr 2005 war dieses Stück Boden im Tagebauareal Welzow-Süd, zwanzig Kilometer südlich von Cottbus, noch wirkliche Einöde. Nachdem Riesenbagger dem Untergrund seine Braunkohle entrissen und Vattenfall sie im Kraftwerk Schwarze Pumpe verheizt hatte, musste der Stromerzeuger das zerstörte Gelände pflichtgemäß rekultivieren. Sechs Hektar des malträtierten Landes stellte er den Bodenkundlern der Brandenburgischen Technischen Universität (BTU) Cottbus als Versuchsgelände zur Verfügung. Über die sogenannte Basisschüttung, mit der die Löcher des Tagebaus aufgefüllt sind, wurde eine 200 Meter breite, leicht abschüssige Tonschicht gelegt – damit das Regenwasser langsam nach unten abfließt und nicht versickert. Darüber liegt nun eine zwei bis drei Meter starke Deckschicht: das originale Substrat aus saalezeitlichem Geschiebesand und Sandlehm. Am unteren Ende des Versuchsgeländes sammelt sich das Grundwasser in einem künstlichen See.

Kürzlich wagte sich der erste Säuger auf die Versuchsfläche – eine Maus

Seither können Hydrologen und Limnologen beobachten, wie der Grundwasserspiegel kontinuierlich steigt. Das Rinnsal, das heute aus dem See abfließt und versickert, wächst dereinst vielleicht zu einem Bächlein heran, das die ferne Spree speist – wie das auf alten Karten verzeichnete natürliche Hühnerwasser. Geografen, Bodenzoologen, Mikrobiologen und Ökologen, die in einem internationalen Forschungsverbund kooperieren, verfolgen derweil ein spannendes Experiment: wie Leben den humuslosen Boden wieder in Besitz nimmt. Im März 2009 ist das Projekt als einer der 365 »Orte der Ideen« ausgezeichnet worden. Kein Dünger wurde dem Boden zugesetzt, keine Staude gepflanzt, kein Organismus in der Todeszone künstlich angesiedelt.

Die Natur muss selber ran, einwandern, Stoffwechsel in Gang setzen. Um ihre Erfolge festzuhalten, messen die Wissenschaftler permanent Niederschläge, Bodenfeuchte und den Grundwasserspiegel, sie zählen Mikroorganismen und die Samen von Pionierpflanzen, die herbeifliegen und in schmierigen Fallen kleben bleiben. Auf Kärtchen wird eingezeichnet, wie Flora, Fauna und Erosion die einst platte Fläche mit ihrem leichten Gefälle in ein buntes Gelände verwandeln. Zu Beginn der Versuche fand Elmer im Untergrund fast ausschließlich Bakterien und einige Pilze. Aber schon nach Wochen wuchs der Zoo: Amöben, Fadenwürmer, Kieselalgen. Heute lauern in feuchten Sandlöchern die Larven der Sandlaufkäfer. Sie jagen Bodenmilben und Springschwänze, schnappen zu, wenn Beute naht.

In den durchsichtigen Därmen von vielen Fadenwürmern und Bärtierchen fanden sich leuchtend grüne Algenreste. Allein das Artenspektrum der Fadenwürmer belegt genau, wie sich das Leben im Boden von Jahr zu Jahr entwickelt. Waren die ersten immigrierten Nematoden noch mehrheitlich Bakterienfresser, vermehrten sich in jüngster Zeit auffällig die Räuber, Algenfresser und vor allem wurzelsaugende Arten. Für Elmer ein klares Zeichen:»Die Nahrungsgrundlage verändert sich.« Die nächsten Viecher, die er in der Falle erwartet, sind Regenwürmer, Hornmilben und Asseln. Noch haben sie sich nicht blicken lassen. Dafür schaute der erste Säuger vorbei: eine Maus. Im Frühjahr quaken Erdkröten und Frösche am künstlichen See. Doch Wandel heißt auch Abschied nehmen. Sandlaufkäfer werde er nicht mehr lange antreffen, vermutet Elmer. Die auf diese Lebensräume spezialisierten Insekten werden weiterziehen oder verschwinden. Denn an der Oberfläche beginnt die Wüste zu ergrünen.

»Eine stürmische Entwicklung«, sagt Werner Gerwin euphorisch. Die Einschätzung überrascht, wenn man hinter dem Geografen herschreitet, hügelan, zwischen trostlos wirkenden verdorrten, meterhohen Stängeln des Kanadischen Berufkrauts. Aber Gerwin übertreibt gar nicht mal so sehr. Das Berufkraut hat im ersten Jahr sofort den ganzen Platz in Beschlag genommen und sich explosionsartig ausgebreitet. Inzwischen ist die Art wieder am Verschwinden, weil bis heute mehr als hundert Pflanzenarten das Hühnerwasser-Einzugsgebiet ebenfalls für sich entdeckt haben.

Schnell wachsende, schon mannshohe Robinien (Einwanderer aus Amerika) erobern den Luftraum. Zwischen ihren noch dünnen Stämmen sprießen Huflattich und Klee, um den Teich ist ein Schilfgürtel gewachsen. All diese Pflanzen gehen Symbiosen mit Bodenbakterien ein, denn ihre Wurzeln kamen nicht an die raren Nährstoffe im Boden heran. Die Einzeller erschließen ihnen das»dominierende Mangelelement« (Gerwin): Bakterien stellen den wertvollen Stickstoff zur Verfügung. Und profitieren im Gegenzug vom Zuwachs organischen Pflanzenmaterials im Boden.

Ein Zufall hat den Wissenschaftlern interessante Versuchsbedingungen beschert. Als ihr Urboden damals aufgeschüttet wurde, kippten die Absetzer erst die eine Hälfte voll, einige Zeit später die zweite. Das Material kam aus dem Vorfeld der aktuellen Tagebaugrube unweit des Versuchsgeländes. Zwischen der ersten und der zweiten Aufschüttung hatte

sich der gigantische Abraumbagger fortbewegt. Daher stammt das kultur-
fähige Substrat nicht exakt von derselben Stelle. Von der Art her ist es zwar
identisch (Sand aus dem Zeitalter des Quartars), aber dennoch gibt es mi-
nimale Unterschiede.

»Wir hätten nicht gedacht, dass die Folgen so groß sind«, sagt der Geo-
ökologe Wolfgang Schaaf. Er untersucht vor allem, welche Stoffe im »Aus-
gangssubstrat« den biologischen Kreislauf beschleunigen oder bremsen.
Weil der eine Untergrund einen Hauch lehmiger ist als der andere und
Feuchtigkeit besser speichert, feiert das Pflanzenleben hier das viel spekta-
kulärere Fest. »Wir haben zwei erstklassige Vergleichsflächen«, sagt Schaaf.

Auch zwei wütende Gewitter zeigten große Wirkung. Schnell abflie-
ßendes Wasser fräste metertiefe Canyons in den Boden. In diesen ero-
dierten Tälchen sammeln sich die Samen. Dort grünt es heute weitaus
intensiver als auf den teilweise versiegelten Ebenen, auf denen Wasser abfließt und schneller verdunstet.

Vier Jahre nach dem Start bleiben am Rand einige Mini-Einöden
nahezu pflanzenfrei. »Hier ist wohl geringfügig tertiäres Material rein-
geraten«, sagt Schaaf und kniet nieder, wo nichts sich regt. »Pyrit«, sagt
er – einer der schlimmsten Hemmstoffe für das Leben. Oxidiert dieses
im Volksmund Katzen- oder Narrengold genannte Mineral, dann entsteht Schwefelsäure. Der pH-Wert pyritreicher Flächen liegt ätzend tief.
Da dauert es oft Jahrzehnte, bis die Schöpfung überhaupt Anlauf nimmt.

Bis zur Wende wurde pyrithaltiger Boden einfach neutralisiert: Kalk-
haltige, basische Asche aus dem Kraftwerk wurde der sauren Erde bei-
gemischt. Diese Abfallverwertung ist heute verboten, aus Angst vor
Schwermetallen. Den DDR-Behörden ermöglichte sie, öde Abbauflächen
rasch zu begrünen: Bis zum Horizont wächst Kiefernwald, in Monokultur.

Inmitten eines solchen Schwarzkiefernhains, auf der Bärenbrücker
Höhe, unterhält die BTU Cottbus eine Versuchsparzelle. Wolfgang Schaaf
schildert, was dort im künstlich geschaffenen Boden, im »Technosol«, passiert: Die Baumwurzeln haben sich nur in den oberen 40 Zentimetern
ausgebreitet – in dem mit kalkigem Abfall entsäuerten Grund. Aber auch
darunter tut sich viel. Die Säure ist nach 40 Jahren abgebaut, übrig bleibt
das organische Material. Dessen Kohlebrocken sind erstklassige Wasser-
speicher. »Solcher Boden ist nicht nur schlecht«, sagt Schaaf und verrät,

dass auch im menschengemachten Boden eine Symbiose kleine Wunder schafft. Hier helfen Pilze den Pflanzen:»Mykorrhiza« heißt die Symbiose aus Wurzeln und Pilzen. Letztere nehmen Mineralien und aus den schwarzen Knollen Wasser auf und geben alles an die Wurzeln weiter. So überstehen die Wälder in der trockenen Lausitz auch lange Dürrephasen, fast unglaublich schnell ist auf dem Technosol Humus entstanden.

Ähnlich wird es auch im Versuchsgelände Hühnerwasser sein. »Hier hat die Vegetation Anlaufschwierigkeiten«, sagt Schaaf und erhebt sich wieder von dem sauren, toten Fleck, wo nur am Rand spitzbübisch ein paar Silbergrasbüschel den Elementen trotzen. Er ist überzeugt: Wenn in den pyrithaltigen Ecken die Säure verschwunden ist, wird auch dort der Technosol zur Turboerde. Allerdings wird es Jahrhunderte dauern, bis die Vegetation hier so vielfältig ist wie in typischem deutschen Waldboden. Erst nach und nach erarbeitet die Forschung das Inventar des Lebensreichtums im Erdgeschoss und entschlüsselt die symbiotischen Spiele, mit denen es sich die Unterwelt erschließt. Einige Zahlen belegen die Fülle: 1 Million Wimperntierchen, 10 Millionen Wurzelfüßer, 100 Milliarden Pilze, 10 Billionen Actinomyceten (meist fadenförmige Bakterien und Pflanzensymbionten) sowie 100 Billionen anderer Bakterien beleben den Humus eines Quadratmeters Waldboden.

Dieser ist dank seines (zu 90 Prozent unbekannten) Artenreichtums quasi der Regenwald unter den Weltböden. Aber nicht nur in seinem Untergrund, auch darüber sind ständig vielzählige Recyclingmannschaften beim Verwerten der Biomasse. Sie zerlegen organisches Material wieder zu anorganischem Pflanzendünger und halten so den Nahrungskreislauf in Schwung. Auf einem Hektar Wald verwerten – ohne Säuger und Vögel – schätzungsweise 15 Tonnen mehrzelliger Tiere, Pilze und Bakterien jeden Krümel Pflanzenmüll. Ihr Lebendgewicht entspricht dem dreier großer Elefanten.

Im Mikrokosmos unter der Erde geht es zu wie auf einem Drogenmarkt

Allein die Würmer vollbringen eine wahrhaft tierische Leistung: Täglich schieben sie in dieser Fläche insgesamt eine halbe Tonne Erde durch ihr

Gedärm, lockern und belüften so den Untergrund, zum Vorteil von Flora und Fauna. In diesem Mikrokosmos geht es zu wie auf einem Drogenmarkt. So liefern auch Pilze Stickstoff an viele Pflanzen. Diesen besorgen sie sich, indem sie zum Beispiel tote Fadenwürmer und anderes Material auslaugen. Die Pilze erhalten für ihre Lieferungen von den Pflanzen Kohlenhydrate (Zucker). In dieser Tauschbörse unterhalten sich Anbieter und Nachfrager mit Signalstoffen. So locken Wurzeln Tiere, Pilze und Bakterien zum Dealen an – oder sie verjagen aufdringliche Parasiten mit Giftstoffen.

Das aufblühende Leben im Hühnerwasser-Areal erforschen die Cottbuser Bodenkundler nicht allein. Eine Gruppe der Technischen Universität München kümmert sich um die Grundlagen der Fruchtbarkeit: Im Labor untersucht Ingrid Kogel-Knabner an Proben des Hühnerwasser-Bodens die »abiotisch geprägten Strukturen und Prozesse«. Die Bodenkundlerin versucht herauszufinden, welche Mineralien besonders als Ionentauscher aktiv sind und so für die Initialzündung der biologischen Besiedlung sorgen.

»Boden ist mehr als zerkleinertes Gestein«, sagt sie. Die Geschwindigkeit, mit der Boden zu Lebensraum oder zur CO_2-Senke gegen den Klimawandel wird, hängt maßgeblich von Mineralien ab: Je größer die Oberfläche der Eisenoxide, desto effizienter arbeiten sie als Tauscher von (positiv geladenen) Kationen und (negativen) Anionen. Und desto schneller entsteht lebendiger Humus.

Auch im Hühnerwasser überschlagen sich die Ereignisse. »Die ist neu hier«, sagt der Geograf Werner Gerwin, als er neben dem Pfad aus Kunststoffplatten eine Jungkiefer entdeckt. Jeder einzelne Baum ist hier persönlich bekannt. Prachtstück ist eine stattliche Robinie, die mitten auf einem Messfeld steht – fast aufdringlich, als wollte sie beim botanischen Monitoring auf keinen Fall übersehen werden.

Gespannt erwartet die Beobachtertruppe weitere Veränderungen, etwa in der Teichfauna. »Eines Tages wird hier ein Fisch schwimmen«, prophezeit Schaaf. Wie aber soll der in diese Einöde finden? »Manchmal kleben Fischeier an Wasservögeln.« Er lacht: »Enten haben wir schon.«

WIE GEHT ES DER LUFT?

WAS WIR WISSEN

Die Luft ist – zumindest in Deutschland – heute weit weniger dreckig als 1990. Aber sauber ist sie noch lange nicht. Und weltweit atmen die ärmsten Menschen den meisten Schmutz

VON DIRK ASENDORPF UND CHRISTIANE GREFE

Die Luft ist beißend, überall hinterlässt sie ihre schwarzgrauen Spuren: an den Hauswänden, auf der Wäscheleine, im Taschentuch. Im Ruhrgebiet ist man daran gewöhnt, doch in diesen Tagen wird noch mehr gehustet als sonst. Es herrscht Smog, der schlimmste, den es in Deutschland jemals gab. Viele leiden unter Asthma, Kopfschmerzen, Herz- und Kreislaufbeschwerden. 150 Menschen sterben binnen fünf Tagen, auch Kinder.

Die Lage im Dezember 1962 war dramatisch: Eine Inversionswetterlage verhinderte den Luftaustausch in der Region zwischen Duisburg und Dortmund. Tag für Tag stieg die Schadstoffbelastung. Jedes Jahr bliesen die Schlote der Montanindustrie mehr als eine Million Tonnen Staub in die Luft, Asche und Ruß, dazu vier Millionen Tonnen Schwefeldioxid. Hinzu kamen die Emissionen der Chemieindustrie und des zunehmenden Verkehrs.

Heute sind Schwefel- und Rußpartikel fast vollständig aus der Luft verschwunden, ebenso das Blei aus den Auspuffen – und das nicht nur im »Pott«. Selbst die aktuell so heiß umstrittenen Feinstaub- und Stickoxidwerte sind deutlich gesunken, seit 1990 um über 60 Prozent. Im Kampf gegen die Luftverschmutzung haben politische Entscheidungen eine Menge bewirkt. Das ist mal eine gute Nachricht bei all den Umweltdramen. Aber man soll sich nicht täuschen: Ohne Makel ist diese Nachricht nicht.

Die wohl wichtigste Einschränkung: Die Erfolge gelangen vor allem in europäischen und nordamerikanischen Ländern. Laut der Weltgesundheitsorganisation (WHO) atmen überhaupt nur zehn Prozent aller Menschen saubere Luft. 90 Prozent sind einer unterschiedlich intensiven Verschmutzung ausgesetzt. Weltweit verursacht das jedes Jahr sieben Millionen vorzeitige Todesfälle. Besonders Entwicklungs- und Schwellenländer erleben heute noch ähnlich beklemmende Situationen wie damals das Ruhrgebiet. Das betrifft osteuropäische Kohlereviere oder die Metropolen von Ägypten, Nigeria, China, Peru. Einer Studie der Universität Chicago zufolge verkürzt sich die Lebenszeit der Menschen allein als Folge der Feinstaubbelastung im weltweiten Durchschnitt um 1,8 Jahre. Doch die Unterschiede sind groß. In der EU sind es ein bis zwei Monate, in Indien 4,3 Jahre.

Das Land hat einige der dreckigsten Städte der Welt. In Delhi wollte der Smog im Winter 2017 wochenlang nicht abziehen, rund 18 Millionen Einwohner hielt er in einer Mischung aus Gasen, Staub- und Rauchpartikeln gefangen. Auch hier kam vieles zusammen: nicht enden wollender Nebel, die Emissionen aus Kraftwerken, Industrieanlagen und Auspuffen, vor allem die der 50.000 Lkw, die täglich durch die Stadt donnerten. Staub von unzähligen Baustellen. Dazu Rauchwolken aus dem benachbarten Punjab, wo Landwirte Ern-tereste verbrannten. Der Markt für Luftfilter und Schutzmasken boomte. Patienten mit Asthma und Bronchitis drängten sich in den Notaufnahmen.

Angesichts der wiederkehrenden Smoghölle bemüht sich auch die indische Regierung, die Ursachen zu bekämpfen, etwa mit Vorschriften für emissionsarme Treibstoffe oder Verboten für dreckigen Petrolkoks. Doch die Folgen des rasanten Wirtschaftswachstums für die Luftqualität hat sie nicht ausgleichen können – anders als es Deutschland im Lauf der Jahrzehnte gelang.

Als der SPD-Politiker Willy Brandt im Bundestagswahlkampf 1961 einen »blauen Himmel über dem Ruhrgebiet« forderte, wurde er noch verlacht. Damals galt das »Ortsüblichkeits-Prinzip«: Wo die Luft sauber war, mussten Schadstoffgrenzen eingehalten werden. War sie, wie im Kohlerevier, im übergeordneten wirtschaftlichen Interesse dreckig, dann sollten die Menschen dort eben damit leben. Doch die Bürger begannen, sich gegen diese Zumutung zu wehren. Der wachsende Wohlstand des Wirtschaftswunders brachte nicht nur höhere Schadstoffkonzentrationen, sondern auch Erkenntnisse über deren gesundheitliche Auswirkungen mit sich. Unübersehbar war das Waldsterben in den Hochlagen der Mittelgebirge. Der Kampf um die Atemfreiheit und für den Wald wurde zum Katalysator für die neue Umweltbewegung. Ihr Druck erzwang erste Grenzwerte für Emissionen.

Anfangs baute die Industrie lediglich höhere Schornsteine. Die Luftschadstoffe wurden dadurch nicht reduziert, sondern nur so weiträumig verteilt, dass sie nirgendwo die erlaubte Konzentration überschritten. Im Ruhrgebiet halbierte sich die Schwefelbelastung, dafür fiel nun in halb Europa saurer Regen.

Daraufhin erließ Brüssel schärfere Abgasvorschriften. Statt hoher Schornsteine mussten Filter her. Schon 1988 waren vier Fünftel aller Kohlekraftwerke mit einer Rauchgaswäsche nachgerüstet, die anderen wurden bis 1993 stillgelegt. Bei den Autos verringerten bleifreies Benzin und Katalysatoren die Schadstoffmengen. Eine wachsende Energie- und Industrieproduktion kann also mit einer sinkenden Schadstoffbelastung einhergehen. Die anfangs zögerliche deutsche Wirtschaft profitierte letztlich vom Export der immer ausgefeilteren Filtertechnik.

Unsere Luft ist deshalb heute deutlich weniger dreckig – aber, und das ist der zweite Makel des Erfolgs: Sauber ist sie deshalb noch lange nicht. Auch wenn die Erkenntnis lästig sein mag: In der gesamten EU würde selbst dann keine Entwarnung herrschen, wenn all ihre Grenz- und Zielwerte eingehalten würden. Für die meisten Luftschadstoffe gibt es nämlich keine unkritische Untergrenze. Sie könnten auch in ganz niedrigen Dosen Auswirkungen haben. Die WHO empfiehlt deshalb in der Regel deutlich niedrigere Richtwerte, als sie in der EU vorgeschrieben sind.

Das gilt besonders für Feinstaub, den nach einhelliger Experten-meinung gefährlichsten Schadstoff in der Luft. Er entsteht bei Verbren-nungsprozessen, ob in Kraftwerken, Autos oder Holzkaminen; aber auch auf Baustellen oder durch den Abrieb von Reifen und Bremsen. »Sekundärer Feinstaub« bildet sich überdies durch chemische Reakti-onen. Dabei spielt Ammoniak eine wichtige Rolle. Das stechend rie-chende Reizgas stammt zu über 80 Prozent aus der Landwirtschaft, vor allem aus der Massentierhaltung. Ammoniak ist fast der einzige Luft-schadstoff, der in Deutschland in den vergangenen 25 Jahren zugenom-men hat.

Zwar sinkt die Feinstaubbelastung mittlerweile sogar in besonders verkehrsgeplagten Städten. 2018 wurden die EU-Grenzwerte erstmals an allen Messpunkten eingehalten. 2011 hatten noch über 40 Prozent aller verkehrsnahen Messcontainer Überschreitungen gemeldet. Aber die positive Entwicklung relativiert sich, misst man sie an den Anforde-rungen der WHO. Die unterscheidet Feinstaub mit grobkörnigen Par-tikeln (PM 10), solchen mit besonders kleinen Schwebeteilchen (PM 2,5) oder mit ultrakleinen (PM 1). Für PM 10 empfiehlt sie im Jahres-mittel höchstens 20 Mikrogramm pro Kubikmeter Luft, die EU lässt 40 Mikrogramm zu. Bei PM 2,5 erlaubt die EU 25 Mikrogramm – die WHO empfiehlt nur 10. Die Schweiz hat die WHO-Empfehlungen als Grenzwert übernommen, Kalifornien hat das mit kleinen Abstrichen ge-tan. Würde Deutschland sich daran orientieren, hätten 2018 praktisch alle verkehrsnahen Messstationen eine Überschreitung gemeldet. Dann müssten Fahrverbote so gut wie überall verhängt werden.

Bei Stickstoffdioxid (NO_2) ist das Bild auch dem geltenden deut-schen Grenzwert zufolge immer noch kritisch. 2017 mussten 65 Städte mit einer Überschreitung leben. Allen voran: München und Stuttgart. Im Mai 2018 hat die EU-Kommission deshalb Klage vor dem Europä-ischen Gerichtshof erhoben, ebenso gegen Frankreich, Ungarn, Italien, Rumänien und Großbritannien. Bulgarien und Polen wurden verurteilt. Laut dem Umweltbundesamt lagen im Jahr 2018 noch immer mindes-tens 35 Städte über dem Grenzwert von 40 Mikrogramm NO_2 lagen.

Auch beim bodennahen Ozon, das in den neunziger Jahren häufig zu Smogalarm geführt hatte, melden noch immer fast alle deutschen Messstationen Werte, die über dem von der EU festgelegten Zielwert liegen (einen harten Grenzwert gibt es hier nicht). Anders als Feinstaub oder Stickoxid wird bodennahes Ozon nicht direkt emittiert. Es entsteht erst durch chemische Reaktionen, wenn in heißen Sommern Stickoxide auf flüchtige organische Verbindungen treffen, die zum Beispiel von Farben, Lacken oder Reinigungsmitteln freigesetzt werden.

Ein weiterer Wermutstropfen in der deutschen Erfolgsgeschichte ist, dass die Schadstoffe zwar aus der Luft sind – aber nicht aus der Welt. Jetzt sammeln sie sich hoch konzentriert am Boden der Kessel von Kraftwerken oder Müllverbrennungsanlagen und werden in der letzten Stufe der Rauchgaswäsche in Silos gerüttelt. Über drei Millionen Tonnen Filterstaub, Asche und Schlacke fallen jedes Jahr an. Mit hohem Aufwand werden diese Hinterlassenschaften aufbereitet oder zur Endlagerung in ehemalige Bergwerke gekarrt.

Einen Teil der Luftverschmutzung hat Deutschland zudem schlicht exportiert. Bei der Kohleförderung, der Stahlindustrie oder dem Kunststoffrecycling wanderte mit der Verlagerung der Produktion in Billiglohnländer auch deren Schadstoffausstoß mit. In Wanne-Eickel atmet es sich heute besser – gehustet wird in Dhaka oder Guangdong.

»Wir sind fast alle gefährdet, aber die ärmsten Menschen tragen die größte Last«, kommentiert Tedros Adhanom Ghebreyesus, der Generaldirektor der WHO, die ungerechte Verteilung von Gesundheitsrisiken. Diese hat allerdings noch andere Ursachen neben Industrie und Verkehr. Insbesondere mangelt es an sauberen Energiequellen. Von Kenia bis Bangladesch atmen Bauern, Slumbewohner und oft auch Mieter aus der Mittelschicht den giftigen Rauch aus billigen Funzeln, Herden oder Heizstellen ein. Befeuert werden diese mit Kerosin, Brennholz, Holzkohle, Dung und sogar Plastikmüll.

Laut WHO-Schätzungen töten häusliche Abgase weltweit jährlich vorzeitig 3,8 Millionen Menschen. Bei vielen weiteren Millionen verursacht der Qualm Entzündungen oder Krebs an der Lunge und den oberen Atemwegen. Meist trifft es Frauen und Kinder. Schlechte Luft in Innenräumen ist die gefährlichste Gesundheitsbedrohung beim Atmen.

Auch in Deutschland trifft die Luftverschmutzung besonders die Armen. Hier liegt es daran, dass die Schadstoffkonzentration an innerstädtischen Hauptverkehrsstraßen und in der Nähe von Kraftwerken und Industriebetrieben am größten ist – wo die Mieten am billigsten sind. Wenn in der Wohnung geraucht wird, kann die Luftverschmutzung in Innenraumen ebenfalls ein Problem sein. Das mag Privatsache sein – die Außenluft hingegen gehört allen. Sie einzuatmen sollte für alle ungefährlich sein. In Europa gilt dabei heute das Vorsorgeprinzip. Es besagt: Auch wenn ein Stoff nur möglicherweise giftig ist, sollte der Gesetzgeber dafür sorgen, dass er nur noch eingeschränkt oder gar nicht mehr eingesetzt wird. In vielen anderen Ländern, selbst den USA, gilt das Vorsorgeprinzip nicht. In der globalen Luftreinhaltungspolitik ist also noch viel Luft nach oben.

WAS WIR NICHT WISSEN

Es gibt sehr viele Gifte. Doch ihre Wechselwirkungen geben Rätsel auf

VON DIRK ASENDORPF UND CHRISTIANE GREFE

Wie genau einzelne Schadstoffe Krankheiten beeinflussen und welche Mengen jeweils tolerierbar sind, ist oft unklar. Kontrovers werden vor allem die Risiken durch Stickstoffdioxid (NO_2) diskutiert. Den in Europa gültigen Grenzwert würden internationale Umweltmediziner und die Deutsche Gesellschaft für Pneumologie eher noch senken. Dem widerspricht eine Gruppe von etwa 100 Lungenfachärzten, auf die sich auch der Bundesverkehrsminister beruft.

Noch nie habe ein konkreter Todesfall auf verschmutzte Atemluft zurückgeführt werden können, sagen die Kritiker. Doch so ein kausaler Zusammenhang wurde auch nie behauptet und wäre zudem kaum zu belegen. Zu vielfältig sind andere Einflussfaktoren neben den Luftschadstoffen. Forscher beschreiben keine realen Toten, sondern statistische Wahrscheinlichkeiten, wenn sie das Gefährdungspotenzial von Schadstoffen einschätzen.

Ihre Ergebnisse sichern sie zudem mit unterschiedlichen Methoden ab. In Expositionskammern wurde gezeigt, dass Luftschadstoffe die Lungenfunktion verschlechtern können. Warum es zu körperlichen Reaktionen kommt, wird durch Zell- und Tierexperimente geprüft. Langfristige Auswirkungen sollen epidemiologische Studien ermitteln. Was Feinstaub angeht, zeigen alle drei Methoden große gesundheitliche Risiken. Besonders kleine oder ultrakleine Partikel (PM 1) können tief in der Lunge und an den Gefäßen Schaden anrichten. Für PM 1 gibt es trotzdem bisher keinen Grenzwert, ja nicht einmal ein Messnetz. Unklar ist, wie die Partikel, aus denen Feinstaub besteht, als Einzelstoffe wirken. Oder wie sie sich gegenseitig beeinflussen.

Bei den umstrittenen Stickoxiden schließt der Umweltepidemiologe Heinz-Erich Wichmann vom Helmholtz-Zentrum München, dass eine kurzzeitige Belastungsspitze »zum Auftreten von Asthma und der Verschlimmerung von Asthmasymptomen führen kann«. Aussagen über Langzeitwirkungen seien indes unzureichend belegt. Allerdings soll der Grenzwert nicht nur Schäden durch das Reizgas selbst verhindern. Stickoxide gelten auch als Indikator für den gesamten Schadstoffmix des Verkehrs, etwa für flüchtige organische Verbindungen. Dass diese in ihrer Gesamtheit schädlich sind, ist nachgewiesen; jedoch nicht, wie sie einzeln wirken. Ungeklärt ist zudem, ob Ammoniak aus der Landwirtschaft riskanter ist als angenommen. Ein Grenzwert dafür fehlt bisher, auch weil man den Stoff schwer messen kann.

Grenzwerte können zu Fahrverboten oder zur Stilllegung ganzer Industrieanlagen führen. Sie bleiben daher ein politischer Kompromiss zwischen dem medizinisch Wünschenswerten und dem wirtschaftlich wie technisch Möglichen.

Um Schadstoffe in der Luft zu reduzieren, fordert die Präsidentin des Umweltbundesamtes die Abschaffung von Dieselsubventionen. Der Cheflobbyist von Volkswagen hofft lieber auf mehr Elektrofahrzeuge. Ein Streitgespräch über den richtigen Weg zur sauberen Mobilität

EIN INTERVIEW MIT THOMAS STEG
UND MARIA KRAUTZBERGER

DIE ZEIT: Frau Krautzberger, Herr Steg, würden Sie in die Landshuter Allee in München ziehen, die große Ausfahrtstraße?

Maria Krautzberger: Lieber nicht. In München habe ich mal an der Schleißheimer Straße gewohnt. Daher weiß ich, wie unangenehm es ist, wenn Lärm und Abgase zusammenkommen.

Thomas Steg: Ich kenne die Landshuter Allee und ihre Umgebung nicht. Aber bei mir steht München ohnehin nicht auf dem Plan.

ZEIT: Dann fragen wir anders: Ist die Debatte um die Stickstoffbelastung der Luft, übertrieben, ja »masochistisch«, wie der Bundesverkehrsminister Andreas Scheuer sagt? *German angst?*

Steg: Nein, diese Debatte ist notwendig, vielleicht kommt sie sogar zu spät. Die Menschen machen sich große Sorgen, sie ärgern sich über die Autoindustrie, manche sind zornig über die Untätigkeit von Institutionen und Politik. Wir brauchen eine Wissenschaft, die Vertrauen schafft, sich aber zugleich nicht gegen Kritik immunisieren darf. Daneben findet eine politische Debatte statt, die Grundrechte wie die Handlungsfreiheit oder die Unversehrtheit des Lebens betrifft. Da kann es gar nicht zu intensiv, zu emotional, zu kontrovers sein.

ZEIT: Sie sind also froh darüber, dass die 100 Lungenfachärzte die Grenzwerte als zu hart kritisiert haben?

Steg: Ich bin kein Mediziner und kann und will deren Argumente nicht bewerten. Aber Fragen an die Entstehung des Grenzwerts hätte es auch unabhängig davon gegeben. In der EU liegt er für Stickoxide bei 40 Mikrogramm, die amerikanische Umweltorganisation EPA hat sich für 103 Mikrogramm entschieden. Offenbar können aus Modellrechnungen und Studien sehr unterschiedliche Konsequenzen gezogen werden.

Krautzberger: Grenzwertdebatten gab es immer, und meist wurde nicht eins zu eins umgesetzt, was Wissenschaftler oder die WHO empfohlen haben. Da wurde stets politisch abgewogen, was technisch und wirtschaftlich machbar ist. Grenzwerte sollen Entwicklungen zur Luftverbesserung anstoßen. Daher gibt es Länder, in denen der Grenzwert für NO_2 sogar noch niedriger liegt als bei uns, in der Schweiz etwa. Es stimmt: In den USA liegt er höher. Allerdings ist dort die Luftreinhaltungspolitik insgesamt viel strenger als bei uns. Beispielsweise wird Feinstaub viel weniger toleriert.

ZEIT: Ist die Luft in Deutschland eigentlich insgesamt besser oder schlechter geworden?

Krautzberger: Besser. Aber noch nicht gut genug, besonders an Hotspots in einigen großen Städten.

ZEIT: Der Soziologe Ulrich Beck hat Grenzwerte für Schadstoffe einmal als Verständigung auf eine »kollektive Normalvergiftung« bezeichnet. Grundlage sind Erkenntnisse der Wissenschaftler, aber viele Bürger glauben den Forschern heute selbst dann nicht mehr, wenn sie sich fast alle einig sind. Erleben wir gerade ein Vorspiel der Beliebigkeit, wie sie zum Beispiel Klimaleugner in den USA erzeugt haben?

Krautzberger: Es ist zumindest besorgniserregend, wenn Politiker einfach Argumente missbrauchen, die keine wissenschaftliche Begründung haben. Oder wenn sie manipulativ nur herausgreifen, was ihnen gerade passt. In der Wissenschaft haben wir aber in Deutschland alles in allem noch einen ausgewogenen Diskurs und auch eine ausgewogene Darstellung der Ergebnisse.

ZEIT: Ihr Amt wurde kritisiert, als Sie vor 6000 »Dieseltoten« warnten. War das ein Fehler?

Krautzberger: Die Zahl ist korrekt, aber ich gebe zu: Sie kann zu Missverständnissen führen. Auch haben wir alle Stickstoffquellen eingerechnet und nicht nur Dieselautos. Die Menschen sterben an Krankheiten, zu denen Schadstoffe nur beitragen. So plakativ würden wir es deshalb nicht mehr zuspitzen.

Steg: Ich habe Ulrich Beck so verstanden, dass Grenzwerte einen gesellschaftlichen Konsens widerspiegeln sollen. Die Wissenschaft ist unverzichtbar, wenn es darum geht, Grenzwerte zu definieren. Die Politik legt sie fest und muss deren Anwendung legitimieren. Sonst verliert man die gesellschaftliche Akzeptanz. Und da kann ich nur warnen: Wenn es ab Herbst Fahrverbote für relativ junge EU-5-Diesel gibt, dann kann die Stimmung in Deutschland sehr rasch kippen.

Krautzberger: Moment mal: Jetzt verdrehen Sie aber Ursache und Wirkung! Alle, auch die Wirtschaft, haben mitdiskutiert, als der Grenzwert für Stickstoffdioxid festgelegt wurde. Dann hat die Automobilindustrie ihn einfach nicht eingehalten. Nicht der Grenzwert ist schuld an den Problemen, sondern die Fahrzeuge, die nicht so sauber sind, wie sie sein sollten und konnten.

Steg: Wenn aber in diesem Jahr Fahrverbote verhängt werden, dann treffen sie die Menschen ja nicht, weil sie ein bestimmtes Modell fahren, sondern weil sie in einer bestimmten Stadt wohnen. Ihr Fahrzeug verfügt über eine gültige Zulassung. Wie soll eine Betroffene nachvollziehen, dass man ihr jetzt untersagt, dieses Fahrzeug weiter zu nutzen? Das ist ein massiver Eingriff in Eigentumsrechte.

ZEIT: Was würden Sie denn tun, Herr Steg, wenn Sie Verkehrsminister wären?

Steg: Ich würde versuchen, mit der Europäischen Kommission ein Moratorium zu verabreden, dass Brüssel das Vertragsverletzungsverfahren vorerst nicht weiter umsetzt. Da wir den Grenzwert national nicht verändern können, sollten wir nach der Europawahl diskutieren, ob es bei 40 Mikrogramm bleiben soll. Zudem sollten die Kommunen alle Rechtsmittel gegen Fahrverbote ausschöpfen, die Länder für aktuelle Luftreinhaltepläne sorgen, die Bundesregierung im Gesetz festlegen, dass Fahrverbote für Euro-5-Diesel im Herbst nicht verhältnismäßig sind.

ZEIT: Und Sie, Frau Krautzberger? Was würden Sie als Verkehrsministerin als Erstes machen?

Krautzberger: Ein Moratorium löst das Problem nicht. Ich würde die Autoindustrie drängen, schnell Nachrüstungen auf den Markt zu bringen. Damit würden die Fahrverbote ja obsolet.

ZEIT: Warum macht die Autoindustrie das nicht von allein, Herr Steg?

Steg: In Deutschland gibt es Spezialfirmen für die Nachrüstung. Noch sind keine technischen Lösungen zugelassen. Sobald sie ausgereift sind und Kunden sie wünschen, werden sie von VW 3000 Euro Zuschuss bekommen. Ich bin sicher, bis zum Herbst wird es Nachrüstungen bestenfalls in homöopathischen Dosen geben.

Krautzberger: Diese Nachrüstlösungen hätten schon viel früher auf den Weg gebracht werden können! Schon vor drei Jahren, als die Manipulationen der Autohersteller bei den Abgaswerten bekannt wurden.

ZEIT: Wir reden über Stickoxide, dabei sind die Gesundheitsschäden durch Feinstaub noch klarer belegt – auch der entsteht im Verkehr. Wenn wir den Grenzwert für Stickoxide aus den USA übernehmen sollen, Herr Steg, warum dann nicht auch deren strengeren Grenzwert für Feinstaub? Dann gäbe es aber erst recht Fahrverbote.

Steg: Bei einem höheren Feinstaubgrenzwert wären Diesel gar kein Problem, dank der modernen Partikelfilter. Wir sehen einen anderen Trend: Die Kunden kaufen vermehrt Benziner. Im Ergebnis bekommen wir höhere CO_2-Emissionen.

ZEIT: Führen wir also die falsche Debatte?

Krautzberger: Nein, aber die Diskussion über Feinstaub ist eine weitere. Der entsteht im Verkehr, aber er entsteht zum Beispiel auch auf Baustellen oder durch Ammoniakemissionen in der Landwirtschaft. Im Verkehr werden wir Feinstaub nur durch eine ganz andere Form der Mobilität, weg vom Auto, weiter senken können.

Steg: Da stimme ich Ihnen zu. Wir brauchen in Städten mehr Mobilität bei weniger Verkehr.

Krautzberger: Aber wie kommen wir dahin? Da geht es ja um Luftverschmutzung und Klimaschutz zugleich.

ZEIT: Und im Moment geht es eher in die Gegenrichtung. SUVs verkaufen sich bestens.

Krautzberger: Das muss sich sehr bald ändern.

Steg: Der SUV-Boom rührt auch daher, dass die Käufer neuer Fahrzeuge immer älter werden. Sie sitzen gern bequem und erhöht. Die Lösung wird sein, auch SUV-Elektromodelle anzubieten.

Krautzberger: Von selbst geschieht wenig. Wenn wir Luftverschmutzung und Klimawandel zugleich bekämpfen wollen, brauchen wir zwingend andere wirtschaftliche Rahmenbedingungen. Dieselfahrzeuge oder Dienstwagen sollten nicht mehr steuerlich gefördert werden, wobei einkommensschwächere Gruppen dafür einen Ausgleich bekommen müssen.

ZEIT: Was halten Sie davon, das CO_2 durch eine Steuer teurer zu machen?

Steg: Das Modell einer sektorübergreifenden CO_2-Bepreisung, wie es die Wissenschaftler Ottmar Edenhofer und Christoph Schmidt vorgeschlagen haben, sollten wir weiter diskutieren. Das ist schon deshalb notwendig, weil wir die Elektromobilität und den Mehrbedarf an grünem Strom zusammendenken müssen, damit die Klimabilanz am Ende stimmt. Wenn wir unser nationales Klimaschutzziel erreichen wollen, muss schon im Jahr 2030 die Hälfte der Fahrzeugflotte elektrisch angetrieben werden.

Krautzberger: Nach unseren Berechnungen sind es sogar 70 Prozent der neu zugelassenen Autos!

Steg: Die EU-Kommission geht aber davon aus, dass nur 25 Prozent realistisch sind. Wir müssen also viel schneller sein. Zugleich müssen wir die Menschen davon überzeugen umzusteigen, obwohl noch keine Infrastruktur sichtbar ist und die Autos noch teuer sind. Schließlich ist ein Qualifizierungs- und Beschäftigungsprogramm notwendig. Elektroautos können von weniger Beschäftigten gebaut werden als Autos mit Verbrennungsmotoren. Um diese gewaltige Herausforderung hinzubekommen, brauchen wir so etwas wie einen Mobilitätspakt. Eine Agenda Auto.

ZEIT: Das klingt alles zäh. Wie kriegt man mehr Tempo in die Entwicklung?

Krautzberger: Darüber entscheiden auch die globalen Märkte. China treibt die Elektromobilität vehement voran – auch um die Luft rein zu halten. So etwas sollten deutsche Hersteller auch tun. Die Frage ist nur, ob Herr Steg es sich darüber hinaus vorstellen könnte, in der Summe weniger Autos zu verkaufen, denn Elektroautos allein werden unsere Probleme nicht lösen. Wir brauchen weniger Pkw auf den Straßen. Mit »Moia Ridesharing« haben Sie ja gerade ein interessantes Projekt gestartet ...

ZEIT: ... das sind Kleinbusse, die in Hamburg Fahrgäste einsammeln.

Krautzberger: Genau. Könnten Sie sich das auch auf dem Land vorstellen?

Steg: Mit diesem Shuttle-Service wollen wir Erfahrungen sammeln, zunächst in der Stadt. Aber Sie haben recht: Die Entwicklung im ländlichen Raum ist sehr wichtig. Da sind Sie ohne privates Auto fast aufgeschmissen, wenn Sie einkaufen oder schwimmen gehen wollen. Wir bereiten uns auf unterschiedliche Entwicklungen in Metropolen, Groß- und Kleinstädten und auf dem Land vor. Die Zukunft werden wir gut meistern, wenn wir an neuen Services auch verdienen.

ZEIT: »Das ganze Unglück der Menschen rührt allein daher, dass sie nicht ruhig in einem Zimmer zu bleiben vermögen«, das hat Blaise Pascal geschrieben. Sind wir einfach zu viel unterwegs?

Krautzberger: Nein. Mobil sein zu können ist ein elementares Bedürfnis. Wenn wir das beschränken würden, hätten wir schon verloren. Die Frage ist, wie umweltverträglich ich unterwegs bin. Ob ich immer das Auto nehme oder auch mal zu Fuß gehe und Fahrrad fahre.

Steg: Der Weg der Bevormundung führt ganz sicher nicht zum Erfolg. Menschen brauchen Alternativen wie einen gut ausgebauten öffentlichen Nahverkehr und sichere Fahrradwege, dann entscheiden sie auch von Anlass zu Anlass, welche Fortbewegungsmittel am besten passen. Ich habe mal irgendwo den schönen Satz gelesen: Mobilität beginnt im Kopf.

Thomas Steg

In der Regierung Gerhard Schröder war der Psychologe stellvertretender Leiter des Kanzleramts und Regierungssprecher. Seit 2012 ist der 58-Jährige Generalbevollmächtigter der Volkswagen AG.

Maria Krautzberger

Die Soziologin und Verwaltungswissenschaftlerin war Umweltsenatorin in Lübeck und Staatssekretärin in Berlin. 2014 wurde die heute 64-Jährige Präsidentin des Umweltbundesamts.

DAS GESPRÄCH FÜHRTEN CHRISTIANE GREFE
UND PETRA PINZLER

LUFT ZUM ATMEN

VON ANNE GERDES, DIRK ASENDORPF
UND CHRISTIANE GREFE

*»Im Atemholen sind zweierlei Gnaden: Die Luft
einziehen, sich ihrer entladen; jenes bedrängt, dieses
erfrischt; so wunderbar ist das Leben gemischt«*

J. W. VON GOETHE

Woraus Luft besteht

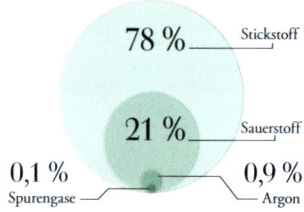

78 % — Stickstoff

21 % — Sauerstoff

0,1 % — Spurengase

0,9 % — Argon

Riskante Atemzüge
Die wichtigsten Luftschadstoffe sind

Staub und Feinstaub
(PM 10, PM 2,5, PM 1,
z. B. durch Industrieabgase)

Schwefeldioxid
(z. B. Energieindustrie)

Stickoxide
(NO_x, z. B. Diesel-Lkw)

Ozon
(O_3, z. B. Autobahnverkehr)

Kohlenmonoxid
(CO, z. B. Straßenverkehr)

**Flüchtige, organische
Verbindungen**
(VOCs, z. B. Lösungsmittel, Tankstellen)

**Persistente, organische
Schadstoffe**
(z. B. Chemieindustrie)

Schwermetalle
(Quecksilber, Blei, Cadmium, Kupfer,
Zink u. a., z. B. Müllverbrennungsanlage)

Benzol
(C_6H_6, z. B. Metallproduktion)

Vorzeitige Todesfälle

Weltweit sinkt die Gesundheitsbelastung durch Feinstaub.
Angegeben ist die Zahl vorzeitiger Todesfälle pro 100.000 Einwohner

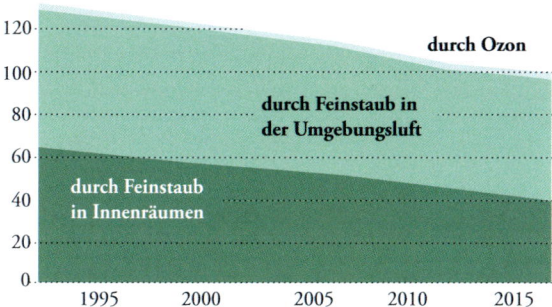

Quelle: IHME, GBD 2016

Bessere Luft in Deutschland

Der EU-Jahresgrenzwert für Feinstaub (hier PM 10) von 40 µg/m3 wird
deutschlandweit eingehalten. Im Jahr 2018 wurde erstmals auch das zulässige
Tagesmittel nur noch an einer industrienahen Messstation in Nordrhein-
Westfalen überschritten. Die Belastung mit Stickstoffdioxid geht leicht zurück.
Der Grenzwert von 40 µg/m3 im Jahresmittel wird aber in etlichen Städten
noch immer nicht eingehalten

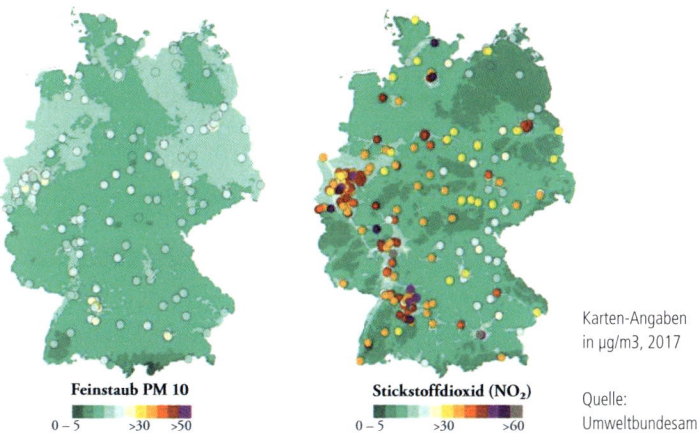

Karten-Angaben
in µg/m3, 2017

Quelle:
Umweltbundesamt

Wo man frei atmen kann

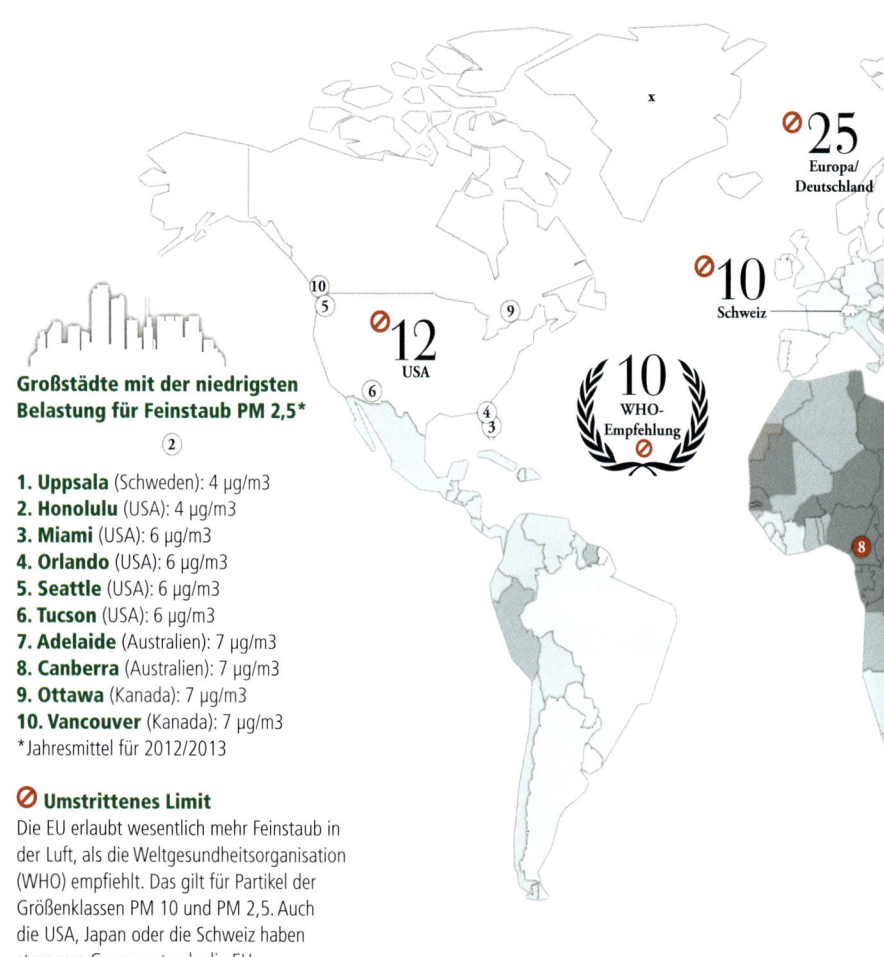

Großstädte mit der niedrigsten Belastung für Feinstaub PM 2,5*

1. **Uppsala** (Schweden): 4 µg/m3
2. **Honolulu** (USA): 4 µg/m3
3. **Miami** (USA): 6 µg/m3
4. **Orlando** (USA): 6 µg/m3
5. **Seattle** (USA): 6 µg/m3
6. **Tucson** (USA): 6 µg/m3
7. **Adelaide** (Australien): 7 µg/m3
8. **Canberra** (Australien): 7 µg/m3
9. **Ottawa** (Kanada): 7 µg/m3
10. **Vancouver** (Kanada): 7 µg/m3
*Jahresmittel für 2012/2013

⊘ **Umstrittenes Limit**
Die EU erlaubt wesentlich mehr Feinstaub in der Luft, als die Weltgesundheitsorganisation (WHO) empfiehlt. Das gilt für Partikel der Größenklassen PM 10 und PM 2,5. Auch die USA, Japan oder die Schweiz haben strengere Grenzwerte als die EU

Wo der Smog am schlimmsten ist

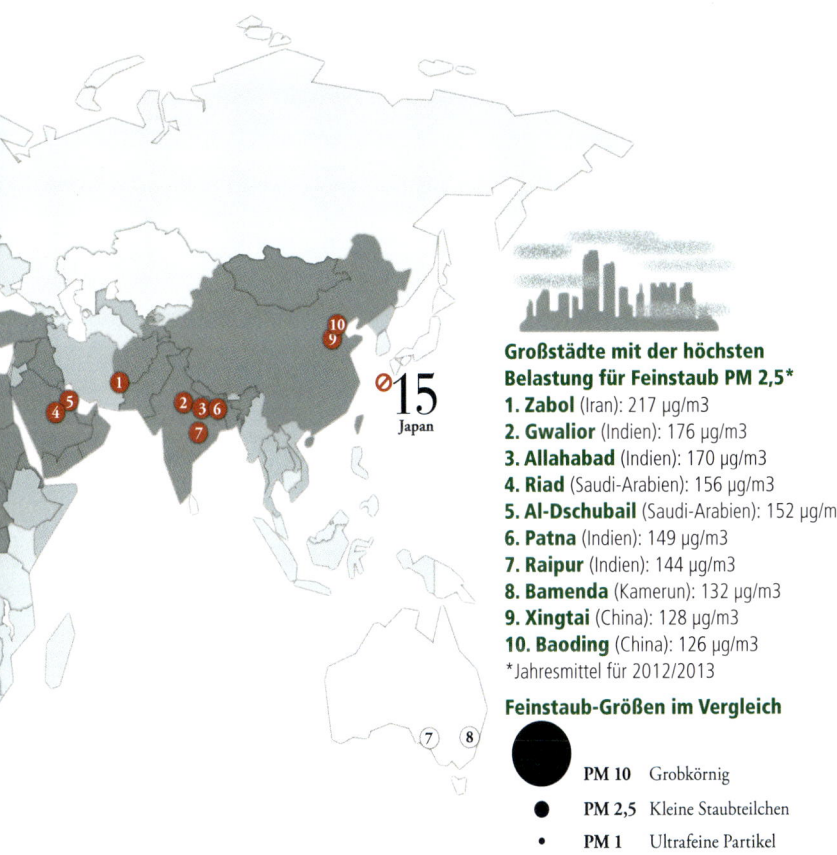

Großstädte mit der höchsten Belastung für Feinstaub PM 2,5*
1. **Zabol** (Iran): 217 µg/m3
2. **Gwalior** (Indien): 176 µg/m3
3. **Allahabad** (Indien): 170 µg/m3
4. **Riad** (Saudi-Arabien): 156 µg/m3
5. **Al-Dschubail** (Saudi-Arabien): 152 µg/m3
6. **Patna** (Indien): 149 µg/m3
7. **Raipur** (Indien): 144 µg/m3
8. **Bamenda** (Kamerun): 132 µg/m3
9. **Xingtai** (China): 128 µg/m3
10. **Baoding** (China): 126 µg/m3
*Jahresmittel für 2012/2013

Feinstaub-Größen im Vergleich

PM 10 Grobkörnig
PM 2,5 Kleine Staubteilchen
PM 1 Ultrafeine Partikel

Weltkarte der Ungleichheit
Urbane Feinstaubbelastung und Grenzwerte (PM 2,5); Angaben in µg/m³ Luft, 2016

x keine Daten ≤10 10–15 15–25 25–35 >35 nicht anwendbar

Quellen: WHO Global Urban Ambient Air Pollution Database 2016

DIE UNSICHTBARE GEFAHR

In Deutschland werden die Grenzwerte für Feinstaub fast überall eingehalten. Trotzdem kommen Mediziner zu dem Ergebnis, dass die winzigen Partikel in der Luft jedes Jahr Zehntausende Menschen töten. Wie kann das sein?

VON FRITZ ZIMMERMANN

Als der Brustkorb mit der Rippenschere geöffnet und jede Rippe beiseitegeschoben ist, liegen die beiden Lungenflügel ungeschützt da. Kaum größer als eine Menschenhand glänzen sie im Licht der Leuchten. Im gekachelten Obduktionsraum beugt sich Michael Tsokos über den offenen Oberkörper des Toten. »Hier«, sagt er mit der Gelassenheit eines Mannes, der schon mehr als 20.000 Leichen gesehen hat, »die schwarzen Pigmente auf der Lunge, das ist Kohlenstaub.« Unzählige kleine Punkte bedecken das Rot der Lunge, dicht an dicht wie auf der Haut einer Forelle.

»War das ein Raucher?«, fragt Michael Tsokos, der Leiter der Rechtsmedizin der Charité Berlin. Seine Mitarbeiterin greift nach dem Handgelenk der Leiche und begutachtet die Fingerkuppen. Wenn alles Blut aus ihnen gewichen ist, bleibt bei den Fingern von Rauchern das Gelb des Nikotins, bei Nichtrauchern werden sie einfach nur blass – der Mann auf dem Obduktionstisch war ein Nichtraucher. Die schwarzen Staubablagerungen sind anders in seine Lunge gelangt: beim ganz normalen Atmen.

Mit jedem Atemzug saugt ein erwachsener Mensch etwa einen halben Liter Luft ein. Sie strömt durch die Luftröhre in die Lunge, füllt die Lungenbläschen und wird dann wieder ausgeatmet. Die Luft bringt Sauerstoff in den Körper, die Grundlage menschlichen Lebens. Aber mit ihr kommen auch Schadstoffe, Ruß, Abgase, Gummi, Pollen, Sand, Millionen winziger, schwebender Partikel. Diese Teilchen, die so klein sind, dass der Mensch sie unbemerkt einatmet, nennt man Feinstaub. Sie färben jede Lunge dunkel.

Die Lunge eines Menschen, der sein Leben in einer Großstadt verbracht hat, sei von der eines Menschen, der sein Leben lang geraucht hat, nicht zu unterscheiden, sagt Michael Tsokos.

Auf wenige Dinge reagieren die Deutschen so empfindlich wie auf Gesundheitsgefahren aus der Umwelt. Dioxin im Ei, Antibiotika im Fleisch, Ehec an den Gurken – jedes Mal ist die Aufregung groß, in Nachrichten und Talkshows fällt das Wort »Skandal«.

Beim Feinstaub, bei der Luft, die wir atmen, ist das anders: Als die baden-württembergische Landesregierung ankündigte, ab 2018 Stuttgarts Innenstadt bei hohen Feinstaubwerten für Dieselautos zu sperren, war die Aufregung ebenfalls groß – allerdings nicht wegen des Feinstaubs, sondern wegen des Fahrverbots. »Skandal«, schrieb das *manager magazin*. Der Vorstandschef von Daimler sah den »Wirtschaftsstandort Stuttgart« in Gefahr. Und als Umweltbundesamt wie Grüne für die Zeit zwischen Aschermittwoch und Ostern zum »Autofasten« aufriefen, druckten die *Stuttgarter Nachrichten* eine Liste der »kuriosesten Vorschläge« aus den Reihen der Öko-Partei: »Autofasten, Duz-Pflicht, Sex-Hilfe, Fahnen-Verbot.«

Dann verflüchtigte sich das Thema wieder aus dem Bewusstsein der Bürger.

In den Studien von Wissenschaftlern aber bleibt es sehr präsent. Laut einem Bericht der Europäischen Umweltagentur bringt Feinstaub in Deutschland jedes Jahr mehrere Zehntausend Menschen vorzeitig ins Grab. Nach Einschätzung der Weltgesundheitsorganisation sterben weltweit mehr Menschen durch verschmutzte Luft als durch verschmutztes Wasser oder Tropenkrankheiten wie Malaria.

Feinstaub bildet sich bei der Verbrennung von Diesel, Kohle oder Holz sowie bei der Reaktion von Gasen. Winzige Teilchen entstehen, die größten haben einen Durchmesser von 10 Mikrometern, das sind 0,001 Zentimeter, etwa ein Zehntel des Durchmessers eines Haares. Stellt man sich das menschliche Haar als eine zwei Meter dicke Säule vor, wären diese Feinstaubpartikel so groß wie ein Fußball. Sie sind für das menschliche Auge nicht zu erkennen.

Und so hat in der Rechtsmedizin der Charité Berlin eine Erkundung des Unsichtbaren begonnen. Quer durch Deutschland wird sie führen, in Waldgebiete und zu einem Großflughafen und hinaus aufs Land, in die Nähe von Oldenburg, wo die Feinstaubwerte seltsamerweise so hoch sind wie in der Großstadt. Die nächste Station aber ist ein Funktionsbau der Universität Düsseldorf, wo Barbara Hoffmann in ihrem Büro in der zweiten Etage eine Linie auf ein Blatt Papier zeichnet.

Hoffmann gehört zu den führenden Umweltmedizinern Europas. Seit Jahren beschäftigt sie sich mit der Frage: Was macht der Feinstaub mit dem Menschen?

Hoffmann zeigt auf das Papier und die Linie, die sie gezogen hat. Sie will den Zusammenhang verdeutlichen zwischen Feinstaubbelastung und Bluthochdruck. Unten links, wo die Linie beginnt, ist die Luft sauber, und die Wahrscheinlichkeit, an Bluthochdruck zu erkranken, ist gering. Oben rechts, wo sie endet, ist die Feinstaubbelastung höher, die Gefahr des Bluthochdrucks größer. Die Verbindung, sagt Hoffmann, sei eindeutig.

An Barbara Hoffmanns Institut an der Universität Düsseldorf läuft seit 1999 eine Langzeitstudie darüber, wie sich Luftverschmutzung auf die Gesundheit auswirkt. Fast 5000 Menschen nehmen daran teil, die sogenannte Untersuchungskohorte. Hoffmann und ihre Kollegen wissen von jedem Einzelnen, wie alt er ist, ob er raucht, wie viel er wiegt, ob er in der Nähe einer Autobahn wohnt, eines Kohlekraftwerks oder am Rand eines Waldes. So können sie die Feinstaubbelastung, der jeder Studienteilnehmer ausgesetzt ist, genau bestimmen. Über die Jahre beobachteten die Wissenschaftler, welcher Teilnehmer welche Krankheiten bekam – und erforschten, wie das mit dem Feinstaub zusammenhing. Für eine Untersuchung haben sie ihre Kohorte mit denen von 30 weiteren europäischen Forschungsinstituten zusammengelegt. So kamen die Daten von mehr als einer Million Menschen zusammen.

Um das Ergebnis zu verstehen, hilft es, sich folgendes fiktives Beispiel vorzustellen: Ein Mann, 60 Jahre alt, leichtes Übergewicht, Nichtraucher, durchschnittlicher Blutdruck, wohnt im Essener Norden an der viel befahrenen Bundesstraße 224. Dieser Mann hat einen eineiigen Zwilling mit identischen körperlichen Voraussetzungen. Auch der hat leichtes Übergewicht, ist Nichtraucher, hat einen durchschnittlichen Blutdruck. Der einzige Unterschied zwischen den beiden: Der zweite Zwilling wohnt im Süden Bochums in einer eher ruhigen Gegend. Seine Belastung durch Feinstaub ist durchschnittlich um fünf Mikrogramm pro Kubikmeter Luft niedriger.

Bis auf die Luft, die sie atmen, unterscheiden sich die beiden Männer also nicht. Doch dieser Punkt ist entscheidend: Wegen der höheren Feinstaubbelastung lebt der Zwilling aus Essen mit einem um 22 Prozent höheren Risiko, an Bluthochdruck zu erkranken, sein Risiko, einen Schlaganfall zu erleiden, ist um 19 Prozent erhöht. Das Risiko für einen Herzinfarkt um 13 Prozent. Nur weil er woanders wohnt.

Es ist an dieser Stelle wichtig zu betonen: Nicht die Luftschadstoffe allein machen einen Menschen krank. Das individuelle Risiko hängt zuallererst von der genetischen Veranlagung und vom Lebenswandel ab. Beide Zwillingsbrüder sind zunächst gut geschützt, weil sie nicht rauchen und nur leicht übergewichtig sind. Der Essener Zwilling, der an der viel befahrenen Straße lebt, hat zwar ein erhöhtes Krankheitsrisiko, aber insgesamt ist es immer noch relativ gering. Menschen aber, deren Körper ohnehin schon strapaziert ist – etwa durch ständigen Stress, schlechte Ernährung, mangelnde Bewegung, durch Rauchen oder schlicht durch ihr hohes Alter –, können durch Feinstaub ernsthaft in Gefahr geraten. Bei ihnen häufen sich Herz-Kreislauf-Erkrankungen.

Frühere Studien haben bereits nachgewiesen, dass der in der Atemluft enthaltene Feinstaub Krebs erzeugen kann – auch wenn er nicht so gefährlich ist wie beispielsweise Tabakrauch. Dass Feinstaub aber zusätzlich das Herz-Kreislauf-System negativ beeinflusst, ist eine relativ neue Erkenntnis. Sie hängt zusammen mit einer unheilvollen Beobachtung: Je kleiner die Partikel, desto tiefer gelangen sie in den Körper. Für die Studie konzentrierten sich die Forscher auf Feinstaub, der kleiner ist als 2,5 Mikrometer. Wenn man sich das menschliche Haar als zwei Meter dicke Säule vorstellt und der grobe Feinstaub etwa so groß ist wie ein Fußball, hat der kleinere Feinstaub die Größe eines Tennisballs.

Die groben Staubteilchen bleiben oft schon in den Nasenhärchen hängen, spätestens aber in der oberen Luftröhre. Die kleineren Partikel wandern weiter, bis tief in die Lunge hinein, manche bis zu den Lungenbläschen. Einige werden wieder ausgeatmet. Viele jedoch lagern sich in der Lunge ab – und führen zu den schwarzen Flecken, die Gerichtsmediziner in den Körpern von Verstorbenen zu sehen bekommen. Sie können Entzündungen auslösen, die Funktion der Arterien und des vegetativen Nervensystems stören, den Herzschlag beschleunigen, schließlich einen Infarkt verursachen.

Die Zentrale des Umweltbundesamtes in Dessau ist ein futuristischer Bau aus Glas und Holz mit natürlichem Lüftungssystem für den Sommer und klimaneutraler Wärmedämmung für den Winter. Marion Wichmann-Fiebig leitet hier die Abteilung »Luft«.

Während die Ärztin Barbara Hoffmann erforscht, wie sich die Schadstoffe auf die Gesundheit des Menschen auswirken, ist die Meteorologin Wichmann-Fiebig zuständig für die Frage, woher der Feinstaub kommt, was ihn erzeugt.

Sie halte regelmäßig Vorträge über die Luftqualität, überall im Land, sagt Marion Wichmann-Fiebig. »Die Leute sind dann immer ganz überrascht, wenn ich ihnen erzähle, dass es in Deutschland ein Problem mit Feinstaub gibt.«

Viele Menschen denken bei dem Wort Luftschadstoffe in erster Linie an *Tagesschau*-Berichte über das ferne Leben im Smog von Peking oder Neu-Delhi. Manche erinnern sich auch an ihre Kindheit, an die dunklen Schwaden über den Schloten des Ruhrgebiets oder an die Industrieabgase in der DDR.

Sie verbinden Feinstaub nicht mit ihrem Alltag. Sie spüren ihn nicht auf der Haut, schmecken ihn nicht beim Atmen, sehen ihn nicht, wenn sie in den Himmel schauen. Also halten sie das Problem für erledigt. Ein Irrtum.

Offiziell sind die Feinstaubwerte in Deutschland in den ersten Jahren nach der Wiedervereinigung deutlich gesunken, nicht zuletzt durch die Stilllegung alter Fabriken in den neuen Bundesländern. Allerdings wurde damals ausschließlich die Konzentration der groben Staubteile gemessen. Nach den kleineren Partikeln suchen Wissenschaftler erst seit einigen Jahren. Ihr Anteil am Feinstaub in der Luft wird immer größer. Und noch etwas anderes verändert sich.

Lange Zeit sei es der Straßenverkehr gewesen, der die meisten Schadstoffe produziert habe, sagt Marion Wichmann-Fiebig: Rußteilchen aus Dieselmotoren, Gummipartikel vom Abrieb der Autoreifen, aufgewirbelter Staub von der Fahrbahn. Das ist noch immer ein großes Problem. Doch trotz diverser Dieselaffären machen sich die Partikelfilter an den Autos positiv bemerkbar. Die rund 63 Millionen Kraftfahrzeuge in der Bundesrepublik tragen nur noch rund 12 Prozent zur gesamten Feinstaubbelastung in Deutschland bei. Der Energiesektor mit den Kohlekraftwerken liegt bei 15, die verarbeitende Industrie bei 19 Prozent. Macht insgesamt 46 Prozent.

Mehr als die Hälfte der Schadstoffe stammt mittlerweile also aus Quellen, die nicht unmittelbar mit Autos, mit Kraftwerken oder mit Fabriken zu tun haben. Mitunter liegen sie an Orten, an die man nicht sofort denkt, wenn von schmutziger Luft die Rede ist. Zum Beispiel in dem Dorf Briesenluch in Brandenburg, etwa auf halber Strecke zwischen Berlin und Frankfurt an der Oder.

An einem sonnigen, klaren Frühjahrstag steht dort ein Mann in grüner Arbeitskleidung in einem Kiefernwald und erklärt das Angebot. Die Palette Kiefernholz, sagt er, etwas mehr als ein Kubikmeter, getrocknet und in Scheite geschnitten, kostet 55 Euro. Birke liegt bei 92,50 Euro, Buche und Eiche auch.

Der Mann ist Forstwirt, er steht im Schlamm eines Waldes der Oberförsterei Hangelsberg, eines Betriebs des Landes Brandenburg. Um ihn herum: mehrere etwa zehn Meter hohe Verschläge, unter denen die Holzscheite auf kleine Paletten getürmt trocknen. Sie werden hier an Privatleute verkauft.

Drei bis fünf Kunden kämen am Tag, erzählt der Forstwirt. Immer häufiger auch Käufer aus dem nahen Berlin, die sich ihr Brennholz für gemütliche Abende vor dem Kamin besorgen. Hier im Wald sind die Scheite deutlich günstiger als im Baumarkt.

Holz gilt als umweltfreundlicher Energieträger, es wächst nach, es muss nicht entsorgt werden. Das Land Brandenburg nutzt dieses positive Image, es verdient Geld mit dem Verkauf von Brennholz. In Wahrheit ist das Brennholz nicht ganz ungefährlich.

»Die Holzöfen machen uns große Sorgen«, hatte Marion Wichmann-Fiebig im Umweltbundesamt in Dessau gesagt. Denn aus jedem Ofen, durch jeden Kamin entweichen winzige Rußpartikel in die Luft. Das wäre nicht weiter schlimm, würden die Menschen noch so denken wie vor ein paar Jahrzehnten. Damals galten Holzöfen als gestrig, als Energiequelle armer Leute. Inzwischen aber ist der eigene Ofen, das eigene Kaminfeuer zum Symbol von Naturnähe im Wohnzimmer geworden. In jedem Baumarkt stehen Dutzende Modelle, in immer mehr Haushalten lodern die Flammen – und erzeugen inzwischen acht Prozent des Feinstaubs in Deutschland.

Eine graue Decke liegt über Norddeutschland. Es ist kalt und windstill auf dem Weg in die Gemeinde Bösel im Landkreis Cloppenburg. Man fährt vorbei an roten Backsteinhäusern, an Wiesen, Feldern, alten Bauernhöfen und neuen Stallanlagen. Die Luft ist frisch und riecht nach Tieren, nach gesunder Landluft. Aber ist sie das wirklich: gesund?

Zwischen einem Acker und einem Reihenhaus steht in Bösel ein Baucontainer, drei Meter lang, zwei Meter breit. Aus dem Dach ragen mehrere Rohre, sie saugen Luft an. Es ist ruhig hier, man hört einen Hund bellen, dann wieder nichts, nur das Brummen der Geräte im Container. Die Geräte messen den Feinstaub.

Andreas Hainsch schaut auf die Anzeigen der Messinstrumente. 78,5 Mikrogramm pro Kubikmeter Luft misst das Gerät für die größeren Partikel mit 10 Mikrometer Durchmesser – die Fußbälle. Der Wert für die kleineren, Durchmesser 2,5 Mikrometer, die Tennisbälle, liegt knapp darunter.

»Das sind ziemlich hohe Werte«, sagt Hainsch. Er öffnet eine App auf seinem Handy. Hainsch leitet das Luftmessnetz des Landes Niedersach-

sen. Es besteht aus 29 Messstationen, die jede Stunde ihre Feinstaubwerte in sein Büro nach Hildesheim senden. Dort werden sie aufbereitet
und dann im Internet und in einer Handy-App veröffentlicht.

Mit dieser App lässt sich Hainsch nun die Feinstaubentwicklung der
vergangenen Tage anzeigen, eine Kurve, die steil ansteigt. Eine wärmere
Luftmasse habe sich vor ein paar Tagen über die Luft am Boden gescho-
ben, sagt Hainsch, eine sogenannte Okklusion. Die Warmluft legt sich
über den Feinstaub und verhindert, dass er abzieht.

Auf einer Karte, die die Feinstaubbelastung in Niedersachsen darstellt, ist die Region rund um Bösel dunkel unterlegt. Von allen ländlichen Gebieten in Niedersachsen sind die Schadstoffwerte hier am
höchsten. Wie kommt so viel Feinstaub nach Bösel, in dieses Dorf, in
dem es wenige Autos gibt, keine Fabriken und schon gar kein Kohle-
kraftwerk?

Der Grund hat mit diesem Wort zu tun, das sich irgendjemand einmal für die Gegend hier hat einfallen lassen: Schweinegürtel.

Ein großer Teil des in Deutschland produzierten Fleischs stammt aus
dieser Region südlich von Oldenburg. Die Menschen hier leben von der
Landwirtschaft. Auf Kosten der Luft, die sie atmen.

Es sind die Rußteilchen aus den Traktoren, die für die hohen Feinstaubwerte in Bösel sorgen. Es sind die feinen Getreidepartikel, die bei
der Ernte durch die Luft schwirren. Es sind die Sandkörner, die vom
trockenen Ackerboden aufgewirbelt werden. Der größte Teil des Feinstaubs aber entsteht bei der Tierhaltung: Ammoniak, ein Gas, das aus
den Exkrementen der Tiere entweicht, ist eine Vorläufersubstanz des sogenannten sekundären Feinstaubs. Zusammen mit anderen Gasen, wie
Stickoxiden aus Dieselmotoren, reagiert Ammoniak in der Atmosphäre
und formt sich zu winzigen Staubkörperchen.

Es gibt sehr viel Ammoniak in Bösel. Das Gas entweicht aus den Ställen, es steigt auf von den frisch gedüngten Feldern, es dringt aus den Gül-
lelagern. Und dann landet es als Feinstaub in den Lungen der Menschen.

Am Ende dieses Tages steht auf der Internetseite des Landes Niedersachsen für die Station Bösel ein Tagesdurchschnitt von 57 Mikrogramm Feinstaub pro Kubikmeter Luft. Damit ist der EU-Grenzwert
von 50 Mikrogramm überschritten, zum vierten Mal innerhalb eines

Monats. Obwohl die nächste Großstadt, Oldenburg, knapp 25 Kilometer entfernt liegt.

Dort betreibt das Land ebenfalls eine Messstation. Sie steht in der Innenstadt, direkt an einer viel befahrenen Straße. An dem Tag, an dem Andreas Hainsch in Bösel einen Wert von 57 Mikrogramm Feinstaub ermittelt, zeigt sie 58 Mikrogramm an. Und dieser Tag ist keine Ausnahme. Im Gegenteil, es kommt oft vor, dass die Schadstoffbelastung in Bösel genauso hoch ist wie in Oldenburg. Die vermeintlich gesunde Landluft, sie ist nicht sauberer als Großstadtluft.

Die Landwirtschaft ist in Deutschland inzwischen für 23 Prozent der Staubpartikel verantwortlich. Damit ist sie der größte Verursacher von Feinstaub.

Andreas Hainsch, der Leiter des Luftmessnetzes in Niedersachsen, ist oft an Universitäten zu Gast. Er erzählt dann von den Staubpartikeln und den Schweineställen und davon, dass Bösel in seinem Messnetz als Industriestandort gekennzeichnet ist, so wie Salzgitter mit seiner Stahlindustrie. »Oft fragen mich die Studenten, warum das so ist«, sagt Hainsch in dem Messcontainer in Bösel. Er antwortet dann, dass es dort auch eine Industrie gebe: die Fleischindustrie.

Die Erkundung des Unsichtbaren hat einen verstörenden Befund erbracht: Deutschland hat ein Feinstaubproblem. Die Deutschen fahren zu viel Auto, verbrennen zu viel Holz, essen zu viel Fleisch, verbrauchen zu viel Strom. Bei verunreinigten Lebensmitteln ist sofort klar, wer schuld ist: Es ist der Produzent. Also der Landwirt, der Schlachthof, der Lebensmittelkonzern. Auch beim Feinstaub liegt die Schuld beim Erzeuger. Aber der Erzeuger des Feinstaubs, das sind letztlich wir alle.

Über wen soll man sich da aufregen?

Womöglich ist das ein Grund, warum die Schadstoffe in der Luft die Bundesbürger zwar weit mehr gefährden, aber dennoch weit weniger in Erregung versetzen als Gammelfleisch, Dioxin-Eier und Ehec-Bakterien. Vor gesundheitsschädlichem Essen kann sich der Einzelne noch einigermaßen schützen. Er kann auf Fleisch und Eier verzichten, wenn er den Herstellern nicht mehr traut, er kann auf Bioware umsteigen und sein Gemüse gründlich waschen. Dem Feinstaub kann keiner aus dem Weg gehen. Niemand kann aufhören zu atmen.

Die Schadstoffe in der Luft sind daher ein Problem, das der Staat lösen müsste, die Regierung. Harte Auflagen für die Landwirtschaft, stärkere Kontrollen der Holzöfen, weniger Autos auf den Straßen, Ausstieg aus der Kohle, all das würde helfen. Aber um sich über Gegenmaßnahmen Gedanken zu machen, muss man sich erst einmal einig sein, dass überhaupt eine Bedrohung existiert.

Zurück im Umweltbundesamt in Dessau. Die Abteilungsleiterin Marion Wichmann-Fiebig erklärt, warum es diese Einigkeit nicht gibt. Sie sagt, wenn sie ihre Vorträge über die Luftqualität in Deutschland halte, dann lasse sie den Beamer immer dieselben zwei Folien an die Wand werfen: Beide Folien zeigen einen Balken, der angibt, an wie vielen Luft-Messstationen in Deutschland der Feinstaub-Grenzwert eingehalten wurde. Auf der erste Folie ist der Balken komplett grün.

Auf der zweiten Folie ist er fast vollständig rot.

Auf der ersten Folie gilt der Grenzwert der EU. Er bildet in Europa die gesetzliche Grundlage zur Luftreinhaltung. In den vergangenen Jahren wurde er mitunter überschritten, so wie an jenem Tag in Bösel, über das ganze Jahr gerechnet aber überall eingehalten. Alles ist in Ordnung.

Auf der zweiten Folie gilt der Grenzwert, den die WHO empfiehlt. Er beträgt weniger als die Hälfte des EU-Werts. Die WHO geht davon aus, dass bei höheren Feinstaubkonzentrationen die Gesundheit des Menschen beeinträchtigt wird. Nur an 10 Prozent der Messstationen in Deutschland wurde der WHO-Grenzwert im Jahresdurchschnitt eingehalten, 90 Prozent des Balkens sind rot.

Die beiden Folien zeigen eines der größten Hindernisse für einen vernünftigen Umgang mit Feinstaub in Deutschland: Die geltenden gesetzlichen Grenzwerte täuschen eine Sicherheit vor, die es nicht gibt. Sie erzeugen den Eindruck, es gebe kein Feinstaubproblem. Und wo es kein Problem gibt, muss niemand reagieren.

Doch die bestehenden Grenzwerte sind medizinisch nicht zu begründen. Die Ergebnisse der Studien von Umweltmedizinern wie Barbara Hoffmann beweisen, dass auch bei Einhaltung des EU-Grenzwertes erhebliche Gesundheitsgefahren bestehen. Wenn an allen Messstationen in Deutschland die vorgeschriebenen Grenzwerte eingehalten werden, spricht das nicht für die Luftqualität, sondern gegen die Grenzwerte.

Marion Wichmann-Fiebig war dabei, als im Jahr 1999 die aktuellen EU-Grenzwerte für Feinstaub beschlossen wurden, sie war damals für die Europäische Kommission an den Verhandlungen beteiligt. Dass die Politik EU-weite Regeln festlege, sei grundsätzlich sinnvoll, sagt sie – und erzählt von den Messstationen, die das Umweltbundesamt in Deutschland betreibt. Da gebe es zum Beispiel die Station in Neuglobsow, am Stechlinsee in Brandenburg, bei der immer, wenn der Wind aus Osten bläst, die Feinstaubwerte steigen. Polen ist weniger als 100 Kilometer entfernt, bei Ostwind treibt der Ruß aus den polnischen Kohlekraftwerken über die Grenze.

Es gibt die Station auf Sylt, die nördlichste in Deutschland. Am Meer sind die Feinstaubwerte meist am niedrigsten. Doch wenn der Wind aus Süden weht, dann zieht der Feinstaub aus Hamburg bis hinauf zu der Insel.

Und da ist die Station auf der Zugspitze, wo manchmal, wenn die Luftströme stark genug sind, sogar Sahara-Sand aus Afrika ankommt. »Luft kennt keine Grenzen«, sagt Wichmann-Fiebig. Deshalb hilft es wenig, wenn jedes Land beliebige eigene Höchstwerte festlegt.

Bei den Verhandlungen innerhalb der EU geht es allerdings häufig zu wie auf einem Basar. Die Länder mit wenig Feinstaub wie Schweden und Dänemark plädieren für niedrige Grenzwerte, Staaten mit viel Feinstaub wie Polen und Tschechien für hohe Werte. Das Ergebnis ist ein Kompromiss, der sich weniger am medizinisch Ratsamen als am politisch Durchsetzbaren orientiert.

Er steht für den Versuch, gleichzeitig wirtschaftliche Interessen und die Gesundheit der Menschen zu berücksichtigen. Ein Versuch, der scheitern muss.

Senkt man die Grenzwerte, belastet es die Wirtschaft. Erhöht man die Grenzwerte, belastet es die Menschen.

Wenn man die größten Luftverschmutzer in Deutschland nach ihrer Verantwortung fragt, erhält man bemerkenswerte Antworten. Der Verband der Automobilindustrie verweist auf die Einführung der Partikelfilter bei Dieselfahrzeugen. Und fügt hinzu, wer die Feinstaubemissionen reduzieren wolle, solle sich nicht auf den Verkehr konzentrieren, sondern alle Emittenten im Blick behalten.

Der Bundesverband der Energie- und Wasserwirtschaft betont, dass die Emissionen von Kraftwerken gesunken seien – und verweist darauf, dass auch beim Gütertransport viel Feinstaub entstehe.

Die Verbände der Ofenbauer führen an, dass die Schornsteinfeger für die Kontrolle des Schadstoffausstoßes von Holzöfen zuständig seien.

Die Innungen der Schornsteinfeger erklären, dass durch den Autoverkehr in den Städten mehr Feinstaub entstehe als durch die Holzöfen.

Der Deutsche Bauernverband teilt mit, man halte alle gesetzlichen Auflagen ein, in den Ställen gebe es Filter gegen Ammoniak.

Es ist ein wenig wie bei kleinen Kindern, die etwas angestellt haben: Keiner will schuld sein, alle zeigen mit dem Finger auf die anderen. Aber im Gegensatz zu den meisten Kindern kommen sie damit durch. Die Bundesregierung hält an den bestehenden Grenzwerten fest. Und die Bürger wollen gar nicht so genau Bescheid wissen. Über die App von Andreas Hainsch vom Luftnetzwerk Niedersachsen kann sich jeder auf dem Handy live die Luftdaten der jeweils nächstgelegenen Messstation anzeigen lassen. Auf den Internetseiten der Landesbehörden finden sich stündlich neue Messergebnisse. Selbst im Videotext lassen sich aktuelle Feinstaubwerte abrufen.

Die Resonanz, sagt Hainsch, sei gering. Die Leute interessieren sich nicht für Schadstoffe in ihrer Atemluft.

Ein schwarzer Golf fährt am Münchner Flughafen entlang, er steuert auf das Vorfeld zu. Wolfgang Herrmann, auf dem Beifahrersitz, schaut auf die Anzeige des Messgeräts. »Wahnsinn«, sagt er, »das steigt immer weiter.«

»Wie viele sind es?«, fragt Oswald Rottmann, der Fahrer. Es sind sehr viele. 60.000, 65.000, 70.000, mit jedem Meter, den der Wagen sich dem Feld nähert, wächst die Zahl. Zehntausende Partikel in nur einem Kubikzentimeter Luft. Ultrafeinstaub mit einem Durchmesser von unter 0,1 Mikrometern.

Wenn man sich ein Haar als Säule mit zwei Metern Durchmesser vorstellt und das kleine Feinstaubpartikel ein Tennisball ist, dann ist ein Ultrafeinstaub-Partikel ein Stecknadelkopf. Diese Teilchen sind so klein, dass sie nicht einmal von den Lungenbläschen aufgehalten werden. Sie gelangen ins Blut und mit dem Blut über die Arterien quer durch den Körper, zu den Organen.

Kurz vor dem Rollfeld knickt die Zufahrt zum Terminal 1 nach links ab und führt in einer langen Rechtskurve um das Vorfeld herum. Der Golf fährt weiter. Auf dem Asphalt stehen Flugzeuge und warten auf Passagiere, andere rollen zum Start. Das Autofenster ist einen Spaltbreit geöffnet, kühle Abendluft zieht ins Innere. Es riecht nach Kerosin.

Das Messgerät aus blauem Plastik steht zwischen den Vordersitzen, es hat die Form eines Handstaubsaugers, ein Schlauch mündet in ein feines Metallrohr, das durch den Fensterspalt nach draußen ragt. Die beiden Männer haben es für 6000 Euro angeschafft.

Oswald Rottmann und Wolfgang Herrmann sind keine Mediziner. Rottmann ist Agrarwissenschaftler, Herrmann ist Ingenieur. Beide Männer wohnen in Freising, sechs Kilometer Luftlinie vom Flughafen München entfernt. Bis vor wenigen Jahren erschien ihnen Feinstaub als Problem der Großstadt, in Freising war die Luft doch gut. Dann hörten sie von dieser Studie aus Los Angeles.

Die beiden Männer engagieren sich seit Jahren in Bürgerinitiativen gegen die dritte Startbahn, die nach dem Willen der bayerischen Landesregierung am Münchner Flughafen gebaut werden soll. Sie interessieren sich für alles, was sich dagegen vorbringen lässt. Und die Forscher aus den USA hatten etwas gefunden.

Bei Messungen im Umfeld des internationalen Flughafens in Los Angeles hatten Wissenschaftler deutlich erhöhte Werte beim Ultrafeinstaub festgestellt. Selbst an Orten, die mehrere Kilometer entfernt lagen.

In Sachen Feinstaub galten Flughafen bis dahin als unbedenklich. Die Messungen lieferten keine Anhaltspunkte für eine erhöhte Schadstoffbelastung. Und wenn doch, dann schien diese vom Autoverkehr am Flughafen zu stammen.

Flugzeuge stoßen das Treibhausgas CO_2 aus, sie beschleunigen den Klimawandel, das wusste man. Für die unmittelbare Gesundheit des Menschen aber galten sie als eher unbedenklich.

Nun sieht es so aus, als habe man ihren Einfluss nur nicht richtig messen können.

Denn um Ultrafeinstaub zu erfassen, braucht es andere Instrumente. Die Partikel sind so klein und leicht, dass das bisherige Verfahren sie nicht registrieren konnte.

Deshalb gibt es bisher kaum Daten über Ultrafeinstaub. Die wenigen Studien weisen auch an großen Straßen hohe Mengen von Ultrafeinstaub nach. Der besteht mehrheitlich aus Rußpartikeln. Denn die kleinsten Teilchen stammen häufig aus Verbrennungsprozessen wie in Automotoren oder Flugzeugturbinen. Je heißer die Verbrennung, desto kleiner die Partikel.

Belastbare Erkenntnisse darüber, was die ultrafeinen Teilchen für die menschliche Gesundheit bedeuten, gibt es noch nicht. Doch wirklich gesund, so viel lassen die bisherigen Studien vermuten, kann es nicht sein, wenn Ruß direkt ins Blut wandert. Mit Ratten wurden bereits Versuche gemacht, der Ultrafeinstaub drang bis ins Hirn vor.

Auf der südlichen Landebahn in München setzt jetzt der Lufthansa-Flug LH 715 aus Tokio auf. Der Airbus rollt aus, wird langsamer und langsamer und verlässt schließlich die Landebahn. Kurz danach beginnt die Zahl auf dem Messgerät der beiden Männer zu steigen. Sie springt auf mehr als 100.000 Partikel. Bei diesem Wert bleibt sie für einige Momente stehen, dann sinkt sie zurück auf 70.000.

Oswald Rottmann und Wolfgang Herrmann schauen sich an, schweigen, dann schauen sie nach vorn über das Flughafengelände. Im Autoradio spielt ein Streichquartett, und während die beiden Männer über das Rollfeld blicken, wirft die tief stehende Sonne ihr rotes Licht durch die Heckscheibe, gebrochen von Millionen Staubpartikeln, die durch die Luft schwirren. Dann geht sie langsam unter.

WIE DIE LUFT IN DEUTSCHLAND SAUBERER WURDE

Bankenkrise, Dieselskandal, verflochtene Hauptstadt-Eliten: Viele Bürger glauben, dass in Deutschland die Demokratie längst einer Lobbykratie gewichen sei. Zu Recht?

VON HEIKE FALLER

Es geschah im Sommer 2017, in einer der vielen Talkshows zum Dieselskandal. Die damalige Bundesumweltministerin Barbara Hendricks war zu Gast sowie ein pensionierter Lehrer aus Stuttgart, der seit Jahren gegen Feinstaub und Stickoxidbelastung kämpft. Er sprach von der Vergiftung der Bevölkerung in Stuttgart, vom automobilindustriellen Komplex. »Die Politik wird von der Autoindustrie bestimmt«, sagte er schließlich. Niemand widersprach. Auch die Umweltministerin Barbara Hendricks sagte nichts, so als sei ihrem Berufsstand nicht gerade jede Legitimation abgesprochen worden.

In seinen Reden und Aufsätzen zu dem Thema kommt Manfred Diess, der Lehrer im Ruhestand, zu einem noch grundlegenderen

Schluss: »Wir leben«, sagt er, »nicht mehr in einer Demokratie, sondern in einer Lobbykratie.«

Er ist nicht der Einzige. Die Behauptung, die Demokratie funktioniere nicht mehr, ist eine Binsenwahrheit geworden, eine Aussage, die jeder irgendwie richtig findet. Man bemerkt sie überall, in Dokumentarfilmen, Büchern, in Leserbriefen zu aktuellen politischen Themen vom Diesel bis zur Bundestagswahl: *Steinmeier scheint mir am wenigsten prädestiniert dafür, dem sog.* »*Volk*« *die Demokratie erklären zu können, er ist ein Günstling eines Systems, das sich zwar* »*Demokratie*« *nennt, aber sich ehrlicherweise eher als Lobbykratie, Parteiendiktatur etc. beschreiben lässt.* (Kommentar unter einem Artikel zu einer Veranstaltung des Bundespräsidenten kurz vor der Bundestagswahl.)

Die Bundesrepublik verkommt immer mehr von einer Demokratie zur Lobbykratie. Es ist ja nicht nur die kriminelle Vereinigung Automobilindustrie, die unserer Regierung zeigt, wo's langgehen soll (...). (Leserbrief zu einem Text zum Dieselskandal in der *ZEIT.*)

So populär ist das eigentlich abstrakte Thema, dass Volkshochschulen Vorträge dazu anbieten und Fernsehsender Serien daraus machen: *Die Lobbyistin* läuft seit November 2017 auf ZDFneo und handelt von einer Bundestagsabgeordneten, die ihr Mandat verliert und in einer Lobbyagentur anfängt. Dort begreift sie, laut ZDF-Pressetext, »wie Politik wirklich funktioniert«.

Tatsächlich bekamen die Bürger im Dieselskandal einen Einblick in den Maschinenraum der Politik, der viele schockierte. Man erfuhr, dass die EU-Abgasgrenzwerte gar nicht auf der Straße eingehalten wurden, sondern nur auf dem Prüfstand. Auf der Straße liegen sie um ein Vielfaches höher. Man erfuhr, dass die Verkehrspolitiker in Berlin oder in Brüssel dies seit Langem wussten. Dass sie aber sieben Jahre gebraucht hatten, um einen Test einzuführen, der die Abgase dort misst, wo sie eingeatmet werden: auf der Straße. Man lernte, dass Matthias Wissmann, der Präsident des Verbands der Automobilindustrie (VDA), Schreiben an die Kanzlerin mit »Liebe Angela« beginnt. Man wunderte sich, warum Verkehrsminister Alexander Dobrindt so ähnlich auf den Dieselskandal reagierte wie früher die Tour-de-France-Veranstalter auf positive Dopingtests: gelassen.

Es kann auch keine Überraschung für ihn gewesen sein, denn der Tango aus Regulierung und ihrer Umgehung ist uralt. Er begann nach der Einführung des Clean Air Act Mitte der sechziger Jahre in den USA, als erstmals Autoabgase reguliert wurden. Seither wurden Autohersteller immer wieder verklagt, weil sie Abschalteinrichtungen einbauten, die dafür sorgten, dass die Abgasreinigung nur auf dem Prüfstand eingeschaltet wurde. (Bereits 1974 musste VW wegen eines solchen *defeat device* 125.000 Euro Strafe in den USA bezahlen.) Man begriff außerdem, dass der Verkehrsminister sich gar nicht dafür zuständig fühlt, im Konflikt zwischen dem Bedürfnis nach sauberer Luft und dem Wunsch nach einer blühenden Autoindustrie einen Ausgleich herzustellen, weil das Verkehrsministerium es von jeher als seine vorrangige Aufgabe ansieht, der Autobranche Hindernisse aus dem Weg zu räumen. Politik-Insider wissen das, für Normalbürger fernab der Hauptstadt kam diese Erkenntnis so überraschend, als erführen sie, dass dem Familienministerium die, sagen wir, Windelhersteller näher sind als die Familien.

Die Kurzformel für diese Verflechtung ist: Lobby. Es ist ein Begriff, der die kompliziertesten Probleme mit einem Wort zu erklären scheint.

Warum werden die Menschen immer dicker?

Weil die Zuckerlobby ihnen eingeredet hat, nicht Zucker, sondern Fett mache dick.

Warum gibt es kein Heilmittel gegen Krebs?

Weil die Pharmalobby mit Chemotherapien zu viel verdient.

Warum gibt es Krieg?

Weil die Öllobby billiges Öl braucht.

Und so weiter.

Leben wir wirklich in einer Postdemokratie?

Es ist ein Misstrauen gegen die Demokratie, das Linke wie Rechte erfasst hat, Pegida-Demonstranten und Wutbürger. Es bringt sie dazu, »das System« als Ganzes abzulehnen, Parteien zu wählen, die den Eindruck erwecken, als stünden sie außerhalb der verflochtenen Eliten aus Wirtschaft und Politik: selbst erklärte Außenseiter wie Trump, Le Pen, Gauland.

Tut mir leid, aber Industrie vs. Politik, da hackt die eine Krähe der anderen kein Auge seit Jahrzehnten aus (...). Die Volksparteien haben ihren Kredit verspielt und somit Extremen selbst den Nährboden gegeben. (Facebook-Kommentar während einer *Maybrit Illner*-Sendung zum Dieselskandal.)

Ich erwarte herzlich wenig. Wir leben zwar auf dem Papier in einer Demokratie, aber in Wirklichkeit ist es eine Lobbykratie. (Der Schauspieler und Umweltaktivist Hannes Jaenicke in einem Interview vor der Wahl zu seinen Erwartungen an die neue Regierung.)

Wann haben die Leute eigentlich aufgehört, Deutschland für eine Demokratie zu halten?

Die ersten Bücher zu dem Thema tauchten vor etwa zehn Jahren auf, zeitgleich mit der Finanzkrise, als die Folgen der Deregulierung der Finanzsysteme sichtbar wurden. *Postdemokratie* nannte der britische Politologe Colin Crouch sein Werk, das 2008 in Deutschland erschien. Die These: Westliche Demokratien seien nur noch Hüllen. Zwar gebe es Wahlen und Wahlkämpfe, diese aber kreisten um Pseudothemen, die sinistre Spindoktoren sich ausdächten, um das Volk von den wirklich wichtigen Themen abzulenken. Über die aber entschieden Insider.

Das Thema traf mitten in der Bankenkrise einen Nerv, das Buch landete, ungewöhnlich für einen wissenschaftlichen Titel, auf der Bestsellerliste. Das Thema war gesetzt. Kurz darauf zeigten zwei deutsche Journalisten, wie man sich die Postdemokratie konkret vorstellen konnte: In ihrem Buch *Der gekaufte Staat. Wie Konzernvertreter in deutschen Ministerien sich ihre Gesetze selbst schreiben* deckten Sascha Adamek und Kim Otto auf, dass durch ein von der rot-grünen Bundesregierung initiiertes Austauschprogramm zwischen Regierung und Wirtschaft in Bundesministerien über 100 Wirtschaftsvertreter als »Leihbeamte« arbeiteten. E.ON-Mitarbeiter saßen im Planungsstab für Energiepolitik, im Finanzministerium wirkten Bankenlobbyisten an Gesetzen mit, die ihrer eigenen Kontrolle dienten, im Gesundheitsministerium gab es Mitarbeiter der Krankenkassen, die früh von geplanten Reformen erfuhren und diese so im Sinne ihres Arbeitgebers beeinflussen konnten (nach Erscheinen des Buches wurde die Mitarbeit Externer inhaltlich eingeschränkt).

2010 schließlich schickte ein Politiker selbst einen Hilferuf aus dem Zentrum der Ohnmacht: Marco Bülow, SPD-Abgeordneter, damals 39, beschrieb in seinem Buch *Die Abnicker,* wie er als junger Abgeordneter in den Bundestag kommt und schon bald eine Ernüchterung erlebt.

Er sieht ein Parlament, das sich zum Abnicken der Regierungspolitik degradieren lässt, er beobachtet, wie ungewählte Expertengremien Gesetze vorbereiten und Abgeordnete daran keine Kritik mehr üben dürfen.»Die Politik«, schreibt Bülow,»wird immer mehr zum Spielball großer Konzerne. Sie besitzen die Macht und das Geld, das politische Geschehen zu beeinflussen.« Und:»Lobbyisten beeinflussen die Politik nicht mehr nur, sondern bestimmen sie maßgeblich mit.«

Das war 2010. Seitdem ist aus der Lobby-Kritik ein eigenes Themenfeld geworden. Titel wie *Europas Strippenzieher: Wer in Brüssel wirklich regiert* (2014), *Das Spinnennetz der Macht: Wie die politische und wirtschaftliche Elite unser Land zerstört* (2014), *Die Lobbyrepublik: Wer in Deutschland die Strippen zieht* (2015), *Lobbykratie: Wie die Wirtschaft sich Einfluss, Mehrheiten, Gesetze kauft* (2016) legen nahe, dass die Macht im Staat nicht mehr vom Volk ausgeht.

Kann das sein? Und wenn ja: Wie funktioniert eigentlich diese Mechanik der Macht, durch die sich am Ende die Wirtschaft auf Kosten des Gemeinwohls durchsetzt?

Es gibt eine EU-Richtlinie, anhand derer man das untersuchen kann. Sie wurde im Oktober 2015 in der EU-Kommission verhandelt, kurz nachdem der VW-Betrug aufgeflogen war. Nach jahrelangen Diskussionen hatte die Kommission beschlossen, einen Test einzuführen, der Autoabgase realitätsnäher messen sollte. In der verkehrspolitischen Szene war schon lange vor dem Skandal bekannt, dass die Abgaswerte auf den Prüfständen viel niedriger waren als die auf der Straße, weil Autos auf die Tests hin optimiert worden waren. Seit Jahren war deshalb in den Arbeitsgruppen der EU über einen realistischeren Straßentest diskutiert worden.

Im Oktober 2015 sollte der Real Driving Emissions Test von der Kommission mit Mitgliedsstaaten und Parlament verhandelt werden. In Zukunft würde er Abgase während des Fahrens direkt am Auspuff messen und nicht, wie bisher, im Labor. Für die Bürger bedeutete das, dass der Stickstoffdioxid-Gehalt in der Luft endlich sinken würden. Für die Autoindustrie bedeutete es ein Problem: Viele ihrer Modelle würden den neuen Test nicht bestehen.

Wieso waren die Grenzwerte am Ende so viel höher?

Später zeigten Akten aus dem Bundestags-Untersuchungsausschuss, wie Matthias Wissmann vom Verband der Automobilindustrie und die Bayerische Staatskanzlei, instrumentalisiert von BMW, bei Angela Merkel nun für die Belange der Autoindustrie intervenierten. Sie hatten einen Ausweg gefunden, wie ihre Autos auch den neuen Straßentest bestehen könnten: Die gültigen Grenzwerte sollten mit einem »Konformitätsfaktor« multipliziert werden, vorgeblich, um Messungenauigkeiten bei dem Test auszugleichen. Allerdings beträgt die Messungenauigkeit etwa 20 Prozent. Das heißt, man hätte den Grenzwert mit einem Faktor von 1,2 multiplizieren müssen, um diese Ungenauigkeit auszugleichen. Am Ende wurde allerdings ein Konformitätsfaktor von 2,1 verabschiedet, der die gesetzlichen Grenzwerte also mehr als verdoppelt (später würde er auf 1,5 sinken). Besonderen Einsatz zeigte dabei Angela Merkel, die sich, wie die Untersuchungsausschuss-Akten später zeigen sollten, für einen Faktor von über 2 starkmachte.

Dass eine deutsche Kanzlerin die größte Branche des Landes schützt, ist vielleicht nicht weiter überraschend.

Erstaunlich ist aber, wie sich das EU-Parlament verhielt. Denn nach der Entscheidung der Kommission hätten die Parlamentarier ein Veto gegen den »Konformitätsfaktor« einlegen können. Es hätte dazu eine absolute Mehrheit gebraucht, 376 von 750 Abgeordneten. Doch am 3. Februar 2016, mitten im VW-Skandal, stimmten nur 317 Abgeordnete für das Veto. Damit war der Real Driving Emissions Test eingeführt – mitsamt einer Verdoppelung der Grenzwerte. Der Betrug der Autoindustrie, so sahen es Umweltpolitiker, war damit im Nachhinein legalisiert worden. Es schien wie ein weiterer Beweis für die Macht der Konzerne: Selbst im Moment des größten Skandals wagt die Politik es nicht, die Autoindustrie dazu zu zwingen, sich an Gesetze zu halten.

Wer oder was hatte die Abgeordneten, die gegen das Veto gestimmt hatten, so im Griff, dass sie es zuließen, dass ihre eigenen Grenzwerte, um die sie jahrelang gerungen hatten, verdoppelt wurden? Warum hatten sie sich nicht getraut, sich dagegen zu wehren, dass ihr Gesetz zunichtegemacht wurde?

Mit dieser Frage fuhr ich nach Brüssel, einer Stadt, in der 15.000 Lobbyisten wirken. Ich saß im Abgeordneten-Hochhaus des Europäischen Parlaments und fragte Parlamentarier nach ihren Beweggründen. Ich erwartete Ausreden, vielleicht Hinweise auf Angst vor der Macht der Autoindustrie.

Aber die Antworten waren banal.

»Sie machten uns Angst, dass die Autoindustrie in Europa sterben wird«, erzählt eine finnische Linken-Abgeordnete, die erlebte, wie industrienahe Kollegen in Ausschüssen argumentierten.

»Es ist in Parlamenten so, wie im echten Leben, dass sich wenige Menschen damit auskennen. Die anderen laufen einigen Meinungsbildnern hinterher«, sagt ein deutscher Sozialdemokrat.

»Das Umweltministerium hat gesagt, wenn wir den RDE-Test am Konformitätsfaktor scheitern lassen, müssten wir ein neues Gesetzgebungsverfahren anstrengen, das drei bis vier Jahre dauert. Das war für mich der Grund, warum ich gesagt habe, wenn wir Einspruch erheben, ist der Verlust für die Umwelt größer«, sagt Karl-Heinz Florenz, ein 70-jähriger CDU-Mann und Landwirt. Er gilt als grün angehaucht und war einer derjenigen, die die Grünen für das Veto zu gewinnen hofften. Am Ende stimmte er gegen das Veto und für das Gesetz – aus Pragmatismus, wie er sagt, damit der Straßentest endlich kommt.

Auch Annie Schreijer-Pierik, 64, eine niederländische Abgeordnete der Konservativen, war wütend, als sie von der Erhöhung der Grenzwerte erfuhr. Sie stammt von einem Bauernhof, viele ihrer Wähler sind Bauern, für die solche Ausnahmen nicht gemacht würden, behauptet sie. »Ich bin jetzt dreißig Jahre in der Politik. Und dann erfahre ich, dass innerhalb von zwei Wochen alles zum Vorteil der Autoindustrie entschieden wird. Ich muss aufpassen, dass ich nicht anfange zu weinen.« Die Ungleichbehandlung von Landwirtschaft und Autoindustrie habe sie so aufgebracht, dass sie in jenem Herbst Rückenprobleme bekam. Vor der Abstimmung hatte sie einen Bandscheibenvorfall und konnte nicht dabei sein. Sonst, so versichert sie, hätte sie für das Veto gestimmt.

Wäre es möglich gewesen, sich gegen die Fraktion zu stemmen? Ja, sagen sowohl Annie Schreijer-Pierik als auch Karl-Heinz Florenz. Im Europaparlament, wo sich innerhalb der Fraktionen verschiedene Nationalitäten versammeln, ist das Abstimmungsverhalten weniger homogen als im Bundestag. Trotzdem will jede Abweichung von der Fraktionslinie gut überlegt sein. »Man kann nicht an jeder Stelle Feuer legen«, sagt ein anderer Abgeordneter, der darüber nachgedacht hatte, Veto einzulegen, es dann aber doch nicht tat.

Die Entscheidung des Parlaments, die Verdoppelung der Grenz-werte zuzulassen, zerfiel bei näherem Hinsehen in hundert Gründe: Gruppendruck, andere Prioritäten, die Hoffnung auf eine pragmati-sche Lösung, Sorge um Arbeitsplätze. Natürlich spielt dabei auch die Nähe von Politikern zur Industrie eine Rolle. Karl-Heinz Florenz, der CDU-Mann, beschrieb, wie Matthias Wissmann vom VDA regelmä-ßig zu Abendessen in Brüsseler Spitzenrestaurants einlud, um Politikern neben feinsten Speisen auch die Argumente der Branche aufzutischen. Dazu kommt persönliche Nähe, weil viele ehemalige Politiker heute für die Autoindustrie arbeiten. Es ist diese Vertrautheit, die Lobbyarbeit ausmacht, gemäß dem sozialpsychologischen Gesetz des *mere exposure*-Effekts, nach dem Menschen, die sich häufig sehen, einander sympa-thischer finden.

Andererseits ist diese Nähe nicht so wirkmächtig, dass es nicht mög-lich gewesen wäre, der Autobranche Grenzen zu setzen. Das zeigt das Wahlverhalten der deutschen Sozialdemokraten im EU-Parlament: Diese hatten fast geschlossen für das Veto gestimmt. Selbst Abgeordnete aus Wahlkreisen rund um VW- oder BMW-Werke hatten den Konfor-mitätsfaktor abgelehnt. Ein Referent des bayerischen SPD-Abgeordne-ten Ismail Ertug erzählt von Treffen mit Betriebsräten von BMW und Audi, in denen sein Chef den Autoleuten erklärte habe, dass die Auto-industrie sich sowieso wandeln müsse, wenn sie nicht das Schicksal von Nokia erleiden wolle. »Man lobbyiert ja auch in die andere Richtung«, sagt der Assistent.

Und Bernd Lange, niedersächsischer SPD-Abgeordneter, erzählt von Gesprächen mit der IG Metall. »Wenn man eine Vertrauensperson ist, die nicht überstürzt Umstrukturierungen fordert, kann man auch über das hinausgehen, was Konzernposition ist«, sagt er etwas umständlich. Soll heißen: Man kann als Politiker die Industrie hin und wieder zu ihrem Glück zwingen.

Warum hatte Merkel dann nicht auf der EU-Abgasnorm bestanden? Warum hatte Merkel die Branche nicht zu ihrem Glück gezwungen?

Vor dem Untersuchungsausschuss des Bundestages würde sie später von der Autoindustrie als »Kernarbeitgeber« in Deutschland sprechen und davon, Regulierungen zu finden, die ambitioniert seien, »aber andererseits nicht so sind, dass anschließend in Deutschland kein Auto mehr produziert wird«.

Aber muss man die Branche nicht zu Reformen zwingen? Und ist es nicht ein fatales Signal, ein Gesetz einfach auszuhebeln? Warum hat Merkel nicht den Mut aufgebracht, die Branche wenigstens im Moment des größten Skandals zu regulieren?

»Haben Sie die Kanzlerin schon mal mutig erlebt?«, sagt ein ehemaliger Fraktionsmitarbeiter der Grünen, der heute als Berater unter anderem für die Autobranche tätig ist und der nicht namentlich genannt werden will. »Vielleicht bei der Flüchtlingskrise. Sie ist eine sehr kluge Frau, aber sie ist auch sehr vorsichtig.« Am 4. September 2015 hatte sich Merkel entschieden, die Grenzen für die herbeiströmenden Flüchtlinge zu öffnen, am 18. September wurde der VW-Skandal publik. In diese Wochen fielen auch Gespräche über den Straßentest, den Konformitätsfaktor. Vielleicht war ihr Mut einfach aufgebracht. »Sind alles Menschen«, sagt der Ex-Grüne noch.

Früher schrieben andere Verbände die Gesetze

Die deutsche Regierungsarchitektur ist eine Architektur der Zurückhaltung. Der Reichstag wirkt mit seinen grauen Fassaden, seiner aufgesetzten Glaskuppel wie ein Mahnmal. Vor dem Kanzleramt breitet sich vom Innenhof ein grüner Rasenfleck auf die Straße aus – eine verspielte Verbindung von drinnen nach draußen, die in Washington oder Paris unvorstellbar wäre. In den Abgeordnetenhäusern dominiert helles Holz. Es ist ein Stil, der Transparenz und Nüchternheit ausstrahlt – und das Gegenteil von Herrschaftsarchitektur. Kann es wirklich sein, dass die Menschen, die in diesen lichten Gebäuden arbeiten, sich von diesen Idealen immer mehr entfernt haben?

»Ich glaube dem ›immer mehr‹ in diesem Satz nicht so ganz«, sagt Rudolf Speth, 60. »Das würde ja heißen, wir waren mal superdemokratisch, und dann ging es permanent bergab.« Der Berliner Politikwissenschaftler sitzt in der Bundestagskantine im Keller des Gebäudes, vor sich ein Plastiktablett. Um ihn herum sitzen lauter Parlamentsmitarbeiter – schlanke Fortysomethings, die nicht aussehen wie die Machtmenschen in *House of Cards,* sondern wie Leute, die mit dem Rad zur Arbeit kommen und dabei Helm tragen.

Nur wenige haben sich so ausführlich der Erforschung des Lobbyismus gewidmet wie Rudolf Speth. Er schreibt Bücher und ein Blog zu dem Thema, berät NGOs, wie sie ihre Lobbyarbeit optimieren können, und hatte vier Jahre lang vertretungsweise in Kassel die Professur »Politisches System in der BRD« inne.

Es begann im Jahr 2000. Damals organisierte Speth eine Konferenz zu dem Thema. Das Interesse war riesig, es war die Zeit des Regierungsumzugs, überall schossen Public-Affairs-Agenturen aus dem Boden, von denen keiner wusste, was sie genau machten. Seither hat Speth sich in Büchern und Aufsätzen immer wieder damit beschäftigt, Texten, die schon vom Titel her – *Lobby Work: Interessenvertretung als Politikgestaltung* – als Bestseller schwer vorstellbar sind. Seine These: Lobbyismus hat es schon immer gegeben, auch in der Nachkriegszeit nahmen Industrie, Bauernverbände, Wohlfahrtsverbände, Gewerkschaften, Kirchen Einfluss auf die Politik.

»Wir hatten schon immer eine relativ starke Präsenz von Unternehmen in der Politik. Viele Entscheidungen in der Nachkriegszeit wurden im Sinne der Unternehmen getroffen – von der Unternehmensmitbestimmung, die die Macht von Gewerkschaften beschnitt, bis zu steuerfreien Unternehmensverkäufen.« Selbst dass Lobbyisten Vorlagen für Gesetzestexte schreiben, sei nichts Neues. »Wenn es um sozialpolitische

Gesetze ging, haben die Wohlfahrtsverbände die geschrieben, und der Bundestag hat die nur ratifiziert. Ich habe mal eine Wohlfahrtsorganisation beraten. Ich fragte, ob sie Einwände gegen ein Gesetz hätten. Nee, lautete die Antwort, haben wir doch selbst geschrieben.« Heute undenkbar, sagt Speth: »Wir haben nicht mehr das Modell, in dem Bauernverbände, Wohlfahrtsverbände und Gewerkschaften faktisch Politik steuern – auch weil es mehr Akteure gibt.«

Außerdem habe die politische Moral sich verändert: Dass Abgeordnete, wie in den siebziger Jahren üblich, zugleich Geschäftsführer eines Verbandes seien, sei heute undenkbar. »Die Gesellschaft duldet das nicht mehr«, was man auch am Aufkommen von Organisationen wie Abgeordnetenwatch.de und Lobbycontrol sehen könne. Was ist dann mit den Leihbeamten in den Ministerien, mit den ungewählten Expertengremien, die Gesetze vorbereiten? Diese Phänomene seien Ausdruck eines Staates, glaubt Speth, der seine Aufgaben immer weniger bewältigen könne.

Weil er kaputtgespart wird?

»Weil er für immer mehr Themen zuständig ist.« Von Datensicherheit über Finanzmarktpolitik bis zu selbst fahrenden Autos: »Vielfach haben Ministerien keine Ahnung, wie sie das richtig bewerten sollen. Es muss aber entschieden werden.« Also stünden Thinktanks und Stiftungen bereit, um die Wissenslücken zu füllen: »Die gehen nicht mehr klassisch auf Abgeordnete zu, sondern haben das Ziel, Diskurse früh zu beeinflussen.« Die Hartz-Reformen wurden über Jahre von der Bertelsmann Stiftung vorbereitet, mit Symposien, Workshops, Zuarbeiten für die Hartz-Kommission. Konzepte zur Flüchtlingspolitik erarbeitet derzeit ein Sachverständigenrat für Migration, der nicht (wie früher üblich) von einem Ministerium berufen wurde, sondern zu dem sich große Stiftungen zusammengetan haben. »Sie prägen Sprachbilder, legen eine Weltsicht fest und bilden so die Grundlage der Meinungsbildung der Politik«, sagt Speth. Nicht die Einmischung an sich sei neu, sondern die Unübersichtlichkeit. Airbnb zum Beispiel stelle Community-Organizer ein, die Anbietern von Ferienwohnungen helfen, sich zu organisieren, um gegen gesetzliche Beschränkungen vorzugehen. »Das bekommt dann so *grassroots*-Elemente. Es wird so getan, als ginge es nur um die Interessen von Wohnungsbesitzern, dass die treibende Kraft dahinter ein Unternehmen ist, bleibt unsichtbar.«

Damit sei die Demokratie noch nicht abgeschafft, glaubt Speth. Aber es führe dazu, dass viele Menschen ihr misstrauen. Und natürlich dürfe man sich fragen: »Wann führt die Summe dieser kleinen Veränderungen zu einer grundlegenden Veränderung?«

Warum die Luft in Deutschland immer sauberer wurde

Es gibt noch eine andere Antwort auf die Frage, ob der Staat so sehr im Griff von Wirtschaftsmächten ist, dass die Interessen der Bürger unberücksichtigt bleiben.

Sie besteht aus einfachen Zahlen. Es ist die Entwicklung der Luftschadstoffe:

Emissionen von Schwefeldioxid, einem Gas, das sauren Regen und Waldsterben verursacht:

1990: 5.485.000 Tonnen. 2015: 352.000 Tonnen.

Emissionen von Kohlenmonoxid, einem Atemgift:

1990: 12.498.000 Tonnen. 2015: 2.678.000 Tonnen.

Emissionen von Gesamtstaub:

1990: 1.970.000 Tonnen, und 2015: 360.000 Tonnen.

So stark wurden diese Luftschadstoffe inzwischen reduziert, dass viele Messstellen für Schwefeldioxid, Kohlenmonoxid und Grobstaub abgeschafft wurden, weil die Belastung seit Jahren unter den Grenzwerten liegt. Beim Stickstoffdioxid, dem Gas, um das beim Dieselskandal gestritten wird, wird der Grenzwert 40 Mikrogramm pro Kubikmeter Luft zwar an vielen Orten noch überschritten. Dennoch gibt es eine positive Entwicklung: Die Konzentration pro Kubikmeter Luft hat sich zwischen 1995 und 2016 verringert, im Mittel von 50 auf 39 Mikrogramm pro Kubikmeter an verkehrsnahen Stationen.

Nur wenige Themen haben die Bundesrepublik in der Nachkriegszeit so geprägt wie der Wunsch nach einer sauberen Umwelt. Auch wenn Lobbyisten strengere Verordnungen über Jahre verzögert haben: Am Ende kamen die Großfeuerungsanlagenverordnung oder die Katalysatorpflicht eben doch.

Wie kann das sein? Wie kann es sein, dass die Luft trotz mächtiger Wirtschaftsinteressen immer sauberer geworden ist? Die Antwort lautet: Lobbyismus. Allerdings nicht von Industrieseite, sondern vonseiten der Umweltbewegung.

Heike Klüver, 36, Professorin für Politikwissenschaft an der Berliner Humboldt-Universität, untersuchte für ihre Dissertation *Lobbying in the European Union* den Einfluss, den verschiedene gesellschaftliche Gruppen auf Gesetze haben. Dafür nahm sie sich 56 EU-Gesetzgebungsverfahren vor, von Roaming bis Klimaschutz. Sie untersuchte die Standpunkte verschiedener Akteure und verglich sie mit den schließlich verabschiedeten Gesetzen.

Sie unterschied dabei zwischen Akteuren der Wirtschaftslobby und denen der Zivilgesellschaft, wie beispielsweise Umweltorganisationen oder Gewerkschaften. Über das Ergebnis war sie selbst überrascht: »NGOs sind eigentlich genauso gut darin, ihre Interessen in Gesetzgebungsprozesse einfließen zu lassen, wie Wirtschaftsverbände oder Unternehmen. Es gibt keinen statistisch signifikanten Unterschied.«

Um Einfluss auf Politiker zu nehmen, seien drei »Güter« wichtig, sagt Heike Klüver: Marktmacht, in Form von Arbeitsplätzen, und Umsatz; Repräsentativität, also wie viele Bürger hinter einem Anliegen stünden – sowie die Fähigkeit, den Abgeordneten verständliche Informationen bereitzustellen. Und darin seien kleine Organisationen oftmals genauso gut wie ein großer Verband.

»Die Wirtschaft hat zwar viel mehr Lobbyisten als zivilgesellschaftliche Gruppen. Aber wir sehen nicht, dass sich dieser Größenvorteil auch in einen Einflussvorteil überträgt.« Umweltverbände oder Gewerkschaften haben häufig viele Bürger hinter sich, Umwelt ist seit Jahrzehnten ein mediales Großthema, auf Internet-Plattformen wie Campact.de werden heute innerhalb kurzer Zeit Hunderttausende von Unterschriften zu Umweltthemen gesammelt.

Davon abgesehen, gebe es in den meisten Gesetzgebungsdebatten gar keine klaren Konfliktlinien. Oft seien Hunderte von Interessengruppen involviert, und die bildeten Koalitionen quer durch politische Lager: Als sich beispielsweise bei der CO_2-Gesetzgebung Umweltschutzgruppen mit Produzenten von Elektroautos oder Biodiesel gemeinsam für strengere Grenzwerte einsetzten, seien die traditionellen Automobilhersteller nicht mehr in der Lage gewesen, das Gesetz in ihrem Sinne zu prägen.

Aber was ist mit der Zähigkeit, mit der die Autoindustrie in Brüssel beispielsweise über viele Jahre verhindert hat, dass der Real Driving Emissions Test eingeführt wurde? Was ist mit all den Fußnoten, die Autolobbyisten in die Abgasnorm einwebten und die später dazu führten, dass es durchaus legal war, dass die Autos nur auf dem Prüfstand sauber sind?

»Kurzfristig ist die Autoindustrie vielleicht in der Lage, Gesetze zu verwässern. Aber langfristig betrachtet war die Umweltlobby eben sehr einflussreich«, so Klüver. Einfluss bedeute eben auch, Themen auf die Agenda zu setzen.

Es scheint zwei Kräfte in der Politik zu geben. Die eine wirkt kurzfristig, die andere langfristig. Die schnelle Strömung ist die Macht großer Branchen, sich gegen Regulierungen zu stemmen. Wer nur kurze Zeiträume betrachtet, kann den Eindruck bekommen, dass die Industrie immer ihre Interessen durchsetzt. Die langsame Strömung ist die Umweltbewegung, also der Wunsch unterschiedlicher Bevölkerungsgruppen nach einer sauberen Umwelt, nach nachhaltiger Energie.

Rudolf Speth, der Lobbyforscher, sagt: »Das sind Koalitionen, die von Greenpeace bis zu den Landfrauen reichen, die die Umweltpolitik auf die Agenda gesetzt haben und gegen die keine Industrie langfristig ankommt. Wenn die Mehrheit der Gesellschaft an gesundem Leben und sauberer Luft interessiert ist, dann hat die Industrie mit ihren partikularen Interessen dagegen kaum eine Chance.«

Möglicherweise ist ja das Verhältnis zwischen Volk und Volkes Wille noch komplizierter. So jedenfalls schildert es in einem Hintergrundgespräch ein Grünen-Politiker, der lange in der zweiten Reihe Verkehrspolitik machte und inzwischen einen ruhigeren Funktionärsjob hat. In diesem Sommer stand er in seinem vollverglasten Büro unweit des Brandenburger Tors und blickte auf eine regennasse Kreuzung, auf der schwere SUVs Spuren ins Wasser zogen. Lange, sagte er, habe er die Autoindustrie für die dunkle Seite der Macht gehalten. Aber irgendwann habe er sich dem Argument der Industrie nicht mehr verschließen können, dass die Bürger ja die dicken Autos auch kauften und es der deutschen Autoindustrie zumindest kurzfristig nur deshalb so gut gehe, weil sie auf diese Premium-Strategie gesetzt habe. Die Verkehrswende sei deshalb schwerer zu schaffen als die Energiewende: Bei der Verkehrswende gehe es darum, dass Verhalten geändert werde, und genau danach sehe es eben nicht aus.

Vielleicht ist es so: Die Demokratie von heute repräsentiert durchaus ihre Bürger. Aber es sind Bürger, die alles gleichzeitig wollen: eine saubere Umwelt, gut bezahlte Arbeitsplätze in der Autoindustrie, große Autos mit wenig Emissionen – und sich abends auf der Party über die Lobbykratie aufregen.

Hinter der Geschichte

ZEITmagazin-Redakteurin Heike Faller wollte seit Jahren wissen, wie Lobbyarbeit funktioniert. Nun hatte sie Gelegenheit, das herauszufinden: Über Monate hinweg sprach sie mit mehr als einem Dutzend Politikern, Lobbyisten, Wissenschaftlern und NGO-Mitarbeitern. Nach der Recherche hatte sie mehr Vertrauen in die Demokratie als vorher.

Unter anderem sprach sie mit:

Heike Klüver, 36, Professorin für Politikwissenschaft, untersuchte für ihre Habilitation, wer Einfluss auf Gesetze hat. Über das Ergebnis war sie selbst überrascht.

Karl-Heinz Florenz, 70, ist CDU-Mitglied und seit vielen Jahren im EU-Parlament. Die Autoindustrie sieht er kritisch. Einladungen des Automobilverbands nimmt er nicht mehr an.

Annie Schreijer-Pierik, 64, niederländische Konservative, war so aufgebracht über die Privilegien, die der Autoindustrie eingeräumt werden, dass sie ein schweres Rückenleiden bekam.

Rudolf Speth, 60, ist Politikwissenschaftler und seit über 20 Jahren Lobbyforscher. Den alarmistischen Lobbykratie-Bestsellern setzt er differenzierte Aufsätze entgegen.

WIE GEHT
ES WEITER?

AUSBLICK: DAS JAHRHUNDERT IM SCHNELLVORLAUF

Der Mensch hat Millionen Jahre alte Kräfte entfesselt, jetzt bleibt ihm weniger als eine Lebensspanne, um auf den Klimawandel zu reagieren. Was bedeutet das für ein Kind, das heute geboren wird?

VON STEFAN SCHMITT

Ein Mädchen, das 2019 in Deutschland geboren wird, hat eine Lebenserwartung von 83 Jahren. Statistisch betrachtet wird es das Jahr 2100 erleben. Bis dahin, wo in den Grafiken der Klimaforscher die bunten Temperaturkurven laufen. Plus wie viel Grad wird das Thermometer am Ende des Jahrhunderts anzeigen? Dieses stellvertretende Kind – nennen wir es Maria – wird das erleben und durchleben. In Gestalt von Wärme, von Wetter, wohl auch als Welterschütterung: Die Klimaflüchtlinge, die Politologen prophezeien? Die eisfreie Arktis, mit der Glaziologen rechnen? Die heißeren Sommer und stärkeren Niederschläge, vor denen Meteorologen warnen? Maria wird im Lauf ihres Lebens verfolgen, welche Vorhersagen wann eintreten, wie hoch die Fieberkurve des Planeten im Lauf des Jahrhunderts ansteigt. Sie wird die Auswirkungen jener politischen Entscheidungen erleben, die den Verlauf dieser Fieberkurve bestimmen. Um solche Entscheidungen geht es im Dezember in Santiago de Chile. Auf dem 25. Weltklimagipfel diskutieren zwei Wochen lang die Gewählten und die Gelehrten, wie man jene Ziele erreichen könnte, auf die man sich beim Gipfel *numéro 21* in Paris geeinigt hatte. Vor vier Jahren.

Geht das nicht schneller? Die Befunde der Klimaforschung klingen doch immer dringlicher! Mehr Kohlendioxid füllt die Atmosphäre als seit mindestens 800.000 Jahren. Die Jahre von 2015 bis 2018 waren die vier wärmsten, die je gemessen wurden. Und die 20 wärmsten Jahre traten alle in den vergangenen 22 Jahren auf. Da scheinen sich Klimapolitik und Klimawandel zueinander zu verhalten wie Zeitlupe und Schnellvorlauf.

Zurück zu Marias Lebensspanne. 83 Jahre, das klingt lang für ein Menschenleben. 83 Jahre, das ist verdammt kurz angesichts des kolossalen Problems. Sobald man sie durch das Prisma der globalen Erwärmung betrachtet, erscheint Marias Lebenszeit seltsam verzerrt – ähnlich wie für einen irdischen Betrachter das Licht ferner Sonnen im Weltall durch die schiere Masse schwerer Sterne gekrümmt wird. Und nicht nur Marias Lebenszeit, das ganze 21. Jahrhundert erscheint im Licht des Klimawandels wie gestaucht. Denn die globale Erwärmung bringt nicht allein das Verhältnis der Gase in unserer Lufthülle durcheinander, sondern auch unser Zeitempfinden: Die Jahrzehnte schrumpfen, die Zukunft scheint auf uns zuzurasen – während zugleich die Vergangenheit zurückkehrt.

Im Sommer des Jahres 2015 starben in Sibirien ein zwölfjähriger Junge und mehr als 2300 Rentiere an Milzbrand, einer Krankheit, die dort zuletzt vor 75 Jahren aufgetreten war. Die sie verursachenden Anthrax-Sporen überdauern tiefgefroren im Eis – bis Tauwetter kommt. Und es taut jetzt immer öfter. So gab der einstmals ganzjährig gefrorene Boden (»Permafrost«) im sibirischen Jakutien Höhlenlöwen frei, die bis zum vergangenen Herbst mindestens zehntausend Jahre lang wie in einer Zeitkapsel erstarrt waren. Die auftauende Arktis bringt inzwischen so viele Knochen von Mammuts zum Vorschein, dass ein lebhafter Handel mit den Stoßzähnen der seit 4500 Jahren ausgestorbenen Tiere in Gang kommt.

Das Bestiarium vergangener Epochen ist genauso gefrorene Erdgeschichte wie das Eis selbst: Mit seinem Auftauen kehren Ozeane zurück, deren Küstenlinien einst weit im heutigen Binnenland lagen. Dieses uralte Wasser speist künftig die Extremwetter, welche Maria und ihre Altersgenossen erleben werden, den Meeresspiegelanstieg, den sie sehen werden. In Grönland wiederum, wo die globale Erwärmung sich schon jetzt besonders stark auswirkt, fiel im Jahr 2016 ein ungewöhnlich früher Frühlingsregen. Er legte eine uralte Gesteinsformation frei, in der Forscher Fossilien fanden, die sie als Überbleibsel der ältesten bekannten Mikroben interpretieren. Dort kommen sozusagen Marias früheste Vorfahren nach fast vier Milliarden Jahren wieder ans Tageslicht.

Alte Krankheiten, prähistorische Tiere, uralte Lebensspuren: All das bringt der Mensch mit geborgter Kraft aus Millionen Jahre alten Wäldern in die Gegenwart. Er verbrennt die Steinkohle aus dem nach ihr benannten Erdzeitalter Karbon (vor rund 300 Millionen Jahren) und die Braunkohle des Tertiärs (das vor mehr als 60 Millionen Jahren begann), dazu Erdöl, das vor mehr als 100 Millionen Jahren aus winzigen Meereslebewesen entstanden ist. Äonen alte Sonnenenergie, von längst vergangenen Lebensformen in Biomasse umgewandelt und als Energieträger auf Kohlenstoffbasis tief im Gestein begraben – dieser Sprit befeuert seit gut 150 Jahren den Fortschritt, der in einem naturhistorischen Lidschlag den gesamten Planeten umformt.

Das 20. Jahrhundert wird in die Erdgeschichte eingehen als der Moment, in dem die Spezies Mensch ihren Lebensraum demoliert hat. Das 21. Jahrhundert wird entweder dasjenige werden, in dem sie gerade so die Kurve kriegt, oder jenes, in dem ihr Scheitern der Erde Antlitz für Jahrhunderte oder eher Jahrtausende vorbestimmt. Falls weiterhin ungebremst geheizt wird und in der Ostantarktis, wo Eis für mehr als fünfzig Meter Meeresspiegelanstieg lagert, eine unumkehrbare Gletscherschmelze in Gang kommt. Hier droht ein Automatismus, sobald erst einmal eine Schwelle (»Kipppunkt«) überschritten ist.

Kurzfristig dürfte Maria selbst im glimpflichen Fall einen sichtbaren Anstieg der Nord- und Ostsee erleben. Zusätzlich zur Häufung von Hitzewellen und Tropennächten, zu stärkerem Starkregen und heftigeren Winterstürmen, auch wenn sie ihr ganzes Leben im günstig gelegenen Deutschland verbringt.

Die Flüchtlinge von heute erscheinen wie Boten aus der nahen Zukunft

»Menschenzeit« nennen einige Geologen unsere Gegenwart (»Anthropozän« nach griech. *ánthropos* für »Mensch«). Zu den Markierungen, die diese Zeitenwende in den Boden- und Sedimentschichten hinterlässt, zählen Rußpartikel aus unzähligen Schloten und Auspuffrohren. Den größten Fingerabdruck unserer Zeit hinterlassen wir jedoch in der Luft in Form der langlebigen Überbleibsel jenes Kohlenstoffs aus grauer Vorzeit.

Aber nicht nur die Vergangenheit kehrt zurück, auch die Zukunft drängt mit einem Tempo in unsere Gegenwart, dass es sich so anfühlt, als hätte jemand am Geschichts-Player die Fast-Forward-Taste gedrückt.

Am World Overshoot Day, »Weltüberziehungstag«, hat die Menschheit ihr symbolisches Jahressoll an natürlichen Ressourcen verbraucht – und zwar schon nach rund sieben Monaten. Lag der Termin in den vergangenen Jahren Anfang August, bewegt er sich nun in den Juli.

Danach leben wir für den Rest des Jahres von der Substanz unseres Planeten, überziehen auf Kosten zukünftiger Generationen. Über die exakte Berechnung des Overshoot Day mag man streiten. Sorgen sollte man sich, weil er jedes Jahr etwas weiter im Kalender nach vorn rückt. Wann wird wohl das Jahressoll überzogen, wenn Maria in die Grundschule geht? Bevor sie auch nur volljährig ist, werden wir (falls es im heutigen Tempo weitergeht) so viel mehr Treibhausgas ausgestoßen haben, dass die Einhaltung des Zwei-Grad-Ziels unwahrscheinlich, das eigentlich in Paris verabredete Anderthalb-Grad-Ziel kaum erreichbar sein dürfte. Irgendwann um das Jahr 2030 herum begänne also eine Überziehung im Jahrhundertmaßstab. Gleichzeitig sieht das Pariser Abkommen einen Ausstieg aus der fossilen Energieerzeugung erst irgendwann in der Jahrhundertmitte vor. Wie das zusammenpasst? Gar nicht.

Über diesen Widerspruch sind das Heute und das Morgen schicksalhaft verbunden. Jedes Zu-wenig-Tun in der Gegenwart belastet die

Zukunft mit Immer-mehr-tun-Müssen. Daher ist die Frage so wichtig, die einem bei den Meldungen über Klimaverhandlungen in den Sinn kommt: Geht das nicht schneller? Nicht strenger? Nicht wirkungsvoller? Tatsächlich gehört zu den guten Vorsätzen aus Paris auch jener, dass die nationalen Klimaziele regelmäßig vor den Augen der Weltöffentlichkeit geprüft und verschärft werden sollen (»Hebemechanismus«). Was aber nützt das, wenn große Staaten wie die USA oder Brasilien sich von den Zielen abwenden und das Problem kleinreden?

Dagegenhalten muss man die Zahl 11,2 Milliarden. Das ist die mittlere Prognose der Vereinten Nationen für die Weltbevölkerung am Ende des Jahrhunderts. Ja, viele von Marias Zeitgenossen werden voraussichtlich in schlimmen Verhältnissen leben. Gleichsam als Boten aus dieser nahen Zukunft vermitteln die Flüchtlinge von heute eine Ahnung davon, wie es werden könnte, falls sich in immer größerer Zahl die global Benachteiligten auf den Weg ins Reich des Vorteils machen. Dorthin, wo kräftig konsumiert wird – und emittiert. Die Populationsstatistik sagt, im Lauf des 22. Jahrhunderts könnte die Menschheit wieder schrumpfen, vielleicht.

Aber Marias ganzes Leben lang wird sie wohl wachsen. Das kostet Ressourcen, aber es bedeutet auch, dass es aller Voraussicht nach mehr gut ausgebildete und problembewusste Menschen geben wird als je zuvor in der Geschichte. Vielleicht wird ja auch Maria Forscherin, Ingenieurin, Erfinderin. Vielleicht entwickelt sie eine Technologie, die alles ändert: zum Beispiel eine effektive künstliche Fotosynthese, die überschüssiges Kohlendioxid aus der Erdatmosphäre saugt. Das wäre der Heilige Gral der organischen Chemie. Gern darf es auch ein anderes Technikwunder sein! Nie war das Potenzial an Kreativität, Fantasie, Inspiration größer als im 21. Jahrhundert. Bloß gibt es keine Garantie dafür, wann (oder ob) der entscheidende »Heureka!«-Schrei ertönt. Deshalb müssen die Emissionen schnell runter, müssen wir unsere Welt-Überziehung wenigstens mindern.

Pessimisten sagen, so erreiche man nie und nimmer das Zwei-Grad-Ziel. Auch der Weltklimarat baut, um bis zu Marias Lebensabend im erlaubten Rahmen zu bleiben, in seine Berechnungen »negative Emissionen« ein. Weil das eine Wette auf Techniken darstellt, die morgen erst noch erfunden werden müssen, ist heute Klimaschutz unverzichtbar, um Zeit zu kaufen.

Deshalb geht es nicht ohne Klimagipfel, ohne Reduktionsziele, ohne Klimadiplomatie und -politik. Wie klein sind da jene Zeiteinheiten, in denen entschieden wird, ob bis zur Jahrhundertwende noch ein Happy End drin ist! Bei vier- oder fünfjährigen Legislaturperioden gibt es bis zum Jahr 2030 noch knapp drei Amtszeiten für Präsidenten, Regierungen und Minister. Auf einem Globus voller konkurrierender Krisen.

Halten wir dem entgegen, wie lange es gedauert hat, bis auf die Klimaforschung eine Klimapolitik folgte. Zur Bundestagswahl 1990 hoben die Grünen das Thema erstmals auf ihre Plakate: »Alle reden von Deutschland, wir reden vom Wetter.« Vier Jahre nachdem der *Spiegel* den Kölner Dom ins Wasser gestellt hatte *(Die Klima-Katastrophe),* machte eine Partei mit Klimaschutz Wahlkampf – und flog aus dem Parlament.

Im Jahr 1988 war der Weltklimarat IPCC gegründet worden, 1990 veröffentlichte er seinen ersten Report, 1992 wurde in Rio de Janeiro die Klimarahmenkonvention unterzeichnet. Nach fast einem Jahrzehnt werden 1997 in Kyoto erstmals Ziele für eine Minderung des Treibhausgasausstoßes genannt. Ein weiteres Jahrzehnt braucht der Klimawandel, um als drängendes Problem ins allgemeine Bewusstsein vorzudringen.

Der Klimaschutz ist viel zu lahm? Stimmt. Aber er nimmt Fahrt auf

Als der vierte IPCC-Bericht 2007 erscheint, lassen sich Angela Merkel und Sigmar Gabriel mit Funktionsjacken in Grönland vor Gletschern fotografieren. Im selben Jahr erhalten der Weltklimarat und Al Gore den Friedensnobelpreis, im Kino läuft Gores Film *An Inconvenient Truth.* Zwanzig Jahre Anlauf waren dafür nötig gewesen. Doch dann scheitert der zum Wendepunkt stilisierte Gipfel von Kopenhagen 2009, erst in Paris gelingt 2015 der Durchbruch für den Klimaschutz als Welt-Innenpolitik.

So gesehen ist das Inkrafttreten des Paris-Abkommens binnen weniger als einem Jahr, sind die darauf aufbauenden Detailverhandlungen tatsächlich eine Beschleunigung. Dem Abkommen hatte auch die Furcht vor einem US-Präsidenten Trump Tempo gemacht, aber nicht nur. Auch der nächste Gipfel kann gar nicht ausreichend erfolgreich sein: Was immer dabei herauskommt, wird nicht genügen, um früh genug aus der Kohle auszusteigen, um rechtzeitig die Emissionen nachhaltig zu drücken. Die Zukunft rast immer noch viel schneller auf uns zu, als wir auf sie reagieren. Doch die kollektive Reaktionszeit wird kürzer. Sofern überhaupt Anlass zur Hoffnung besteht, liegt er in dieser Beschleunigung begründet: Im letzten Vierteljahrhundert ist ja doch etwas passiert! Viel zu lahm? Stimmt, im Durchschnitt. Aber zumindest steigt das Tempo der Veränderung.

Halten wir uns vor Augen, dass die Erwachsenen von heute – also jene Leute, die Marias Generation großziehen, unterrichten und hoffentlich auch inspirieren werden – schneller neue Technik adaptieren, schneller ihr Verhalten ändern als Menschen früherer Zeiten. Zwischen der Patentierung von James Watts erster praxistauglicher Dampfmaschine und dem Start der industriellen Revolution vergingen rund 80 Jahre. 125 Jahre dauerte es von Carl Benz' erstem »Motorwagen« bis zu der Marke von weltweit einer Milliarde verkaufter Kraftfahrzeuge.

Gemessen an solchen Zeiträumen, ist es geradezu irrwitzig schnell, wenn das kleine Norwegen ab 2025 keine Autos mit Verbrennungsmotor mehr zulassen will, um das Klima zu schützen. Und in Deutschland – sechstgrößter CO_2-Emittent und drittgrößter Autohersteller der Welt – kämpft die Motorlobby erbittert gegen den Plan, es den Norwegern rasch gleichzutun. Maria wird ihre ersten Fahrversuche wohl in einem Elektroauto unternehmen, falls sie überhaupt noch einen Führerschein braucht. Denn nicht nur der technische, sondern auch der gesellschaftliche Wandel geht schneller als jemals zuvor vonstatten.

Aus der Perspektive des gigantischen atmosphärenchemischen Experiments, das die Menschheit unbeabsichtigt mit der Industrialisierung begonnen hat und erst seit wenigen Jahrzehnten zusehends versteht, leben wir also in einer einzigartigen, paradoxen Gleichzeitigkeit: Beide, die tiefe Vergangenheit und die ferne Zukunft, ragen in unsere Gegenwart hinein. Selten hatte die Menschheit es eiliger. Denn auch wenn Marias »morgen« bis zur Jahrhundertwende reicht – in welcher Welt sie als erwachsene Frau wohnen, was sie als Mutter, Großmutter erleben wird, dafür werden die Weichen noch während ihrer Kindheit gestellt. Also heute.

GENIESSEN IST NICHT UNMORALISCH

*Fleisch essen, Auto fahren – nichts darf man mehr!
Aber löst individueller Verzicht tatsächlich die
Probleme des Planeten? Der Philosoph Valentin
Beck hat die Antwort*

EIN INTERVIEW MIT VALENTIN BECK

DIE ZEIT: Herr Beck, heute scheint fast alles, was Spaß macht oder lecker schmeckt, irgendjemandem zu schaden. Fliegen ist schlecht für die Umwelt, Zuchtlachs essen schlecht für die Meere – zwei aktuelle Beispiele, die jüngst auch in der ZEIT diskutiert wurden. Ist der Konsument wirklich immer persönlich schuld?

Valentin Beck: Sieht man mal von den Exzessen ab, dann würde ich privaten Konsum eher nicht moralisch verurteilen. Denn die bedrohlichen Folgen, also beispielsweise die rasante Umweltzerstörung, entstehen ja nicht durch das Handeln eines einzelnen Menschen. Sie sind die Folge kollektiver Prozesse. Da spielt die Politik eine große Rolle und die sozialen Strukturen, in denen wir handeln.

ZEIT: Ich brauche also beim Fliegen kein schlechtes Gewissen zu haben? Die Strukturen sind schuld?

Beck: Ganz so einfach ist die Sache nun auch nicht. Exzessives Vielfliegen ist sicher moralisch verwerflich. Da halte ich es mit Aristoteles.

ZEIT: Der hat aber über das Fliegen nichts gesagt, oder?

Beck: Nein, er kannte die Technik natürlich nicht. Aber er hat über Mitte und Maß nachgedacht. Für ihn war zügelloses Verhalten ein Laster, er warb für das Maßhalten. Das bedeutet auf heute übertragen: Wenn wir wissen, dass beim Fliegen übermäßig viel CO_2 ausgestoßen wird, was wiederum den Klimawandel beschleunigt, der für viele Menschen schlimme Folgen haben wird – dann wäre es im aristotelischen Sinne unmäßig, sehr häufig zu fliegen. Immanuel Kant oder John Stuart Mill hätten das mit anderen Begründungen wahrscheinlich ähnlich gesehen.

ZEIT: Hätten sich diese Philosophen für die Motive des Reisenden interessiert – hätten sie beispielsweise eine private Vergnügungsreise stärker verurteilt als einen beruflichen Flug?

Beck: Da ist natürlich jede Antwort hoch spekulativ. Für Aristoteles aber ist ein Mensch mit gutem Charakter nicht unnötig verschwenderisch, egal warum er etwas tut. Kant wiederum fragte nach den allgemeingültigen Regeln für das eigene Handeln. Die müssen, wenn sie moralisch sein sollen, universalisierbar sein. Flögen alle Menschen so viel wie wir im Westen, drohte sehr schnell der Klimakollaps. Also ist Vielfliegen auch im Kantschen Sinne unmoralisch. Mit Mill ließe sich sagen, dass das exzessive Fliegen in der Konsequenz dem Allgemeinwohl schadet und deshalb unmoralisch ist.

ZEIT: Und was halten Sie von dem latent schlechten Gewissen vieler Menschen, die unsicher sind, wie viel Konsum noch in Ordnung ist?

Beck: Das schlechte Gewissen ist an sich nichts Schlechtes. Denn es kann einen ja dazu bringen, darüber nachzudenken, wie wir eigentlich leben sollten. Warum wir alle übermäßig verschwenderisch und auf Kosten der Umwelt leben. Warum wir Exzesse schon vermeiden sollten. Aber auch, warum das privat richtige Verhalten im Großen nur wenig verändern kann, wenn wir zugleich die Strukturen nicht verändern.

ZEIT: Was genau meinen Sie mit »Strukturen«?

Beck: Die Gesellschaft, das politische und das ökonomische System. Die geben viele Regeln vor, nach denen wir leben und die heute zu der brutalen Umweltzerstörung und auch zu globaler Ungerechtigkeit führen. Der Einzelne wird daran durch einen privaten Konsumverzicht nur sehr begrenzt etwas ändern. Ich halte es deswegen sogar für gefährlich, die Verantwortung für das Elend der Welt zu sehr zu individualisieren. Weil irgendwann ja jeder merkt, wie wenig er allein durch den völligen Verzicht auf Lachs oder Fliegen verändert. Und das produziert dann Zyniker.

ZEIT: Weil mein kleines Handeln keine große Wirkung hat, kaufe ich mir schließlich den Porsche – und dann linke Spur und ab?

Beck: Ja. Genau diese Haltung, die Individualisierung von ökologischer Verantwortung und die damit verbundenen Ohnmachtsgefühle, wird in jüngerer Vergangenheit durch die Kampagnen der Lobbyverbände der Öl-, Gas- und Kohlekonzerne propagiert, damit sich politisch nichts ändert. In den USA können Sie das gut beobachten. Lange haben dort allerlei pseudowissenschaftliche Institute Zweifel gesät, ob es den Klimawandel überhaupt gibt. Inzwischen ist die Industrie einen Schritt weiter: Sie gibt heute zunehmend Geld für Kampagnen aus, die Umweltprobleme auf das private Konsumverhalten reduzieren, um dann Zynismus zu säen. Sie treiben quasi die Idee, dass alles nur eine Frage der individuellen Moral ist, auf die Spitze – und machen dadurch politisches Handeln lächerlich.

ZEIT: Wie das?

Beck: Indem sie Umweltaktivisten privat angreifen und moralisch diskreditieren, wenn die nicht wie Asketen leben. Da reicht dann ein kleiner privater Fehler, und schon scheint der ganze politische Einsatz nur noch moralinsauer.

ZEIT: Haben Sie ein Beispiel?

Beck: Das berühmteste Beispiel ist der ehemalige amerikanische Vizepräsident und Klimaaktivist Al Gore. Dem wurde massiv vorgeworfen, dass er ein Heuchler sei und sein Einsatz für die Umwelt nur scheinheilig. Weil er zwar grün rede, aber trotzdem viel durch die Gegend fliege und außerdem in einer Villa wohne.

ZEIT: In Deutschland würden Kritiker ihn wahrscheinlich einen Gutmenschen nennen.

Beck: Aber sein Handeln ist nicht an sich eine Heuchelei. Natürlich ist es moralisch richtig, bestimmte individuelle Exzesse möglichst zu vermeiden. Das gilt für Al Gore wie für jeden anderen. Trotzdem ist sein politisches Engagement nicht nur scheinmoralisch. Man muss einfach klar unterscheiden zwischen persönlicher Verantwortung und dem politischen Verhalten.

ZEIT: Das politische Engagement kann das private Verhalten entschuldigen?

Beck: Nein. Weder rechtfertigt noch diskreditiert das eine das andere. Oder konkret: In den Flieger zu steigen und politisch aktiv gegen den Klimawandel zu arbeiten ist nicht automatisch Heuchelei. Wenn es in den USA mehr Politiker wie Al Gore gegeben hätte, dann wären wir im Kampf gegen den Klimawandel schon weiter.

ZEIT: Was muss ich also tun, und was muss ich lassen, wenn ich persönlich meine moralische Verantwortung für diese Welt ernst nehmen will?

Beck: Sie sollten nicht aus dem individuellen Schuldgefühl gleich die falschen Schlussfolgerungen ziehen. Sie sollten sich darüber im Klaren sein, dass es bestimmte Probleme gibt, die Sie nicht allein verändern können, beispielsweise indem sie weniger oder umweltbewusster konsumieren. Das ist zwar lobenswert, aber für große Veränderungen braucht es auch die richtige Politik. Dafür sollten Sie sich einsetzen, die Philosophin Iris Young nennt das die »strukturelle Verantwortung« jedes Menschen. Auch die sollte jeder wahrnehmen, in einer vernetzten Welt mehr denn je. Denn die Welt ist politisch und ökonomisch so verwoben und durch den Westen so geprägt, dass wir mitverantwortlich dafür sind, sie gerechter zu machen. Niemand kann hier heute noch ernsthaft behaupten, die Zustände in anderen Teilen des Globus hätten mit ihm nichts zu tun.

ZEIT: Wenn ich mich nicht politisch einmische, bin ich schuld am Klimawandel oder am Elend in Afrika? Mit solch einer Behauptung produzieren Sie doch noch schneller Ohnmachtsgefühle und Zyniker. Die Welt politisch zu verändern ist für normale Bürger noch viel schwerer, als im Supermarkt fair gehandelte Produkte zu kaufen.

Beck: Nein, im Gegenteil. Ich entlaste den Einzelnen. Denn der Einzelne muss nicht mehr nur persönlich durch den Kauf von ein paar Tüten fairem Kaffee und den Verzicht auf einen Flug die Welt retten, um daran immer wieder zu scheitern. Er und sie können das auf vielen Wegen versuchen. Indem sie wählen oder politisch protestieren. Indem sie von den gewählten Politikern mehr Engagement fordern. Adorno hat mal gesagt: »Es gibt kein richtiges Leben im falschen.« Ich finde das nicht ganz korrekt. Wenn man sich für eine bessere Politik einsetzt, damit wir die Welt nicht zerstören, kann man auch heute ein moralisch gutes Leben führen.

ZEIT: Wir brauchen mehr Moral in der Politik?

Beck: Ja, und mehr Ehrlichkeit. Es ist beispielsweise höchst unmoralisch, wie manche Politiker und Unternehmer den Umweltschutz nur vorheucheln. Das Wort von der »Nachhaltigkeit« ist da zwar hoch im Kurs. Aber das Land ist in den vergangenen Jahren nicht sehr viel nachhaltiger geworden. Ich fände beispielsweise eine CO_2- Steuer moralisch richtig, weil sie den Ausstoß von Klimagasen verringern würde.

ZEIT: Jeder Wirtschaftsliberale würde Ihnen jetzt widersprechen. Eine moralische Steuer?

Beck: Wir müssen Moral und Gerechtigkeit zusammendenken. Diese Steuer wurde unseren Ausstoß des Klimagases reduzieren und damit indirekt zu mehr globaler Gerechtigkeit führen. Denn sie lässt den Armen im Süden und auch den kommenden Generationen noch ein wenig mehr Spielraum für ihre wirtschaftliche Entwicklung.

ZEIT: Was darf ein moralisch guter Mensch im Westen heute noch genießen?

Beck: Na, vieles. Genießen ist nicht unmoralisch. Genießen Sie gutes Essen, gute Filme. Es geht doch vor allem darum, Maß zu halten und durch viele kleine Schritte globale Verantwortung wahrzunehmen. Das ist eine lebenslange Aufgabe.

Valentin Beck ist Philosoph an der FU Berlin und Autor des Buches »Eine Theorie der globalen Verantwortung«. Ihn beschäftigen Fragen der Moral und der Wirtschaftsethik.

DIE FRAGEN STELLTE PETRA PINZLER

WAS WIR TUN KÖNNEN

Wer die Umwelt retten will, muss den Konsum der Menschen verändern. Ideen, wie das gehen könnte, gibt es genug, auch erste kleine Erfolge

VON PETRA PINZLER

»Wo aber Gefahr ist, wächst / Das Rettende auch«

HÖLDERLIN

Seit die Menschheit existiert, hat sie vor allem eines gefürchtet: Mangel. Jahrhundertelang haben Menschen gehungert und gefroren, sie litten unter Hitze und Überschwemmungen, waren der mächtigen Natur schier hilflos ausgeliefert, und sie kämpften erbittert darum, sie endlich zu beherrschen. Darum, die wilden Tiere zu besiegen, darum, das Land fruchtbar zu machen und die Folgen der Wetterumschwünge zu lindern. Unzählige Geschichten erzählen von diesen Kämpfen und den unerfüllten Sehnsüchten: nach Schlemmerei, nach Überfluss, nach unbegrenzter Mobilität – vom Schlaraffenland, dem goldenen Spinnrad und den Sieben-Meilen-Stiefeln. Für viele Generationen von Menschen blieben das jedoch Träume. In ihrem oft kurzen Leben waren sie schon froh, wenn sie nur hin und wieder friedlich in einem warmen Heim vor einem gefüllten Teller sitzen konnten.

Ein warmes Zimmer und viel zu Essen: Wie trivial das heute klingt – jedenfalls für die überwiegende Zahl der Menschen in Europa, in den USA und auch für eine wachsende Mittelschicht in Asien, Afrika und Lateinamerika. Für sie sind die Märchen längst zum Alltag geworden. Auch wenn weltweit immer noch Millionen Menschen hungern und darben, gab es zugleich in der Geschichte noch nie so viel Wohlstand wie heute, noch nie besaßen so viele Menschen so viele Dinge, konnten so verschwenderisch schwelgen und sich immer schneller immer weiter fortbewegen.

Welche extremen Formen das heute überall auf der Welt annimmt, hat die Fotografin Lauren Greenfield dokumentiert. Sie fotografierte Frauen, die von oben bis unten mit Gold behängt sind: Mit Ketten, Ringen und Armbändern, Gold ist in ihren Rock gewebt, auf die Handtaschen und die Schuhe appliziert. Greenfield zeigt Männer in amerikanischen Luxuslimousinen und riesigen russischen Villen. Sie hat die Töchter der neuen chinesischen Oberschicht dabei gefilmt, wie sie lernen, Bananen mit silbernen Messern und Gabeln zu essen, von feinstem Porzellan.

Wie ein roter Faden zieht sich durch die Ausstellung die eine Aussage: »Ich habe. Also konsumiere ich.« Denn erst der Konsum macht den materiellen Reichtum real, fühlbar, vorzeigbar und damit auch gesellschaftlich relevant: Je größer das Anwesen, je länger die Limousine, desto wohlhabender der Besitzer. Natürlich ist das nicht ganz neu, auch in den Zeiten, in denen die Märchen entstanden, gab es schon vermögende Menschen, seit Krösus schon haben sie ihre Bedeutung durch teure Dinge demonstriert, mal mehr, mal weniger geschmackvoll. Durch Schlösser, Schiffe, feine Gewänder oder das Löwenfell vor dem Kamin. Neu ist allerdings: Dank der Effizienz des Kapitalismus sind ausschweifender Konsum und globale Mobilität heute eben keine Privilegien der Superreichen mehr. Die Mittelschicht isst zwar ihr Steak nicht vergoldet, wie unlängst der Bayern-Spieler Frank Ribéry in einem Restaurant in Dubai. Aber auch die Mittelschicht (die global gesehen durchaus zu den Reichen gehört) kann so viel kaufen wie noch nie zuvor, sie wohnt größer und reist weiter.

Das Tischlein-deck-Dich der Massen ist heute Lidl, die Sieben-Meilen-Stiefel verkauft Easyjet, und Amazon erfüllt tagtäglich immer neue Wünsche – die es zuvor geweckt hat. Und genau das, dieses unersättliche

Immer-Mehr trifft nun immer häufiger auf endliche Ressourcen. Wissenschaftler nennen das die »planetarischen Grenzen«, und das bedeutet: Rohstoff und Natur sind endlich, daher kann es in einer begrenzten Welt keinen unbegrenzten Konsum geben. Jedenfalls nicht, solange er immer mehr Ressourcen – Bodenschätze, Fläche und Wasser – verschlingt.

Dieses Buch hat die Folgen ausgeleuchtet – in vielen Kapiteln bis tief in die Details: Es dokumentiert, wie das Leben der modernen Menschen in nie da gewesenem Ausmaß die Tiere und die Pflanzen tötet. Es vermüllt die Meere. Und es sorgt dafür, dass immer größere Mengen Klimagase in die Atmosphäre gelangen, was spürbar in die Klimakatastrophe führt. Viele globale Indikatoren zeigen, dass mit wachsendem Wohlstand der Menschen auch die Zerstörung der Umwelt zunimmt, in den vergangenen Jahren mit rasantem Tempo. Diese Faustregel gilt für Nationen. Und sie gilt für einzelne Menschen.

Also stellt sich unweigerlich die Frage: Wie müssen sich die Menschen, wie muss sich ihr Wirtschaften und Leben verändern? Und welchen Wohlstand können wir uns auf Dauer noch leisten – wenn wir die Welt retten wollen?

Seit Längerem schon lautet die Antwort vieler internationaler Organisationen »grünes Wachstum«. Die Weltbank propagiert es und die OECD, dahinter steckt die Idee, dass sich Naturschutz und Wirtschaftswachstum vereinbaren lassen, dass der technische Fortschritt, dass Erfindergeist und Unternehmertum es der Menschheit irgendwann ermöglichen werden, mehr oder weniger so weiter wie bisher zu produzieren und zu konsumieren – nur eben alles in Öko. Nach und nach, so die Hoffnung, werden sich Wachstum und Umweltzerstörung entkoppeln. Damit könnte der Wohlstand weiter steigen. Die Umwelt aber bliebe intakt.

Tatsächlich haben es einzelne Länder in der Vergangenheit geschafft, beispielsweise das Wirtschaftswachstum und den CO_2-Ausstoß zu entkoppeln. Obwohl ihr Sozialprodukt immer noch weiter zunimmt, lassen sie sogar in absoluten Zahlen genauso viel oder sogar weniger Klimagase in die Atmosphäre. Schweden hat das beispielsweise sehr gut geschafft und auch Kanada. Diese und andere Länder gewinnen immer mehr Energie durch Wasser- oder Windkraft oder Sonnenstrahlen. Das Problem an der Sache ist nur: Das Tempo, mit dem die meisten Länder ihren CO_2-Ausstoß reduzieren, ist viel zu langsam – jedenfalls gemessen an dem, was sie selbst versprochen haben, und an dem, was nötig wäre.

Immer noch sind die Bewohner der reichsten Länder die, die auch zur Klimakatastrophe am meisten beitragen – und dass trotz all ihrer technischen und finanziellen Überlegenheit. Die arabischen Staaten schaffen es auf Platz eins, dicht gefolgt von den USA, dann kommt Russland. Deutschland ist längst kein Champion mehr, seine Emissionen liegen weit über dem europäischen Durchschnitt, Indien taucht in der Tabelle weit unten auf. Tendenziell stimmt also auch fürs Klima die Faustregel: Je reicher Nationen sind, desto klimaschädlicher wirtschaften sie, jedenfalls mehrheitlich.

Aber nicht nur zwischen, sondern auch innerhalb der Nationen korreliert der CO_2-Ausstoß mit dem Einkommen. Das Umweltbundesamt, das alle paar Jahre den Naturverbrauch der Bundesbürger berechnet, kommt immer wieder zu dem Ergebnis: Erstens lebt der Durchschnittsdeutsche nicht nur klimaschädlicher als der Durchschnittsinder. Auch in der Bundesrepublik kann man durchaus von einer CO_2-Oberschicht und einem CO_2-Proletariat sprechen: Die deutsche Oberschicht schadet dem Klima mehr als die Unterschicht – egal wie grün ihr Lebensstil scheint, wie oft sie im Biosupermarkt einkauft und wie gut sie ihre Villen dämmt. Der Grund ist einfach: Die schiere Menge des Konsums macht die Effekte des Öko-Lifestyles einfach wett. Oder konkret: Ein Flug ins Yoga-Ressort nach Sri Lanka lässt sich auch mit vielen Kästen veganer Limo nicht kompensieren.

Ökonomen erklären das mit dem sogenannten »rebound effect«, dem Rückschlageffekt. Der funktioniert so: Alles, was an Umweltschutz durch bessere Technik erreicht wird, wird durch mehr Konsum wieder zunichtegemacht. So werden beispielsweise die Motoren der Autos zwar immer effizienter, aber dafür die Autos immer schwerer. Was dann wiederum dazu führt, dass eben nicht weniger Sprit verbraucht wird, sondern eher mehr. Und weil sich weltweit auch noch immer mehr Leute die dicken Schlitten leisten können und das auch tun, steigt die Nachfrage nach Öl.

Nur, warum ist das so, was treibt die Menschen dazu, immer dickere Autos fahren zu wollen und auch sonst nie genug zu haben? Hunger und Mangel kann es ja bei vielen nicht mehr sein. Der Schweizer Ökonom

Mathias Binswanger nennt dieses kollektive Verhalten die »Tretmühle des Glücks«, und er erklärt zugleich, warum die Reichen dabei eine für die Umwelt besonders fatale Rolle spielen. In ungleichen Gesellschaften, so Binswanger, orientieren sich viele Menschen nach oben. Wenn aber die da oben immer mehr konsumieren, will es die Mittelschicht auch. Also überbieten sich die Menschen mit ihrem Besitz, mal originell, mal obszön. Binswanger nennt daher vieles, was die Menschen kaufen, »Statuskonsum«. Man kann es auch Gier nennen. Oder Kapitalismus?

Schon in den sechziger Jahren des vergangenen Jahrhunderts nannte Herbert Marcus die »Weckung und Überformung« von Bedürfnissen den wohl größten Erfolg des Kapitalismus, beschrieb den Billigkonsum der Massen als Betäubungsmittel und kritisiert zugleich, dass so vom Eigentlichen, vom »Kampf gegen die Ungleichheit«, abgelenkt würde. Also auch vom kritischen Blick auf die Reichen.

Nur, die ökologische Frage, die sich deswegen stellt, ist weit mehr als ein Nebenwiderspruch des Kapitalismus, sie lässt sich deswegen mit der klassischen Kapitalismuskritik auch nur unzureichend beantworten – schon weil auch der Sozialismus ja die Umwelt extrem brutal ausgebeutet hat.

Offensichtlich ist allerdings, dass ökologische Krisen die bestehenden Ungerechtigkeiten in vielfacher Form verschärfen. Erstens die zwischen armen und reichen Ländern: Die Armen im Süden werden vom Klimawandel zuallererst und am härtesten getroffen. Zweitens die zwischen Armen und Reichen im Norden: Leute mit wenig Geld wohnen eher in den schlecht gedämmten Wohnungen und lauten Straßen. Und drittens die zwischen den Generationen: Je mehr von der Erde heute verbraucht wird, je mehr CO_2 in die Atmosphäre gelangt – desto mehr steigt die Wahrscheinlichkeit, dass die Kinder für die Folgen teuer bezahlen müssen.

In der Konsequenz bedeutet das allerdings: Jede Regierung, die das Überleben ihrer Bevölkerung im Blick hat und deswegen die Umweltschäden des Produzierens und Konsumierens verringern will, muss viel genauer als bisher darüber nachdenken, wo Ökologie und Kapitalismus sich widersprechen und wo sie vielleicht doch zueinanderpassen. Oder konkreter: Mit welchen Mitteln eine Regierung die Natur schützen kann – ohne dass ihre Wähler rebellieren. Und wie sie den verfügbaren

Teil fair auf eine wachsende Zahl an Menschen verteilt. Insofern ist die ökologische Frage dann eben doch auch eine Gerechtigkeitsfrage.

Gleiches Verschmutzungsrecht für alle?

In Südafrika hatten Politiker eine Idee, die erst auf Protest stieß und dann Künstler beflügelte. Weil in Cape Town in den heißen Monaten das Wasser extrem knapp wird, wurde die Bevölkerung gebeten, nur noch zwei Minuten zu duschen. Pro Tag, pro Person. Man kann das Duschsozialismus nennen – oder Umweltgerechtigkeit. Manch reicher Bürger jedenfalls ließ sich sofort illegale Brunnen graben. Aber andere reduzierten ihre Duschzeit. Und viele Musiker beteiligten sich an einem fantastischen Projekt: Sie schrieben »Showersongs«, Duschlieder von genau zwei Minuten Länge – damit fällt das Waschen im Schnellgang viel leichter.

Das Prinzip des gerechten Verteilens lässt sich auch auf den Umgang mit dem Rest der Natur übertragen. Bundeskanzlerin Angela Merkel machte sich bereits 2013 (weitgehend unbemerkt) eine ähnlich einfache, aber in ihrer Wirkung ziemlich revolutionäre Idee zu eigen. Die Idee geht auf eine Bewegung zurück, die weltweit immer mehr Anhänger findet, zuletzt der junge Star der amerikanischen Demokraten, Alexandria Ocasio-Cortez. Die Klimagerechtigkeitsbewegung geht von folgender Grundidee aus: Die Menge an Klimagasen, die die Menschheit noch in die Atmosphäre lassen darf, ist begrenzt, jedenfalls wenn sie nicht will, dass es dauerhaft zu warm wird und das Wetter dauerhaft verrücktspielt. Die Wissenschaft kennt diese Menge ziemlich genau. Sie kann jedem Menschen ein CO_2-Budget geben. Angela Merkel griff diese Rechnung 2013 bei einer internationalen Konferenz in Warschau auf und sagte: »Wir wissen im Grunde, dass langfristig, wenn wir uns die Weltbevölkerung anschauen, jeder Einwohner dieser Erde etwa zwei Tonnen CO_2 emittieren dürfte.«

Hätte Merkel dieses Limit in politische Praxis umgesetzt – hätte sie Deutschland längst dramatisch verändert. Derzeit ist jeder Deutsche für etwa elf Tonnen CO_2 verantwortlich, pro Jahr. Nur zum Vergleich: Schon bei einem Linienflug nach New York hin und zurück werden in der Economyklasse etwa fünf Tonnen CO_2 frei. Wenn jeder Bürger auf zwei Tonnen CO_2-Budget beschränkt würde, dürfte beispielsweise selbst bei großzügiger Auslegung kein Flugzeug mehr von deutschen Flughäfen starten – oder das CO_2, das dabei ausgestoßen wird, müsste an anderer Stelle eingespart werden.

Könnte der Markt das Problem besser regeln?

Marktliberale Ökonomen haben in der Vergangenheit zum Problem der Umweltzerstörung gesagt: Der Markt wird das schon lösen. Denn wenn das Angebot an Dingen begrenzt ist und die Nachfrage steigt, steigen normalerweise auch die Preise. Also verbrauchen die Menschen weniger, oder sie erfinden Alternativen. So ist es bei Kaugummi und Fernreisen, Autos und Brot. Folglich müsste die Verschmutzung der Atmosphäre, die Zerstörung der Umwelt, das Ausrotten der Tiere nur teuer genug werden.

Leider nur wurde dabei übersehen, dass der Kapitalismus zwar aktuelle, aber nicht in weiter Zukunft liegende Probleme durch Preise regeln kann, und das auch nur dann, wenn alles einen Eigentümer hat. Deswegen steigt beispielsweise der Brotpreis nach einer schlechten Ernte, schließlich gehören die Felder und das Mehl jemandem. Der Preis für Öl steigt allerdings nicht – nur weil dessen Verbrennung das Klima in Zukunft ruiniert. Der Markt ist blind, wenn es um die Luft geht, die keinem gehört, und er ist blind, wenn es um die Bedürfnisse der nächsten Generation geht.

Durch Steuern steuern?

Seit einigen Monaten, und inzwischen immer lauter, wird daher über künstliche Preise diskutiert. Der Staat soll den Umweltverbrauch teurer machen. Ex-Umweltminister Klaus Töpfer (CDU) forderte in der ZEIT kürzlich wieder einmal, was der Umweltwissenschaftler und SPD-Politiker Ernst Ulrich von Weizsäcker schon vor einem Vierteljahrhundert vorschlug und was die Parteien seither immer mal wieder diskutieren – aber nie verwirklicht haben:

Den »ökologischen Umbau des Steuersystems«. Auf CO_2 könnte es eine Steuer geben, umweltfreundliches Verhalten würde belohnt und umweltschädliches bestraft werden. Der Finanzminister, der das umsetzen wollte, müsste das komplette Steuersystem des Landes durchforsten und systematisch den Verbrauch von Umwelt besteuern, also beispielsweise Dienstwagen besteuern und Fahrräder subventionieren. Nicht das Bauen an sich vergünstigen, sondern nur das ökologische Bauen auf bereits bebauten Flächen. Nicht das Flugbenzin von der Steuer befreien, sondern das Bahnfahren.

Ganz wichtig wäre allerdings, dass die Steuern so gestaltet werden können, dass nicht die Armen vor allem die Last tragen. Erstens weil die, wie oben beschrieben, schon immer weniger von der Umwelt verbraucht haben. Und zweitens, weil dann jede Ökopolitik nur schwer durchzusetzen sein wird.

Ehrlich müsste dann allerdings auch darüber geredet werden, was eine echte Umweltpolitik für die Reichen bedeutet. Nähme man den Vorschlag von Angela Merkel ernst, dann hätten auch Reiche nur zwei Tonnen CO_2 frei. Dann wäre das CO_2-Konto wichtiger als das Aktiendepot – nur was macht man dann mit dem Jet? Und wie zeigt man dann noch seinen Reichtum?

Grünen Statuskonsum genießen

Wald, so weit das Auge reicht. Im Süden Chiles wachsen an den Andenhängen noch viele Hektar unberührter feucht-kühler Regenwald. Douglas Tompkin, der Multimillionär und Gründer der Bekleidungsketten Esprit kaufte dort Anfang der neunziger Jahre ein Gebiet, halb so groß wie Mecklenburg-Vorpommern, um es zu schützen. Er wurde so zu einem der wichtigsten Vorreiter der Ökobewegung der Reichen. Eine wachsende Gruppe sehr reicher Menschen handelt heute ähnlich. Sie heißen Stephan Schmidheiny (Zement), André Hoffmann (Erbe des Roche-Pharma-Vermögens) oder Hansjörg Wyss. Der Schweizer Multimillionär und Gründer einer Firma für Medizintechnik hat kürzlich angekündigt, eine Milliarde Euro auszugeben und damit bis 2030 rund 30 Prozent der Erdoberfläche als Naturreservate für die Menschheit zu bewahren. Er macht also nicht mehr den Rolls Royce, sondern den Regenwald und die Vielfalt im Stadtpark zum Statussymbol.

Es gibt noch andere CO_2-neutrale Varianten von Statuskonsum: Millionäre könnten von ihrem Geld beispielsweise teure Bilder sammeln, in Theatervorstellungen und Konzerten gehen, ihren Konsum quasi dematerialisieren. Der Ökonom Binswanger hat noch eine andere Idee. Er hat herausgefunden, dass Statuskonsum selten wirklich zufrieden macht, und rät jedem Einzelnen, mehr darüber nachzudenken, was zu einem erfüllten Leben wirklich nötig ist. Das Fazit ist dann meist: wenige Dinge.

Nur, wie realistisch ist das? Sogar die Vorzeigemillionäre emittieren trotz ihres Bewusstseins weit mehr als zwei Tonnen CO_2 pro Jahr und damit mehr, als es ökologisch vertretbar ist – einfach weil sie es sich leisten können. Wyss gibt offen zu, dass die Menschheit verloren wäre – würden alle so leben wie er. »Ich weiß, dass ich einen himmeltraurigen ökologischen Fußabdruck hinterlasse«, sagt der Unternehmer in einem Gespräch mit dem Spiegel erfrischend ehrlich und ratlos. »Aus der Karibik bin ich im Privatflugzeug hierhergeflogen.«

Wenn eine Ökoregierung es also ernst meinte mit dem Klimaziel, kann sie die Lösung nicht allein dem guten Willen der Bürger überlassen. Natürlich würde sie nicht morgen das Fliegen verbieten oder das Autofahren, jedenfalls nicht, wenn sie wieder gewählt werden will. Aber sie könnte den Ausstieg aus den fossilen Energien beschleunigen, indem sie systematisch umweltschädliches Verhalten teuer macht. Sicher würde es auch dagegen Proteste geben, doch dann würde – wie schon so oft in der Vergangenheit – wahrscheinlich ein Innovationswettlauf starten. Das Entkoppeln von Wachstum und Ressourcenverbrauch und die Kreislaufwirtschaft blieben keine Projekte von ein paar Vorreitern, sie würden zur Normalität, denn sie würden sich lohnen. Im Kleinen: Wenn das Reparieren von Produkten lohnender wäre, als sie wegzuwerfen und immer neue zu produzieren. Im Großen: Wenn mehr Energieverbrauch nicht mehr Naturverbrauch bedeutete. In rasendem Tempo würde beispielsweise klimafreundlicher Kraftstoff auf den Markt kommen, und wegen der wachsenden Nachfrage würde er schnell billiger. Nicht nur Millionäre würden ihre Jets bald mit Ökokerosin betanken. Ähnliches würde auf dem Automobilsektor passieren – oder es würden sehr bald sehr schnell nur noch E-Autos fahren, angetrieben von Solarstrom. Und in den Städten viel mehr Räder, Scooter, Roller und Busse.

Im Kreislauf wirtschaften

Bleibt das grundsätzliche Problem mit dem Konsum an sich. Wie lässt sich der Wunsch der Menschen nach immer mehr neuen Dingen anders befriedigen, ohne dass dabei immer mehr Natur zerstört wird? »Kreislaufwirtschaft« lautet eine Idee, die der deutsche Chemiker Michael Braungart mit entwickelt hat. Sie würde die Wirtschaft stark verändern und den Verbrauch an Wasser, Erde und Bodenschätzen verringern. Kreislaufwirtschaft bedeutet: Die Wirtschaft sollte die Natur kopieren und bei jeder Produktion in Kreisläufen denken. Damit die Natur nicht am Ende auf der Müllkippe landet. Noch ist auch das weitgehend Science Fiction. Aber warum sollte es unmöglich sein, dass Menschen noch bessere Technik und umweltschonendere Produktionsweisen erfinden? Sie tun es doch schon immer. Das Problem ist eben nur: Bisher viel zu langsam, jedenfalls gemessen an den Problemen. Doch genau deswegen ist es so wichtig, dass die Regierungen die Rahmenbedingungen endlich richtig setzen.

Bei sich selbst anfangen

Allein kann man die Welt nicht retten: Dieser Satz ist eine Binsenweisheit – und eine häufig benutzte Entschuldigung, wenn es um das eigene Verhalten und die Wirkung auf die Umwelt geht. Natürlich stimmt das, natürlich wird ein Flug nach Mallorca das Weltklima nicht kippen lassen und der Verzicht darauf es nicht retten. Aber wenn viele Menschen ihr Verhalten verändern, verändert das eben auch die Welt.

Privat oder politisch? Weniger Konsum oder bessere Technik? Verbote oder freiwillige Verhaltensveränderung? Es gibt bei all dem kein »Entweder-oder« sondern nur ein »Sowohl-als-auch«. Ohne beherztes politisches Handeln, sowohl auf nationaler als auch auf internationaler Ebene, wird die Umwelt weiter zerstört werden. Ohne bessere Technik werden moderne Industriegesellschaften nicht grün werden. Ohne den Einzelnen und ohne, dass er und sie anders einkaufen, wählen und leben, wird all das nicht passieren.

Aber warum sollte all das eigentlich nicht passieren? Ideen, wie es gehen könnte, gibt es doch mehr als genug.

Erscheinungsdaten der ZEIT-Artikel

Hinweis: Alle in der ZEIT erschienene Artikel wurden für diese Buchausgabe aktualisiert und von den Autorinnen und Autoren überarbeitet.

Vorwort: »Von Kohle und Kühen« (Seite 7)
→ *Erschienen als »Status Erde«: 10. Januar 2019, DIE ZEIT N° 3*

Und wie geht es der Erde? (Seite 11)
→ *Erschienen als »Unser blauer Patient«: 14. September 2017, DIE ZEIT N° 38*

Wie geht es den Arten?
Was wir wissen (Seite 20)
→ *Erschienen: 10. Januar 2019, DIE ZEIT N° 3*

Was wir nicht wissen (Seite 24)
→ *Erschienen: 10. Januar 2019, DIE ZEIT N° 3*

»Menschen, kümmert euch darum!« (Seite 27)
→ *Erschienen als »Der Wert der Vielfalt«: 10. Januar 2019, DIE ZEIT N° 3*

Die sterbende Natur (Seite 36)
→ *Erschienen: 10. Januar 2019, DIE ZEIT N° 3*

Das letzte Nashorn (Seite 40)
→ *Erschienen: 7. Juli 2016, DIE ZEIT N° 38*

»Für mich ist Sudan nicht tot« (Seite 60)
→ *Erschienen: 3. Dezember 2018, DIE ZEIT N° 50*

Das obskure Objekt der Begierde (Seite 66)
→ *Erschienen als »Das was?«: 22. Juni 2017, DIE ZEIT N° 26*

Wie geht es dem Klima?
Was wir wissen (Seite 78)
→ *Erschienen: 17. Januar 2019, DIE ZEIT N° 4*

Was wir nicht wissen (Seite 83)
→ *Erschienen: 17. Januar 2019, DIE ZEIT N° 4*

»Den Kohleausstieg wollen Sie doch auch, oder, Herr Lindner?« (Seite 86)
→ *Erschienen: 17. Januar 2019, DIE ZEIT N° 4*

Es wird heiß (Seite 94)
→ *Erschienen als »Aus der Balance«: 17. Januar 2019, DIE ZEIT N° 4*

Die Hölle am Himmel (Seite 98)
→ *Erschienen: 9. August 2018, DIE ZEIT N° 33*

Die Reparatur der Erde (Seite 112)
→ *Erschienen: 27. Oktober 2016, DIE ZEIT N° 45*

Wie geht es dem Wasser?
Was wir wissen (Seite 132)
→ *Erschienen: 24. Januar 2019, DIE ZEIT N° 5*

Was wir nicht wissen (Seite 137)
→ *Erschienen: 24. Januar 2019, DIE ZEIT N° 5*

»Wir leben, als hätten wir fünf Planeten zur Verfügung« (Seite 140)
→ *Erschienen als »Reicht das Wasser?«: 24. Januar 2019, DIE ZEIT N° 5*

Tropfen für Tropfen (Seite 148)
→ *Erschienen als »Bedrohte Ressource«: 24. Januar 2019, DIE ZEIT N° 5*

Im Plastik gefangen (Seite 152)
→ *Erschienen: 25. Juni 2015, DIE ZEIT N° 26*

Unser täglich Wasser (Seite 166)
→ *Erschienen: 16. Juli 2009, DIE ZEIT N° 30*

Wie geht es dem Boden?
Was wir wissen (Seite 176)
→ *Erschienen: 31. Januar 2019, DIE ZEIT N° 6*

Was wir nicht wissen (Seite 181)
→ *Erschienen: 31. Januar 2019, DIE ZEIT N° 6*

»Der Boden ist des Bauern wichtigstes Gut« – »Wenn es so doch wäre!« (Seite 183)
→ *Erschienen als »Was müssen wir tun?«: 31. Januar 2019, DIE ZEIT N° 6*

Die Haut der Erde (Seite 192)
→ *Erschienen: 31. Januar 2019, DIE ZEIT N° 6*

Ein Meter mal ein Meter Erde (Seite 196)
→ *Erschienen als »Grausam und schön«: 12. Oktober 2017, DIE ZEIT N° 42*

Phönix aus der Asche (Seite 204)
→ *Erschienen als »Alles auf Start«: 7. Mai 2009, DIE ZEIT N° 20*

Wie geht es der Luft?
Was wir wissen (Seite 212)
→ *Erschienen: 7. Februar 2019, DIE ZEIT N° 7*

Was wir nicht wissen (Seite 218)
→ *Erschienen: 7. Februar 2019, DIE ZEIT N° 7*

»Wir brauchen in Städten mehr Mobilität bei weniger Verkehr« (Seite 220)
→ *Erschienen als »Wie wird die Luft besser?«: 7. Februar 2019, DIE ZEIT N° 7*

Luft zum Atmen (Seite 228)
→ *Erschienen als »Dicke Luft«: 7. Februar 2019, DIE ZEIT N° 7*

Die unsichtbare Gefahr (Seite 232)
→ *Erschienen: 27. April 2017, DIE ZEIT N° 18*

Wie die Luft in Deutschland sauberer wurde (Seite 246)
→ *Erschienen als »Lobbyismus: House of Cars?«: 8. November 2017, DIE ZEIT N° 46*

Wie geht es weiter?
Ausblick: Das Jahrhundert im Schnellvorlauf (Seite 264)
→ *Erschienen: 10. November 2016, DIE ZEIT N° 47*

Genießen ist nicht unmoralisch (Seite 271)
→ *Erschienen als »Iss mich doch!«: 16. August 2018, DIE ZEIT N° 34*